Das ist aber das Gleichnis: Der Same ist das Wort Gottes.

Die aber an dem Wege sind, das sind, die es hören; darnach kommt der Teufel und nimmt das Wort von ihrem Herzen, auf daß sie nicht glauben und selig werden.

Die aber auf dem Fels sind die: wenn sie es hören, nehmen sie das Wort mit Freuden an; und die haben nicht Wurzel; eine Zeitlang glauben sie, und zu der Zeit der Anfechtung fallen sie ab.

Das aber unter die Dornen fiel, sind die, so es hören und gehen hin unter den Sorgen, Reichtum und Wollust dieses Lebens und ersticken und bringen keine Frucht.

Das aber auf dem guten Land sind, die das Wort hören und behalten in einem feinen, guten Herzen und bringen Frucht in Geduld. Lukas 8,11–15

Inhalt

Der Hammer des Herrn

Jesus allein

Auf diesem Felsen

Erstes Buch

Der Hammer des Herrn

Die Berufung

Es flog ein feiner Kristallton durch das Gemurmel und die Tabakswolken, als der Propst sein kleines spitzes Likörglas erhob und mit dem Rittmeister anstieß. Er wollte es an die Lippen führen, hielt aber auf halbem Wege inne und stand aus dem weißen Lehnstuhl auf.

»Meine Herren . . .« Er hob das Glas in Richtung auf den Spieltisch am einen Ende des Saales, wo die Herren aus Eksta, Saleby und Bocksholmen zusammen saßen. »Meine Freunde . . .« Die andere Hand beschrieb einen zierlichen Kreis in den Saal hinein, wo die Pfarrer des Kirchenkreises sich in unregelmäßigen Gruppen niedergelassen hatten. »Ich bitte Sie alle, sich mit uns zu einem Hoch auf die Sieger von Sikajoki und Revolaks zu vereinen.«

Magister Savonius stand auf, hob den Blick, richtete ihn fest auf seinen Vorgesetzten und ließ die Augen dann wohlgefällig durch den Saal schweifen. Es war doch erstaunlich, wieviel Esprit und Kultur in so einem alten Kasten von Pfarrhaus Platz hatten. Er erinnerte sich, wie er vergangenen Advent seine Bücher in eine große Kiste gepackt und nur einige wenige auctores ausgewählt hatte, vor allem die gustavianischen Dichter*, die ihn in die Verbannung begleiten sollten, wenn er jetzt die Akademie verließ und heimfuhr, um sich ordinieren zu lassen. Wehmütig hatte er den Golddruck auf seiner Kellgrenausgabe gestreichelt und gedacht: Nun sollst du mich in der Einsamkeit trösten. – Aber Einsamkeit

* Die gustavianische Periode der schwedischen Literatur verdankt ihren Namen dem Mäzenatentum Gustafs III. Sie umfaßt die verschiedensten Strömungen, eine aufklärerische vertreten durch Kellgren – während das Rokoko bei Bellmann noch in voller Blüte steht –, eine Sturm- und Drang-Richtung (Thorild Lidner), eine realistische usw.

hatte seine erste Hilfspredigerstelle ihm wahrhaftig nicht gebracht. Die Propstei in Ödesee war kein Verbannungsort. Der alte Propst war ein feiner und geistvoller Mann, im Grunde vielleicht reichlich konservativ und nicht ohne einen Stich orthodoxen Podagras, aber doch angenehm im Umgang und ein imponierender Landesvater seiner Gegend, mit dem gleichen unverwüstlichen Interesse für Hauskatechesen, Vorgeschichte, Kartoffelbau und Weltpolitik. Wie er so dastand, kerzengerade und hager, mit seiner hohen Stirn und den würdig gezeichneten Mundwinkeln, machte er seinem Stande alle Ehre. Savonius stellte mit Wohlgefallen fest, daß sich der Rittmeister vom Rittergut, der doch die Standesperson Nummer eins der Gemeinde war, mit seinem jovialen und etwas gedunsenen Gesicht, das in dem großen Kragen zwischen den Epauletten steckte, daneben ziemlich unbedeutend ausnahm. Der Propst war einen Kopf größer. Es war keine Frage, wer martialischer aussah. Es war wohl auch keine Frage, wem die Leute bei den Sitzungen lieber zuhörten.

Der Magister hatte den Blick weiterwandern lassen. Das letzte Bündel Abendsonnenstrahlen suchte sich seinen Weg durch die Lindenwipfel, es tanzte in spielerischen Streifen durch die leichten Rauchschleier und warf einen warmen Widerschein an die Decke, so daß alle flachen Hobelspuren der weißen Bretter sichtbar wurden wie die Kräuselung auf einem Wasserspiegel und der alte Spiegel am Saalende schwärzer als sonst gähnte. Ganz weit hinten in der Ecke bewegten sich helle Flecke auf der perlgrauen Tapete mit den Schablonenmustern und auf der dunklen Deckenleiste, deren handgemalter Papierstreifen heute abend seine gelben Rosen in all ihrer köstlichen Zierlichkeit hervortreten ließ.

Drüben zwischen den beiden Fenstern der Längswand stand das Klavier mit schwarzen Tasten und geraden, kannelierten Beinen. Eine Geige war ausgepackt, und rundherum hatte sich die Jugend gesammelt, ein ganzes Blumenbeet von hellen Empirekleidern und bunten Fräcken. Da waren die Propstkinder, die Töchter des Hauptmanns, des Rittmeisters Babette und ein paar andere, die Savonius nicht kannte. Man hatte in den Noten geblättert und geflüstert. Wenn man bloß wagte, Väterchen zu bitten, in das Studierzimmer zu gehen, so würde man tanzen können, da nun Johann-Christoph vom Gymnasium heimgekommen war, den Geigenkasten auf das Scholarenbündel geschnürt und die letzten Gavotten im Portefeuille.

In zerstreuterer Gruppierung verteilte sich die hochwürdige Geistlichkeit über den Rest des Saals. Dort stand Havermann-Näs, groß und breitbeinig, mit festem Griff um die lange Pfeife. Da waren Nylander und Warbeck und die ganze Reihe der anderen. Viele waren auffallend jung, ein paar noch nicht mehr als Hilfsprediger, und ihr Frackschnitt war keineswegs unmodern. Die einzigen, die den guten Eindruck verwischten, waren die Amtsbrüder Runfeldt und Linder. Runfeldt war ein unverbesserlicher Bauer mit Schnupftabak auf dem Rockaufschlag, gesprungenem Stiefelleder und einer unbeschreiblichen Atmosphäre von Stall und Sauerkraut um seine ganze untersetzte Person. Er hätte besser in den Küchenflügel gepaßt, wo der Verwalter und die Fuhrknechte ihr Rindfleisch aßen. Linder war ein dunkler Savonarola, nicht ohne Feuer, aber es war ein Feuer, das den Glanz verlor wie Ofenglut im Sonnenschein, sobald die akademische Geistreichigkeit aus Uppsala mit Zitaten und Bonmots zu funkeln anfing.

Das Hoch war ausgebracht, und das pflichtgemäße Schweigen folgte. Nur eine Hummel schlug in schweren Stößen gegen die Decke, und ein Stuhl knarrte. Quer durch den Sonnenglanz und die schwere Wärme zog vielleicht auch eine leichte Wolke von Verstimmung. Das Friedensidyll war zerstört. Der Schatten von Osten, der sich in dem festlichen Gespräch fast verflüchtigt hatte, kroch wieder aus seiner Ecke hervor, mit allen schmachvollen Erinnerungen des Winters im Schlepptau.

Savonius spürte eine Anwandlung von Schwindel. Seine Arme waren schlapp und seine Fingerspitzen gefühllos. Er hatte sicher wieder zu viel getrunken. Die erste Stimme, die das Schweigen brach, klang unnatürlich entfernt. Es war der alte Baron Schenstedt auf Saleby, der sprach:

»Ja, was glauben Sie, meine Herren? Wird der Krieg sich jetzt wenden?«

Der Rittmeister, der offensichtlich die Verantwortung des

Sachverständigen auf seinen breiten Schultern fühlte, schob das Kinn vor und antwortete: »Dieser Krieg wird sich niemals wenden. Er war verloren, ehe er anfing. Wir haben aufs falsche Pferd gesetzt. Wir hätten rechtzeitig einsehen sollen, was die Glocke geschlagen hatte. Glauben Sie mir, meine Herren: für die nächsten hundert Jahre wird Europas Schicksal von Napoleons Genie diktiert. Der wahre Patriotismus besteht darin, das zuzugeben und sich danach zu richten. Im Bunde mit den Franzosen hätten wir unsere Chance gegen den Russen gehabt. Jetzt bleibt nur übrig, mit ihm zu verhandeln und Frieden zu schließen – wenn es sein muß, unter Aufgabe Finnlands. Die Bravour unserer Truppen erfreut ein Soldatenherz, aber unsere Zeit hat endlich gelernt, der Vernunft zu huldigen, und alle Raison sagt, daß ein Widerstand gegen den Russen doch auf die Dauer vergeblich ist.«

»Wer sagt denn, daß er vergeblich ist?« rief Schenstedt mit einer Promptheit, die bewies, daß er alte, erprobte Stellungen bezog. »Jeden Augenblick können wir den Engländer hier haben. Den Krieg gewinnt er schließlich doch, und wenn die französische Seifenblase platzt, möchte ich sehen, wer von Bonapartes Bewunderern sich salviert!«

»Was die englische Hilfe wert ist, dürften Sie eigentlich allmählich wissen!« antwortete der Rittmeister spitz. »Konventionen und Verträge, Versprechungen und schöne Worte! Aber Napoleon, das bedeutet Vorwärtsmarschieren, *cannonade, brèche, victoire!*«

Nun war Pastor Havermann an der Reihe, ein Wort in die Diskussion zu werfen.

»Dieser Krieg ist schlimmer als Torheit, er ist ein Verbrechen gegen die höchste Vorsehung! Es ist Übermut von einer kleinen Nation, den großen trotzen zu wollen. Haben nicht Bonaparte und der russische Zar in Tilsit gestanden, die Karte vor sich auf dem Tisch, und haben die Welt aufgeteilt? Was wollen Sie dagegen tun, meine Herren? Es ist christlicher, sich zu fügen, als gegen Gottes Schickungen anzukämpfen. Fahren wir so fort, so haben wir vor Jahresschluß den Russen in Stockholm und die Franzosen in Schonen. Unsere Städte werden niedergebrannt, unsere ganze Landwirtschaft wird glatt verwüstet. Und das bloß um der eitlen Ehre willen! Ist denn unser sauer erworbener Wohlstand nichts wert?«

»Ist denn die Freiheit nichts wert, Herr Pastor?«

Es war einer der jungen Herren aus Saleby, der gefragt hatte.

»Die Freiheit?« Havermann sah den kühnen jungen Herrn scharf an. »Die Freiheit? Für ein vernünftiges Denken ist Freiheit das Recht, seinem Erwerb nachzugehen, seine Ruhe ungestört zu genießen und mit den Seinen in Sicherheit zu leben. Das kann man ebensogut, wenn die Obrigkeit russisch ist, wie wenn sie schwedisch ist.«

Der Rittmeister setzte sich, als hielte er die Diskussion für abgeschlossen. Die meisten folgten seinem Beispiel. Drüben am Klavier flüsterten wieder die Mademoiselles. Der Propst war stehengeblieben. Er lächelte wohl gar ein wenig.

»Wenn Finnland – was Gott verhüte! – wirklich russisch werden sollte, so werden Sie wohl hinüberfahren und die Richtigkeit Ihrer Theorien erproben müssen, Bruder Havermann. Sie werden vermutlich auf die Dauer enttäuscht sein. Was die Alliancen angeht, so glaube ich weder von Bonaparte noch von den Briten, daß sie das letzte Wort hier oben zu sagen haben. Das letzte Wort sagen wir wohl selbst. Es mag wahr sein, daß ein kleines Volk wie wir auf die Dauer Rußlands Ressourcen nicht widerstehen kann – wenn sie wirklich alle auf einmal gegen uns eingesetzt werden könnten. Aber wenn das russische Reich auch groß ist, so hat es um so längere Grenzen zu bewachen und um so mehr Eisen warmzuhalten. Die Großen haben in der Regel genug damit zu tun, gegenseitig aufeinander aufzupassen. Auch ein kleiner Bissen wird in Ruhe gelassen, wenn er nur bitter und stachelig genug ist. Darum gebieten Verstand und Ehre, daß man nicht kapituliert, sondern sich tapfer wehrt . . .«

»Tapfer, tapfer . . . *mon cher ami!*« Der Rittmeister wedelte mit den Händen. »Was hilft Tapferkeit! Denken Sie nur an diese letzte Hiobspost über meinen jungen Freund und Regimentskameraden. Hatte Löwenhielm nicht Mut, als er die Kosaken am Pyhäjoki attackierte? Allzuviel, fürchte ich! Was konnte er gegen die Übermacht ausrichten? Sein Los ist das Los Schwedens! Gefangen und verschleppt – sein Unglück bewegt mich aufs tiefste.«

»Der Graf war voll wie ein Faß!« rief der junge Herr aus Saleby. »Er hatte im Hauptquartier gefrühstückt und hatte im Rausch den Einfall, er müsse sich partout auf die Kosaken stürzen. Dann fiel er vom Pferd – das stand in dem Brief von Conrade-Emile. Rittmeister Rehbinder mit seinen Dragonern versuchte ihn rauszuhauen, und es hätte auch geklappt, wenn er nicht so arg betrunken gewesen wäre. Die ganze Brigade wußte von dem Skandal, sagt Conrade-Emile.«

»Bedenk, was du sprichst, Eugene!« rief der Rittmeister mit einem Zorn, der vernichtend gewesen wäre, wenn nicht die Freude über diese nagelneue Anekdote gar zu deutlich hindurchgeschimmert hätte. Der junge Heißsporn am Spieltisch ließ sich auch nicht einschüchtern, sondern fuhr leidenschaftlich fort:

»Dieser ganze Krieg ist eine Schmach und Schande ohnegleichen! Bei Tavastehus haben sie zehntausend Gewehre im See versenkt und sind vor dem Russen davongelaufen, ohne einen Schuß abzufeuern, – alles auf *ordres*, obwohl die Männer darum bettelten, sich schlagen zu dürfen. Und dann Sveaborg! Conrade-Emile schreibt, man habe von den Flüchtlingen aus Helsingfors gehört, daß Buxhövden jetzt hinterher prahlt, die Festung sei absolut uneinnehmbar gewesen. Die Russen draußen auf dem Eis waren weniger als die Unsern, die kapitulierten. Und alles das wegen einiger Verräter! Die Soldaten schrien, sie würden den Kommandanten massakrieren, sie weinten wie die Kinder, als die Fahne niedergeholt wurde, und doch – hinaus aufs Eis und die Gewehre hingeworfen! Ich will Ihnen etwas sagen, meine Herren: wenn das der Geist ist, der uns beseelt, so wird jeder Schweinehund uns mit Füßen treten, und wir haben es nicht besser verdient!«

Es war peinlich still geworden. So war doch die ganze häßliche Wunde wieder aufgerissen. Man hatte sich wie auf Verabredung gehütet, sie an diesem sonnigen Sommerabend zu berühren. Nun blutete sie aufs neue. Nur Havermann polterte ungeniert weiter:

»Es ist leicht zur richten, wenn man blanke Lederstiefel und Spitzenkrausen trägt und nie zu riskieren braucht, sich den Degen blutig zu machen. Ich glaube, daß auf Sveaborg vernünftig gehandelt worden ist. Man hat tausend Witwen die Tränen erspart. Daß ein Krieger, der sieht, wie das Symbol seiner Ehre niedergeholt wird, ein weiches Sentiment empfinden kann, das verstehe ich. Aber das geht vorüber. In dreißig Jahren werden alle darin einig sein: auf Sveaborg ist vernünftig gehandelt worden!«

»Dann will ich lieber aller Vernunft abschwören und die Ehre behalten!« Es war wieder Eugene Schenstedt, der nicht schweigen konnte. Sein feingeschnittenes Gesicht war bleich, und seine Stimme bebte. »Vernunft, Vernunft! . . . es gibt kein Wort, das in unserm armen Volk so großen Schaden angerichtet hat wie dieses! Diese elende Vernunft, die nun fünfzig Jahre lang gepredigt worden ist, hat uns zu schlechten Kerlen und Feiglingen gemacht. Will ein Reeder lieber für den Russen laden als der schwedischen Krone Kredit geben, so ist das Vernunft! Schließt man vor den ausgehungerten schwedischen Soldaten das Vorratshaus zu, weil sie nur Kassazettel aufzuweisen haben, und spart den Speck für den Moskowei, der mit Gold bezahlt, so ist das Vernunft! Deswegen verbeugen sich wohl auch die Herren unserer hohen Obrigkeit drüben in Finnland vor dem Zaren und schwören ihm den Treueid! Und alles das, während der Krieg flammt! Während das finnische Heer in Österbotten kämpft! Die Akademie, die Professoren, der Bischof, das Oberlandesgericht, die ganze schwedische Creme in Abo hat den russischen Eid abgelegt. Auch Regierungspräsident von Troil, der doch Erzbischofssohn und Beamter des Königs ist! Er hat einen russischen Stern zur Belohnung bekommen – Bischof Tengström auch! Conrade-Emile schreibt, daß die einzigen, die sich weigern, dem Russen zu schwören, die Bauern sind. Aber sie werden von den schwedischen Behörden geknechtet, damit sie mürbe werden. Die Küstenflotte hat Briefe vom Bischof abgefangen, in denen er die Leute ermahnt, sich um alles in der Welt ruhig zu verhalten und sich der neuen Obrigkeit zu unterwerfen, die der allmächtige Gott in seiner Gnade dem Herrn Bischof gesandt hat, damit Seine Hochwürden fortfahren kann, Malvasier zu trinken und in Frieden in die Sommerfrische zu reisen! Was sagen Sie zu solcher Erbärmlichkeit, meine Herren? Ja, was sagen die Herren hier aus dem geistlichen Stande – das möchte ich wohl wissen!«

Die Geistlichen sahen einander an und dann den Propst. Aber der Propst schien nicht antworten zu wollen. So nahm wieder Havermann das Wort, der bloß auf die Gelegenheit gewartet hatte und mit Bravour zuschlug. »Ich für mein Teil sage, daß junge Herren weniger trinken sollten, dann würden sie sich nicht so exaltieren! Bischof Tengström ist als eine aufgeklärte und gebildete Persönlichkeit bekannt, er hat bestimmt klug und redlich gehandelt. Man soll im übrigen nicht alles glauben, was in Stockholm geschwatzt wird, und nicht über die Männer zu Gericht sitzen, die in einem eroberten Lande ihre schwere Pflicht tun.«

Die Kollegen nickten Zustimmung. Nur Linder stand in Gedanken versunken. Es sah aus, als schmerze und arbeite etwas hinter dem niedrigen schwarzen Haaransatz. Er wandte sich zu den nächsten Amtsbrüdern und begann leise, aber eifrig zu sprechen:

»Der junge Herr da hat doch recht. Vor bald zwanzig Jahren studierte ich an der Akademie in Abo. Ich habe Porthan und auch Tengström gehört. Tengström las Moraltheologie. Es war sehr elegant, viel von der Weisheit der Enzyklopädisten, aber nicht viel von der Luthers. Esprit hatte er, aromatisch war es, aber es war französisches Parfüm und nicht das biblische Salz. Er lehrte geradezu, daß es gleich ist, unter welcher Regierung wir leben, wenn wir nur in Frieden und Ruhe leben können. Ich klage ihn nicht an deswegen. Das ist weder schlimmer noch besser als die meiste Weisheit dieser Zeit. Aber diesen Winter haben wir die fauligen Früchte der muffigen Saat zu schmecken bekommen, die wir fünfzig Jahre lang gesät haben.«

Er merkte plötzlich, daß der ganze Saal zuhörte. Einen Augenblick stutzte er, richtete dann die kantige Gestalt auf und fuhr fort:

»Wir leiden an Fäulnis bis in die Knochen hinein. Wer kann jetzt ein ungeschminktes Gotteswort vertragen? Jesus hat man zu einem Sittenlehrer gemacht, der bestätigt, was die Weisen Griechenlands schon wußten! Die Sündenverderbnis wird als unschuldige Schwäche in der Natur dargestellt, die man mit poetischen Phrasen wegpredigt! So wie der Mensch ist, mit dem Teufel im Leibe, so ist er fähig, alle Tugenden zu üben und die höchsten Vollkommenheiten zu verwirklichen. Alles kraft seiner verfinsterten Vernunft, der er folgt wie dem neuen Morgenstern! Wenn die Vernunft bloß sagt, daß etwas nützlich und angenehm ist, so ist es gleich gut und tugendhaft. Wenn man dem verblendeten Verstand nur eine neumodische Perücke überstülpt und das fleischliche Herz in einen galonierten Seidenrock steckt und die glatte Zunge mit Diderot und Voltaire ölt – dann muß alles gelingen. Aber es gelingt nicht! Es führt in den Sumpf! Da sind wir jetzt, ganz tief unten in Dreck und Schande und Unehre. Das Unglück ist nicht, daß wir so wenige sind. Das waren wir auch bei Narva. Aber das Unglück ist, daß wir gottlos sind. Branntwein und Sauferei ohne Ende, Liederlichkeit und Verhöhnung der Religion, Bestechung, Erbärmlichkeit, Feigheit . . . An ihren Früchten sollt ihr sie erkennen!«

Nun brachen die Dämme, und die Einwürfe strömten wie Wasserfälle von allen Seiten. Die Amtsbrüder schlossen einen schwarzen Kreis um Linder, um ihn zur Verantwortung zu ziehen: Wollte er das Rad der Entwicklung zurückdrehen und das endlich aufgegangene Licht der Vernunft auslöschen? Wollte er die ungeheuren Fortschritte in Lehrweise und kirchlichen Sitten leugnen, die die Gegenwart vor allen vorhergehenden Jahrhunderten auszeichneten?

Die Herren am Spieltisch waren nicht weniger laut. Hier schien man beinahe der Kritik recht geben zu wollen, die Situation des Landes war wirklich skandalös, aber die Ursache war nicht die Aufklärung und das Heilmittel nicht die Religion. War der König nicht religiös bis zum Fanatismus? Was half das? Nein, die Ursache – ja, die wußte man wohl. Einer der jungen Herren sagte es geradeheraus: mit einem verrückten und eigensinnigen Diktator am Ruder des Staates konnte dieser Sturm unmöglich überstanden werden.

Magister Savonius hatte die Arme gekreuzt und betrachtete das Ganze belustigt. Der Lärm, die lebhaften Gesten und die glühenden Gesichter legten sich als ein angenehmes Stimulans über sein bereits erhitztes Gehirn. Was würde nun geschehen? Er schielte zum Propst hin. Richtig: der Propst hatte der Geistlichkeit den Rücken gekehrt und widmete sich dem Adel. Sicher hatte er die beleidigende Äußerung über Gustav Adolf IV. gehört. Es müßte interessant sein, zu sehen, wie er reagierte. Im Herzen war er sicher ebenso kritisch wie die andern. Zwar betete er in der Hausandacht regelmäßig für den König, aber Savonius hatte bemerkt, daß er heute abend unter allen Trinksprüchen keinen auf den König ausgebracht hatte. Der Magister zog seine Schlüsse daraus: man kann wohl für seinen Feind beten, aber man stößt nicht auf ihn an.

Der Propst wurde jedoch der heiklen Aufgabe enthoben, in diesem absolutistisch regierten Lande Loyalität und Vorsicht aufrechtzuerhalten. Die Tür zur Diele war aufgegangen. In der dunklen Öffnung stand ein Bauer. Die Stiefel waren weiß bestaubt, den breitkrempigen Hut hielt er zwischen seinen groben Händen, und die gesprungenen Nägel bohrten sich nervös in den Filz. Sein Klopfen war in dem Gemurmel untergegangen, und so hatte er gewagt, einzutreten. Nun stand er hilflos blinzelnd da und versuchte sich in dem Wirrwarr zurechtzufinden.

»Wen suchst du?« rief der Propst. Es wurde allmählich still im Saal. Der Fremde schlug vor all diesen prüfenden und mißbilligenden Blicken die Augen nieder und antwortete langsam:

»Es sollte wohl Herr Pastor Havermann sein – aber sonst eben irgendein anderer Pastor. Es ist einer krank – Börsebo-Johannes ist es. Aber es ist ein bißchen eilig, denn er macht es wohl nicht mehr lange.«

Havermann hatte die Hände auf den Rücken gelegt und musterte den Bauern, den er gleich wiederkannt hatte. »Warum suchst du mich hier, Petrus?« fragte er.

Demütig, ohne den Schatten eines Vorwurfs, sagte der Bauer:

»Ich bin die zwei Meilen* nach Näs gefahren und wollte den Herrn Pastor holen. Aber da hörte ich, daß der Herr Pastor zum Herrn Propst gefahren war. So bin ich hergekommen. Nun bitt ich um Gottes Barmherzigkeit willen, daß Ihr bald kommt, Herr Pastor, denn Johannes redete schon verwirrt, als ich losfuhr.«

Havermann legte die Stirn in Falten.

* eine schwedische Meile = 10 km.

»Du, Petrus – Börsebo-Johannes ist doch eigentlich in Ravelunda daheim?«

»Ja, aber Ihr wißt ja, Herr Pastor, daß er bei uns gewohnt hat, seit er seine Frau verlor. Wir sind Schwäger, er und ich.«

Havermann hob erleichtert seinen mächtigen Kopf und spähte nach dem Saalende hinunter.

»Du, Warbeck, das gilt einem von deinen Schafen! Es ist besser, du nimmst dich der Sache an.«

Es war Warbeck anzumerken, daß ihn der Gedanke, jetzt in der Dämmerung eine Fahrt von zwei Meilen durch den Wald anzutreten, nicht besonders entzückte. Er entschuldigte sich damit, das Haus, wohin Johannes verschlagen worden sei, liege tatsächlich in Havermanns Gemeinde, Ravelunda gerade entgegengesetzt. Es wäre unchristlich, wenn der Bauer, der schon vier Meilen gefahren war, noch einmal zurückfahren müßte. Wenn Havermann den Dienst übernähme, könnte er dann direkt heimfahren. Das wäre bequemer für den Geistlichen wie für das Pferd.

»Und am bequemsten für Sie selbst, lieber Bruder Warbeck!« sagte Havermann scharf. »Glauben Sie übrigens, die Abendmahlsgeräte fliegen auf Engelsflügeln zum Herrn Propst zurück? Oder soll ich bloß damit morgen herunterfahren? Mit einem Knecht schicke ich Kirchensilber jedenfalls nicht!«

Der Propst hob beruhigend die Hand.

»Wollen Sie sich freundlichst kalmieren, meine Herren! Sie bleiben hier. Alte Leute brauchen ihren Nachtschlaf. Die jungen können die Anstrengung auf sich nehmen. Wer von den Herren meldet sich?« Er sah die Hilfsgeistlichen an.

Es wurde ganz still im Saal. Savonius fühlte, daß der Stachel der Frage auf ihn gerichtet war, aber er sah zu Mademoiselle Babette hin. Noch einige kurze Stunden würde das Fest dauern – dann war sie wieder von der standesgemäßen Welt des Ritterguts verschluckt, wo er nicht jeden Tag Zutritt hatte. Er wartete mit der Antwort.

Die anderen warteten auch. Deshalb wurde es so peinlich still. Da funkelte etwas im Auge des Propstes auf.

»*Den* Geist, meine Herren, haben wir diesen Winter genugsam erprobt. Kritik an der hohen Obrigkeit üben, das geht wohl an. Eigene Kommoditäten opfern, das ist schon schlimmer. Aber geht es nicht freiwillig, so geht es auf Ordre. Magister Savonius! Sie sind der Jüngste hier. Sie werden die Sache übernehmen und sich unverzüglich auf den Weg machen. Der, der Sie fährt, geht hinaus in die Küche und läßt sich Butterbrote und einen Schnaps geben. Hedwig sagt Stall-Erik Bescheid, daß er sich um das Pferd kümmert. Und nun spielt uns Johann-Christoph vor.«

Wie immer lag etwas hilfreich Definitives in der Anordnung des Propstes. Der Bauer verschwand aus der Tür, Hedwig glitt unmerklich hinaus, und Savonius machte der ganzen Gesellschaft mit einer gemessenen Verbeugung verdrießlich seine Reverenz. Johann-Christoph hatte den Bogen schon auf die Saiten gehoben, als der Magister von der Tür aus mit einem dunklen Blick noch einmal die frohe Welt da drinnen umfing.

Er kam ziemlich unglücklich und zerzaust in die Adjunktsstube hinauf. Das war kaum eine honette Behandlung eines *civis academicus*, der doch immerhin promoviert hatte. Er bereute fast, daß er es verschmäht hatte, Umwege zu gehen, um gleich Ordinarius zu werden – wozu er eigentlich gute Aussichten gehabt hätte –, sondern aus einem gewissen Idealismus heraus zunächst in den Kleidern warm werden und nur eine ganz gewöhnliche Hilfspredigerstelle hatte haben wollen. Nun konnte er für seine romantischen Torheiten büßen. Er hatte absolut keine Lust, sich jetzt in den finsteren Wald hinaus zu begeben. Er zog den blauen Frack aus und nahm statt dessen den schwarzen. Das Beffchen wurde ergriffen, die Agende in eine Tasche gestopft; nach einigem Herumwühlen auf dem Schreibtisch fand er den Entwurf zu der Beichtrede, die er letzten Johannistag in der Kirche gehalten hatte. Der mußte genügen. Die Abendmahlsgeräte standen im Studierzimmer des Propstes. Er schwang den Riemen des schwarzen, sanduhrförmigen Etuis über die Achsel, nahm Hut und Umhängemantel vom Holzhaken in der Diele und trat in den lauen Sommerabend hinaus.

Der Bauer stand schon bei dem Wagen. Er hatte noch kaum den letzten Bissen Brot hinuntergeschluckt. Der Stallknecht trug einen leeren Wassereimer fort. Alles war offensichtlich fertig. Aus dem offenen Fenster der Propstei drang Musik.

»Nun fangen sie an zu tanzen«, dachte Savonius. »Und ich fahre nach Sibirien!«

Als der Wagen unter die großen Linden hinausbog, nahm er das aber zurück. Es war immerhin eine Sommernacht, die Linden streiften mit ihren Knospen spielerisch seine Hutkrempe, und die Dämmerung war voller Duft und Lieblichkeit. Zuerst lag der Geruch von weichem Landstraßenstaub und eben eingebrachtem Heu in der dichten und warmen Luft zwischen den grauen Blockwänden der Wirtschaftsgebäude an der Pfarrhausstraße. Dann kam ein Ruch von Teer und Wagenschmiere vom Stall her, die Witterung des Stalles und der Geruch von Wasserpflanzen und Schlamm unter der Steinbrücke. Im nächsten Augenblick öffnete sich der Hof, der Weg ging über einen langgestreckten Hang unmittelbar nordwärts, man fühlte schon einen kühlen Luftstrom von den Sumpfwiesen, feuchtherb und nach Birke und Riedgras duftend. Am Abhang rechts leuchtete die Kirche seltsam weiß auf dem Ufer hinter dem Bachtal. Der Turm erhob sich breit und prunkend, das Werk irgendeines Baumeisters aus der Zeit des seligen Königs Friedrich. Die Südseite lag nun im Dämmer, die dunklen Fenster gedankenvoll in die dicken Mauern eingesunken, aber im Westen und Norden leuchtete die weiße Mauer, als sei es ihr gelungen, all das unbestimmte Licht anzusaugen, das noch bleich und wehmütig im Nordwesten brannte.

Savonius saß still und gedankenvoll und sah nach dem weißen Gebäude hin. Die schwarze Turmhaube hatte weiße Öffnungen, und ein paar weißgemalte Zickzackbänder flochten sich zwischen die geteerten Schindeln. Die Schwingung war gleichzeitig kühn und zierlich, und die Spitze schwang sich spielerisch zum Himmel hinauf. Der Architekt sollte ein gewöhnlicher Bauernbaumeister gewesen sein, in altmodischen Traditionen geschult. So offenkundig auch die großen Vorzüge der neuen Zeit waren, der Magister fühlte sich doch unsicher bei dem Gedanken, alles in der Vergangeheit sei in vollkommen unerleuchtete Finsternis getaucht gewesen, wie er es sich in Uppsala vorgestellt hatte.

Nun kam der Wald. Erst der Pfarrhag mit mütterlich beschützenden Birken, abgeweidetem Gras, schwarzen Löchern zwischen den Mooshügeln und hie und da einem Wacholder, der gut mit den Zypressen des Südens hätte wetteifern können. Sie glichen Begräbnisgästen in einem Hochzeitszug, diese dunklen Wacholder, dachte Savonius. Der dünne Flor der Hängebirken war der Brautschleier, die graziösen kleinen Birken dort glichen kleinen Mädchen in weißen Strümpfen, die in einem Grüppchen zusammen stehen und nach den Herrlichkeiten auf dem Eßtisch schielen. Aber die Wacholder, das waren die ungeladenen Trabanten des Todes. Wahrhaftig, dies könnte Thema eines ganzen Gedichtes werden!

Oh! Könnt' des Liebesgotts verzücktes Auge,
wenn schelmisch Hymens Freude er . . .

»Könnt Ihr sagen, Herr Pastor, wie man eine schwer angefochtene Seele dazu bringen soll, die Gnade zu glauben?«

Savonius fühlte, wie er auf dem Sitz zusammenfuhr. Es war der Bauer an seiner Seite, der das Schweigen gebrochen hatte. Er mußte gemerkt haben, daß die Frage ungelegen kam, denn er fuhr etwas unsicher fort:

»Ja, Verzeihung, Herr Pastor, . . . ich meinte Johannes . . . den, der so krank ist. Er ist so angefochten, daß wir für seinen Verstand fürchten. Ernstlich erweckt ist er schon lange, nach außen hat er immer fromm gelebt, und die Gnadenmittel braucht er, aber jetzt sind nun diese Anfechtungen gekommen. Es ist, als ob alles Licht von ihm gegangen wäre. Er sieht bloß seine Missetaten, er gräbt alles aus, was seit dreißig Jahren vergeben und vergessen ist. Es ist, als ob der Teufel ihm eine verhexte Brille gegeben hätte, um alles zu sehen, was Heuchelei und Falschheit ist – und Gott weiß, daß er scharf sieht, Herr Pastor. Es ist so, daß man sich selbst unter seiner Schlechtigkeit windet, wenn man ihn hört. Aber die Gnade sieht er nicht. Er hat Augen wie eine Katze, um im Dunkeln zu sehen, aber für das Licht ist er blind.«

Savonius sah nach dem Grabenrand hin. Wie unwirkliche Traumblumen glitten ein paar Weideriche vorbei. Was sollte er antworten? Wo hinein war er da geraten? Erst galt es, eine Atempause zu gewinnen, damit er ein wenig Zeit zum Denken bekam.

»Habt ihr versucht, ihm etwas Erbauliches vorzulesen?« fragte er ein wenig tastend.

»Lesen?« Es klang fragend. »Lesen – das tun wir natürlich immer zu Hause. Und wir haben ihm auch jetzt zuletzt viel vorgelesen: aus der Schrift und aus dem Gesangbuch und aus dem Seelenschatz. Aber wenn ein Mensch mit Blindheit geschlagen ist wie Johannes, sieht er nur Drohung und Gericht und Strafe, was man auch vorliest. Und wir sind ungelehrte Leute in Hyltamalen. Aber nun dachten wir, Herr Pastor, daß Ihr, weil Ihr ja ein Studierter seid, Johannes gründlich über die Kennzeichen des Gnadenstandes bei einem bekehrten Sünder unterweisen könntet. Dann muß er ja verstehen, daß er nicht in solcher Seelengefahr sein kann, wie er glaubt.«

Savonius saß zusammengesunken. Was erwartete man von ihm? Unterweisen über die Kennzeichen des Gnadenstandes bei einem bekehrten Sünder!? Nie im Leben hatte er von so etwas gehört.

Er grub in der Erinnerung. Breite, braune Lederbände mit schwarzen Titelfeldern tanzten vorbei. Besonders gründlich hatte er es nie genommen mit der Theologie. Am meisten hatten ihn die großen Philosophen interessiert. Aber in der ganzen Theodizee von Leibniz konnte er sich nicht erinnern, eine Zeile gelesen zu haben, die auch nur das mindeste mit dieser Sache zu tun hatte. Eigentlich konnte er alles, was er gelesen hatte, mit einem dicken Strich durchstreichen – mit Ausnahme vielleicht der Concordia Pia. Da stand bestimmt etwas von der Angst der erschrockenen Gewissen drin. Aber was war das eigentlich? Er bereute, daß er gerade die Concordia Pia so ungenau gelesen hatte. Aber er hatte die Bekenntnisschriften immer als Überreste des Mittelalters betrachtet, nur auf dem Hintergrund der finsteren Papstzeit zu begreifen. Doch hier in Ödesee war vielleicht die Finsternis noch ebenso dicht? Vielleicht bedurfte es so grober Mittel wie der *theologia orthodoxa et vere lutherana*, um damit fertig zu werden?

Aber jetzt halfen ihm ja solche kirchengeschichtlichen Erwägungen nichts. Hier galt es ja zuallererst, sein Ansehen in der Situation zu wahren. Was sollte er nun eigentlich sagen, wenn er zu dem Kranken hineinkam?

Die Beichtrede! Mit Schrecken dachte er an den Entwurf, den er in der Ledertasche mit hatte. Eine poetische Betrachtung der Schönheit der Natur als Offenbarung der weisen und guten Weltherrschaft der Vorsehung. Sehr empfindsam und zierlich dreigeteilt, erst eine Erinnerung an die Lilien auf dem Felde als Abglanz der Reinheit eines unschuldigen Herzens, dann ein Hinweis auf das Wachstum in der Tugend, das die unsterbliche Seele durch anhaltende Arbeit im Seelengärtlein erwirbt, und schließlich eine innige Mahnung, sich von Gottes weiser Milde zu Zucht und reinen Sitten bewegen zu lassen. Am Johannistag hatte diese Rede zwar in der sonnendurchstrahlten und birkenlaubduftenden Kirche richtig erhebend geklungen, und Mademoiselle Babette hatte nachher zu verstehen gegeben, daß der Herr Magister sicherlich sowohl Genie als auch dichterische Begabung habe, die hoffentlich bald nach Verdienst gewürdigt werden würden. Aber hier! Der unglückliche Hilfsprediger starrte hilflos geradeaus.

Der Weg hatte sich geteilt und war schmaler geworden. Ein steiler Anstieg führte zum waldigen Höhenrücken empor. Der Boden war steinig und voller Moränenschotter, es waren keine Gräben mehr zu sehen, sondern Gestein und Blaubeergestrüpp reichten bis an die Räderspuren heran. Es war, als dringe die Wildmark von beiden Seiten vor, um die hilflose kleine Wegsehne, die Menschenhände durch den Urwald gespannt hatten, zu überschwemmen und zu ertränken. Rund herum standen die Tannen himmelhoch und ineinander verflochten, von schwarzer Finsternis erfüllt, die mit bösen Augen zwischen den Zweigen hervorstarrte.

Sicher war es jetzt Mitternacht. Ein einsamer Vogel rief, und die einzelnen Bäume verschmolzen zu einer abweisenden und feindlichen Masse. Savonius schien es, als verkörperten sie dies ganze unheimliche Abenteuer, in das er wider Willen hineingestoßen worden war. Irgendwo da drinnen im tiefen Wald lag also dieser verrückte Mensch, den er zu trösten und zu beruhigen versuchen sollte. Wäre er ein freier Student gewesen, so wäre er ganz einfach vom Wagen gesprungen. Aber nun war er Hilfsprediger bei Propst Faltin und hatte ein Ansehen – oder doch wenigstens die Möglichkeit zu einem Ansehen und einer Karriere – zu verteidigen. So ballte er unter dem Mantel die Fäuste, riß sich zusammen und beschloß, sich der Situation gewachsen zu zeigen.

Langsam wurde es im Norden hell. Der Weg stieg immer noch. Ab und zu lief man an einer steilen Stelle nebenher, während der leere Wagen krachend über die Steine rumpelte. Schon lange war man keinem Viehgatter begegnet. Der Wald war sichtlich sehr tief.

In der Nachtkühle und der Waldluft war der Magister völlig nüchtern geworden. Er fühlte eine große Müdigkeit in den Beinen, aber eine fast unwirkliche Klarheit im Gehirn. Ein paarmal versuchte er durch eine Frage an den Bauern etwas mehr über den Kranken zu erfahren. Dazwischen versuchte er, eine neue Beichtrede zu entwerfen.

»Nun könnt Ihr bis ran fahren, Herr Pastor. Nun geht es bergab.«

Savonius sah auf. Sie hatten offensichtlich den höchsten Punkt der Hedingsklippen erreicht. Vor sich sah er Höhenrücken hinter Höhenrücken in blauender Unendlichkeit. Im Nordosten stand der Himmel schon warm gelbrot unter den Wolkenbänken. Ein fernes Gewässer leuchtete mitten im Dunkel der Wälder, und ein dünner Nebelstreifen stieg aus dem Moor.

Der Magister schwang sich wieder auf den Wagen. Zum zweiten Male in dieser wunderlichen Nacht fühlte er sich in Harmonie mit dem Dasein, und er dankte es der Natur. Der Wald war kein Feind mehr. Auch diese gottverlassene Wildnis hatte ihre Schönheit. Nun hieß es bloß mit dem Kranken fertig werden. Es saß doch noch ein Stachel im Herzen.

Der Weg war wieder ein bißchen breiter. Kleine Pfade mündeten ein, ein paar Waldhütten wurden sichtbar, und das erschöpfte Pferd, das den Stall witterte, trottete rasch vorwärts. Einfriedigungen im Wald zeugten von Bebauung. Dann wurde ein graues Gebäude sichtbar, der Weg führte um eine Giebelseite herum, und dahinter, mitten auf dem kahlen Hügel, lag ein fast würfelförmiges, zweistöckiges Wohnhaus mit kleinen quadratischen Fenstern und schwach geneigtem Dach. Über die Köpfe der Eckbalken waren Bretter genagelt, so daß sie kantigen Pfeilern glichen.

Savonius hatte kaum den Fuß auf die Nabe gesetzt, als die Tür von innen aufgerissen wurde und eine übernächtigte Frau, die Haarsträhnen in der Stirn, herauskam.

»So seid Ihr doch gekommen! Gott sei Lob und Dank!«

»Er lebt doch?« fragte der Bauer, Angst in der Stimme.

»Ja, aber es ging über die Kraft! . . . Daß Ihr doch noch gekommen seid! Willkommen, Herr Pastor, Gott segne Euch, daß Ihr gekommen seid! Kommt herein . . .«

Sie war schon drinnen. Savonius erfaßte gerade noch, daß festgetretene Erde den Fußboden der Diele bildete. Im nächsten Augenblick stand er in der Stube zur Linken, einer großen Wohnstube von der üblichen Art, die das halbe Haus einnahm. Die drei Außenwände hatten je ein kleines, niedriges Fenster. Ein bleiches Licht sickerte von Norden ein, aber es war dennoch recht dunkel. Die Luft war unerträglich dick. Der Kranke hatte anscheinend lange dort gelegen. Ausdünstungen, ungelüftete Betten, Essensreste und Schmierleder bildeten einige der Ingredienzien der ekelerregenden Atmosphäre, die den Magister zurückfahren ließ. Aber er nahm sich zusammen.

In der rechten hinteren Ecke stand ein Ausziehbett, mit Decken und Betten in wilder Unordnung gefüllt. Der Kranke hatte das eine Knie hochgezogen. Dahinter war nur ein Arm zu sehen, der sich nach oben streckte, ein unnatürlich schmaler und weißer Unterarm mit blauen Adern, gekrönt von einer mißgestalteten großen Hand mit hartrindiger Haut, schwarzen Poren und gesprungenen Schwielen. Die knotigen Finger schienen nach etwas in der Luft greifen zu wollen. Mit wilder Kraft spreizten sie sich auseinander, bohrten sich ins leere Nichts, krümmten sich wie Raubvogelklauen und öffneten sich wieder, um das nämliche sinnlose Manöver von vorn zu beginnen.

Zum zweiten Male nahm sich Savonius zusammen. Er riß den Blick gewaltsam von der kämpfenden Hand los und ließ ihn über die Einzelheiten rundherum gleiten: die kienrußblauen Holzbalken, den Spucknapf neben dem Kopfende des Bettes, der mit ein paar Wacholderzweigen und Massen stinkenden Auswurfs gefüllt war, und schließlich den alten Stuhl mit ein paar zerlesenen Büchern und einem Wasserbecher auf dem Holzsitz.

Er trat einige Schritte näher und hörte seine eigene Stimme mit dem verzagten Gruß: »Gottes Frieden!«

Die Riesenhand sank herab, und ein Gesicht mit leuchtendem Weiß in den Augen tauchte im Halbdunkel der Ecke auf. Die Augen waren weit geöffnet vor Entsetzen, das Haar klebte von Angstschweiß, der verzerrte Mund war wie ein schwarzes Loch, in dem zwei gelbe Zähne zu sehen waren.

»Das ist das Grauen selbst«, dachte Savonius, »die Angst, die aus der äußersten Finsternis des Chaos aufsteigt.«

Ohne recht zu wissen wie, landete er auf einem Stuhl, den ihm jemand von hinten zugeschoben haben mochte. Mit Aufbietung all seiner Selbstüberwindung faßte er die fechtende Riesenhand, die sich – seltsam genug – biegen ließ wie die eines Kindes. Rauh und grob, tot wie ein Stück Holz, lag sie zwischen den feinen Händen des Magisters.

Eine Weile saß er still, ohne zu wissen, was er sagen sollte. Dann kam es über seine Lippen, er wußte kaum woher:

»Gottes Frieden wünsche ich. Gottes ewigen Frieden und Segen.«

Der Kranke schüttelte seinen großen Kopf:

»Nicht für mich! Nicht für mich . . . Ewige Verdammnis, Strafe nach dem Maß der Sünden, das Gericht des Zornes und die Feuerflammen, die sind für mich. Zu mir wird er sagen: Gehet von mir, ihr Verdammten, in das ewige Feuer!«

»Aber Gott ist gut«, sagt Savonius still.

Der Kranke sah gerade zur Decke empor.

»Ja, Gott ist gut, sehr gut. Gerade darum ist es aus mit mir. Herr Pastor, Ihr wißt nicht, wie gut Gott gegen mich gewesen ist. Er hat meine Seele gesucht und mich geladen, den Weg des Lebens zu gehen. Aber ich habe es nicht getan. Er hat mir die Reinheit des Himmels gezeigt. Aber ich komme niemals dahin. Ich habe in Ravelunda in der Kirche gesessen und die Engel singen hören. Da sah ich meine Mutter auf der Frauenseite sitzen und dachte: Sie ist alt geworden, die Mutter, im Winter stirbt sie vielleicht, dann erbe ich den Hof. Und mein Herz weinte, denn ich sah, mehr als die Mutter liebte ich das schnöde Geld. Da stieg der Pastor auf die Kanzel. Schmerbauch! dachte ich. Karten spielen, das kannst du, und Rotforellen angeln. Aber Gottes arme Lämmer mit dem Wort weiden, das kannst du nicht. Aber ich hatte nicht für ihn gebetet. War das Liebe? . . . Ich ging auf dem Weg und sah den Roggen blühen. Da dachte ich: So dicht steht kein Roggen auf dem mageren Acker des Häuslers. Aber all die gute Erde hat der Rittmeister sich genommen. Reich ist er in dieser Welt, aber in der Hölle wird er brennen. War das Liebe, Herr Pastor?«

Johannes hatte plötzlich seine fieberroten Augen auf den Geistlichen gerichtet und sah ihn durchdringend an.

»So ist es mit mir, Herr Pastor. Tag für Tag, Stunde für Stunde: Sünde um Sünde und nichts anderes als Sünde!«

»Aber Gott will nicht des Sünders Tod«, kam es über Savonius' Lippen.

». . . sondern daß er sich bekehre von seinen Sünden«, ergänzte der Kranke. »Darum ist es aus mit mir, Herr Pastor. Dreißig Jahre lang hat Gott mir Umkehr und Besserung angeboten. Dreißig Jahre lang bin ich auf diesem Wege gewesen. Aber ich komme nie zum Ziel. Bin ich umgekehrt? Nein! Geklagt und gerufen hab ich. Aber das Herz ist ebenso böse wie vorher. Falschheit und Finsternis innen, Schein und Heuchelei außen . . .«

»Aber bekennt Eure Sünden, so will Gott vergeben!« Savonius versuchte seine Stimme so fest zu machen, wie er konnte.

»Bekennen . . .«, sagte Johannes, und sein Kopf sank in grenzenloser Müdigkeit zurück. Es war nicht mehr Angst, was in seinem Blick lag, es war eine erloschene Verzweiflung, die fast noch unerträglicher war. Er starrte mit toten Augen empor. »Dreißig Jahre lang habe ich meine Sünden bekannt, du weißt es, Herr. Und du hast alles vergeben, das Salz, das ich gestohlen, die Auerhähne, die ich in Schlingen gefangen hatte, Huren und Fluchen, es war alles vergeben. An dem Tage war es wie Lerchengesang in der Kirche, und du selber redetest, Herr, als der Pastor die Lossprechung verkündete. An dem Tage beugte ich meine Knie am Zaun von Börsebo, und Seligkeit und Friede lagen wie Sonnenschein im Gras. Herr, all das tatest du. Damals glaube ich, ich sei dein eigen. Aber das felsenharte Herz war noch da. Das unbeschnittene, hurerische, felsenharte Herz, das blieb böse. Ich weinte und bekannte – und du vergabst aufs neue. Ich kam mit neuem Bekennen. Groß war deine Gnade, Herr. Zwanzig Mal, fünfzig Mal – aber ich wurde nicht besser. Da wurde die Gnadentür verschlossen. Wer sich bessert und glaubt, wird in das Reich eingehen. Aber ich kann mich nicht bessern . . .«

Savonius' Hirn arbeitete verzweifelt. Der Mann phantasierte sicher, seine Hand war sehr heiß. Dennoch konnte man einen gewissen Zusammenhang in seinen Phantasien ahnen, eine Art unheimlicher Logik. Daß Sünder bereuen und Absolution erhalten konnten, das wußte der Magister ja, auch wenn er kaum geglaubt hätte, daß etwas anderes vorkam als die vorgeschriebene Absolution für Ehebrecherinnen in der Sakristei. Aber dieser Mann hatte sichtlich seine Sünden längst bereut, die übrigens nicht so arg schlimm gewesen zu sein schienen. Warum in aller Welt zweifelte er denn dann an der Gnade? Daß man an den Wundern oder an den Sakramenten, an Adam oder am Sündenfall oder an der Hölle zweifeln konnte, das verstand Savonius mehr als gut. Gegen solche Zweifel war er wohlgerüstet mit aufgeklärten Erläuterungen. Aber die Gnade! – das war ja das Selbstverständlichste von allem! Mußten nicht alle, die an den höchsten Gott glaubten, auch einräumen, daß er gut war! Konnte nicht Voltaire selbst als Beweis dafür angeführt werden? Aber wie sollte er diesen wunderlichen Menschen dazu bringen, das zu verstehen?

Plötzlich erinnerte sich Savonius dessen, was der Bauer unterwegs gesagt hatte: wenn Johannes bloß über die Kennzeichen des Gnadenstandes unterrichtet würde, so mußte er ja begreifen, daß er nicht in Seelengefahr sein konnte. Der gute Mann hatte offensichtlich recht: daß Johannes sich unnötig ängstigte, das war deutlich. Schon diese Bruchstücke eines Menschenlebens, die vorbeiglitten, als er nun weiterphantasierte, zeigten eine so tiefe und ernste Gottesfurcht, daß Savonius sich kaum entsann, etwas Ähnliches gesehen zu haben. Diese Seele wurde ganz von der Frage nach Gott beherrscht, das war klar. Warum verstand er denn nicht, daß Gott gut war? Wie sollte man ihn zwingen können, zu begreifen, daß er nichts zu fürchten brauchte?

Savonius erhob sich, sammelte all seine priesterliche Würde, legte seine schmale Hand, so fest er konnte, auf Johannes' Schulter und sagte:

»Börsebo-Johannes, ich sage Euch: Wenn jemand hier in dieser Gegend selig sterben wird, so seid Ihr es!«

Der Kranke sah auf. Ein flackernder Funke Hoffnung leuchtete in seinem Auge.

»Wieso, Herr Pastor?«

»Ihr seid eine bessere und redlichere Seele als irgend jemand anders, den ich getroffen habe!«

Da erlosch das kleine Licht in Johannes' Auge. Mit durchdringendem Ernst sah er den Geistlichen an.

»Der Richter wird die Seele nicht nach den andern Seelen richten, Herr Pastor. Die Bücher werden aufgetan werden, und die Toten werden gerichtet werden nach dem, was in den Büchern geschrieben steht, und die Menschen werden Rechenschaft geben am Jüngsten Gericht von einem jeglichen unnützen Wort, das sie geredet haben. Und mein Urteil steht schon fest.«

Savonius stand mit hängenden Armen da. Gegen diese unheimliche Logik war er machtlos. Eigentlich hatte der Mann ja recht. Natürlich würde jeder nach seinen Werken gerichtet werden. Über dieses Wort hatte er selber in der Beichtrede des Sonntags Estomihi gepredigt. Aber Angst hatte er keine empfunden.

Ratlos setzte er sich. Ob er etwas lesen sollte? Er griff nach den Büchern auf dem abgenutzten Stuhlsitz vor ihm. Da lag ja ein Gesangbuch. Er nahm den zerlesenen braunen Band und zögerte einen Augenblick . . . Etwas von Anfechtung und Trost in der Not würde wohl passen – aber wo stand das nun?

Er brauchte nicht zu suchen. Der Schnitt des Gesangbuches war gänzlich schwarz beschmutzt und hatte an mehreren Stellen Furchen, weil das weiche Lumpenpapier am Rande abgegriffen war. Er legte den Daumen an die erste Einkerbung und kam sogleich an das

Kapitel: Lieder in Betrübnis, Kreuz und Anfechtung. Aber dann saß er lange unbeweglich. Die Blätter waren so befingert, daß sie allmählich dunkel geworden waren. Der zerflederte Außenrand war schwarzbraun, dann ging die Farbe in blasseres Gelb über. Hundert und aberhundert Mal mußten diese Blätter von erdigen Händen gewendet worden sein. Dreißig Jahre bin ich auf diesem Wege gewesen, hatte Johannes gesagt. Waren das hier die Spuren dieser Wanderung? Savonius legte das Gesangbuch zurück. Er begriff ja, daß es nichts nützen würde, eins von diesen Liedern zu lesen, die der Kranke schon tausendmal gelesen haben mußte, ohne Hilfe in seiner Verzweiflung zu finden. Er fühlte sich unwürdig, hier etwas zu lesen. Er dachte an sein eigenes feines Gesangbuch mit den reinlich weißen Blättern, die glatt und unberührt waren wie Laken in einem nie benutzten Bett.

Plötzlich spürte er, daß ihn jemand ansah. Er wendet den Kopf – er hätte ja beinahe die Leute vom Haus vergessen! Die Frau, die offensichtlich Petrus' Frau war und also die Schwester des Kranken, saß auf der Bank in der anderen Außenecke der Stube. Sie war es gewesen, die den Pastor so intensiv angesehen hatte, daß er den Kopf hatte wenden müssen. Ihre Augen waren weit offen, sie lagen tief in dunklen Ringen. Sie sah und sah ihn an, mit einem klugen aber traurigen Blick. Die Schultern waren schlaff herabgesunken, die Hände lagen erstarrt im Schoß, die ganze Gestalt sprach von einer großen Enttäuschung, einer letzten Hoffnung, die zerstört worden sein mußte. Und dann diese großen, traurigen, vorwurfsvollen Augen!

Savonius wandte das Gesicht ab und fühlte, wie er rot wurde. Er ahnte, was die Frau dachte. Er ahnte, was sie in dieser Nacht in der Einsamkeit mit dem Kranken durchgemacht haben mußte, als die Dunkelhein hereinbrach und ihr Mann immer und immer noch nicht heimkam. Und dann endlich die Hilfe . . . Aber was für eine Hilfe!

Ein neuer quälender Gedanke brach sich Bahn im Hirn des Magisters. Was sollten diese Menschen eigentlich von ihm denken? Ihm fiel die Gavottenmelodie ein, die als ein Abschiedsgruß der Propstei aus dem Saalfenster geflossen war. Sie mußte dem Bauern, der tage- und nächtelang Johannes' fieberkrankem Kampf gegen die Anfechtungen gelauscht hatte, wunderlich im Ohr geklungen haben. Ihm fiel ein, wie unwillig zum Mitfahren er selber gewesen war. Was mußte der Bauer denken, der den ganzen Tag die Wege entlanggejagt war, zuerst nach Näs und dann nach Ödesee, um einen Geistlichen zu erreichen? Und was dachte die Frau dahinten? Savonius blickte verzweifelt auf seine Schuhe nieder. Er hatte nicht daran gedacht, die Beinkleider zu wechseln, sondern trug noch Kniestrümpfe, niedrige Spangenschuhe und rote Rosetten an den Knien. Er würde sich selbst daran gestoßen haben, wenn jemand in solcher Bekleidung zum Altar gegangen wäre. Übrigens – er faßte sich an den Hals. Ja, er hatte ja noch das blaue Stutzerhalstuch um den Kragen geschlungen. Nicht einmal das hatte er mit einem weißen vertauscht! Was sollten diese Menschen eigentlich von ihm denken?

Er schielte zu Petrus hin – nach der Richtung, die dem Platz der Frau entgegengesetzt war, um ihrem Blick nicht noch einmal begegnen zu müssen. Er mußte den Kopf ziemlich weit herumdrehen, ehe er ihn hinten bei dem offenen Kamin an der Mitte der Innenwand entdeckte. Dort stand ein kleiner Holzstuhl, und daneben war Petrus auf die Knie gesunken, die Ellenbogen auf dem Sitz und den Kopf in die Hände gebohrt.

Der Magister drehte scheu den Kopf zurück. Wie lange hatte Petrus so gelegen? Er betete also – und er, Henrik Samuel Savonius, Magister der weitberühmten philosophischen Fakultät in Uppsala und Diener des Heiligen Wortes – er hatte nicht ein einziges kleines Gebet gebetet, seit er in dieses Haus eingetreten war. Übrigens ebensowenig auf dem Herweg – nicht einmal in seiner Kammer vor der Abfahrt. Wann hatte er eigentlich zuletzt gebetet? Es mußte gestern früh bei der Hausandacht gewesen sein – wenn er da überhaupt gebetet hatte!

Sein erster Gedanke war, das Haupt in die Hände zu beugen und ein Gebet zu versuchen. Wenn die Frau nicht zu ihm hingesehen hätte, würde er es wohl getan haben. Aber nun schämte er sich, zu zeigen, daß er am Beispiel eines Bauern gelernt hatte. Er blieb ganz steif sitzen.

Der Kranke hatte seine großen Hände hochgezogen und sie unter dem Kinn gefaltet. Die Augen waren geschlossen, und er phantasierte.

»Nun steht Johannes im Hag von Mysebacka und betet . . . Der Wind geht und die Engel hören zu: Wie betet Johannes heute? . . .« Die Stimme sank zu einem Flüstern herab. »Herr, ich bitte dich für den Schneider im Holz. Er schlägt seine Frau und melkt unsre Kuh und verbreitet giftiges Gerede über unsre Anna . . .« Die Stimme stieg wieder in ihre gewöhnliche Lage: »So betet Johannes, und die Engel nicken und lächeln, denn Johannes betet für seinen Feind . . . Aber als Johannes Amen gesagt hat und an seinem Holzlöffel schnitzt, kommen die Gedanken wieder, und Johannes sieht, wie der Landjäger in den Wald kommt und die Branntweinpfanne des Schneiders findet und ihn vor Gericht lädt, und der Richter sperrt den Schneider ein, und dieser Gedanke tut Johannes' bösem Herzen wohl . . . Da umwölkt sich die Sonne, und es fällt kalter, kalter Regen. Das sind die Engel, die weinen. Johannes hat ein unbeschnittenes Herz, sagen sie, er ist hart, obwohl Gott so gut gegen ihn gewesen ist. Er ist ebenso schadenfroh, wie Gott barmherzig ist. Darum soll er des Todes sterben und niemals, niemals hierher gelangen . . . Wer wird auf des Herrn Berg gehen? Der reines Herzens ist – aber niemals, niemals ich.«

»Still, Johannes! Still!!«

Die Frau war es, die schrie. Sie saß da, das Kinn in die Hände gestützt, und starrte immer noch vor sich hin. Ihre Augen glänzten von Tränen.

»Sie sind verwandt«, dachte Savonius. »Wenn sie nun auch verrückt wird!«

Er fühlte sich unglücklich und verzweifelt, bis zu körperlicher Übelkeit. Die ganze Szene, die Wahnsinnsphantasien des Kranken mit ihrer unerbittlichen Logik, das verweinte, verwachte Gesicht der Frau, die schlechte Luft und der Gestank von dem Spucknapf zu seinen Füßen – es war stärker als er. Er stand auf und ging unsicher zur Tür. Sein Gesicht mußte kreideweiß sein. Kaum war er auf den Hof hinausgekommen, als sich auch schon der Ekel und die

Übelkeit in gewaltsamem Erbrechen lösten.

Da stand also der Hilfsprediger von Ödesee in Kniehosen und eleganten Schuhen, mit einem blauen Seidenhalstuch an der Krause und einer kleinen Spitzenmanschette, die aus dem schwarzen Rockärmel hervorguckte, gegen eine Ecke des Petrushauses im Dorfe Hyltamalen gelehnt. Er hatte keine Kraft mehr, das Komische in der Situation zu sehen. Alles war Schande und Demütigung. Die Sonne schien schon, der Morgenjubel der Vögel erfüllte die ganze Luft, ein Pumpenschwengel quietschte irgendwo weiter unten im Dorf jenseits des Stalles.

Savonius zog eine bleiche Grimasse und reinigte sich mit dem Taschentuch. Nun mußten die da drin ja glauben, daß er gestern zuviel getrunken hatte. Bald würde der Skandal im ganzen Bezirk herumsein. Und übrigens – gestern, als er den Wagen bestieg, war er wirklich nicht ganz nüchtern gewesen. War diese widerliche Übelkeit vielleicht doch ein Glied in der Kette, ein Mittel der Vorsehung, ihre Kinder zu züchtigen?

Mit dem letzten Vorsatz des Magisters, diese Situation zu meistern, war es jedenfalls zu Ende. Er setzte sich auf den Rand des Brunnentroges und barg das Gesicht in den Händen – und weinte wie ein Kind. Er war todmüde an Leib und Seele, magenkrank und hilflos, und fühlte nur ein großes Heimweh nach seiner Studentenbude in Uppsala.

»Ist Johannes schon tot, Herr Pastor?«

Savonius fuhr zusammen und sah auf. Es war eine ganz neue Stimme, eine Frauenstimme, ein warmer und tiefer Alt. Die Fremde mußte von unten, vom Wege her, gekommen sein. Sie trug noch das Kopftuch über dem schwarzen, zurückgestrichenen Haar. Das Gesicht war mittleren Alters, klug, mit einem weichen und milden Zug unter der Sonnenbräune.

Savonius' Gesicht mußte seine Verwirrung ausgeplaudert haben, denn die Frau fuhr erklärend fort:

»Ich bin Katrina Filip aus Hersmalen. Man hat mich gebeten zu kommen, weil es so schwer war. Wir sind früher Nachbarn gewesen. Aber nun ist er wohl schon heimgegangen?«

Es lag eine ängstliche Frage im Tonfall und noch mehr in den kindlich klaren Augen. Savonius merkte, daß sie das eigenartige Benehmen des Pastors treuherzig als Trauer über Johannes' Tod gedeutet hatte. Hätte sie doch bei diesem Glauben bleiben können!

»Johannes lebt«, sagte er heiser, »aber es steht schlecht mit ihm, sehr schlecht.«

Die Frau nickte still und ging in das Haus. Der Magister blieb einen Augenblick lang unentschlossen sitzen. Dann erhob er sich und ging unsicheren und zögernden Schrittes hinterher. »Bin ich selber da, so reden sie wenigstens nicht schlecht über mich«, dachte er. Gleich an der Tür sank er auf einen Stuhl.

Die fremde Frau stand schon am Bett. Petrus' Frau beugte sich hinab und rief dem Kranken ins Ohr:

»Johannes, wach auf! Katrina ist hier! Die Katrina, hörst du!«

Der Kranke war augenscheinlich wieder bei Bewußtsein.

»Katrina . . . wie lieb von dir . . . du bist gut, Katrina. Gott wird dich belohnen. Und mich wird er bestrafen. So wird er erhöhet und wird gerecht erfunden in allen seinen Gerichten. Aber für mich wird es schlimm . . . Katrina, warum ist es nicht wie einst? Weißt du noch, wie wir die Lieder Moses und des Lammes sangen? Da war mein Herz fröhlich in Gott. Aber es wurde niemals rein. Katrina, ich bin ein Sünder, ein großer Sünder!«

»Ja, Johannes, das bist du. Aber Jesus ist ein noch größerer Erlöser.«

Der Kranke atmete ein paar Züge, ehe er antwortete. Er schien über etwas nachzudenken.

»Ja, er ist ein großer Erlöser für den, der sich erlösen läßt. Aber mein Herz ist nicht rein, mein Sinn ist böse, ich habe den neuen Sinn nicht.«

»Die Gesunden bedürfen des Arztes nicht, sondern die Kranken. Er ist nicht gekommen, Gerechte zu rufen, sondern Sünder.«

»Ja, zur Umkehr, stehet geschrieben, Katrina. Es ist die Umkehr, die mir fehlt.«

»Dir fehlt nicht Umkehr, Johannes, sondern Glaube. Den Weg der Umkehr bist du dreißig Jahre lang gewandert.«

»Und bin doch nicht ans Ziel gekommen.«

»Johannes«, sagte die Frau beinahe streng. »Antworte mir auf eine Frage: möchtest du gerne, daß dein Herz rein wäre?«

»Ja, bei Gott, Katrina, das möchte ich.«

»Dann ist deine Umkehr auch so wahrhaftig, wie sie auf dieser Erde bei einem durch und durch verderbten Adamskinde sein kann. Mit der Umkehr hat es bei dir keine Not. Aber du hättest fast den Glauben verloren.«

»Was soll ich denn glauben, Katrina?«

»Du sollst dieses lebendige Gotteswort glauben: Dem, der nicht mit Werken umgeht, aber an den glaubt, der die Gottlosen gerecht macht, dem wird sein Glaube gerechnet zur Gerechtigkeit. Bis zum heutigen Tag hast du an die Werke geglaubt und auf dein Herz gesehen – und hast nur Sünde und Elend gesehen, weil Gott deine Augen mit der Augensalbe des Geistes gesalbt hat, die Wahrheit zu sehen. Hast du Sünde in deinem Herzen, Johannes?«

»Ja«, antwortete der Kranke scheu, »viel Sünde, allzuviel . . .«

»Schon daran siehst du klar, daß Gott dich nicht verlassen hat«, sagte die Frau fest. »So seine Sünde zu sehen vermag nur der, der den Heiligen Geist hat.«

»Meinst du, Katrina, daß es ein Gotteswerk sein könnte, daß mein Herz unrein ist?«

»Nicht daß dein Herz unrein ist – das ist das Werk der Sünde – aber daß du das jetzt siehst, das ist Gottes Werk.«

»Aber warum habe ich denn kein reines Herz bekommen?«

»Damit du lernst, Jesus zu lieben«, sagte die Frau ebenso ruhig wie zuvor.

In der Ecke hatte Savonius seinen schmerzenden Kopf gehoben. Mit gespannter Aufmerksamkeit folgte er dem Wortwechsel am Bett. Am Fußende stand nun Petrus, seine Frau war auf einen Stuhl gesunken, Katrina saß auf der Bettkante. Zu seinem Erstaunen sah der Magister, daß die Hände des Kranken zur Ruhe gekommen waren. Sie lagen breit und grob auf der Decke, ganz unbeweglich. Seine Augen hingen an den Lippen der Frau.

»Was meinst du, Katrina?«

»Ich meine so, Johannes: wenn du ein reines Herz bekommen und auf diese Weise die Seligkeit hättest verdienen können – wozu hättest du dann den Heiland gebraucht? Wenn das Gesetz einen einzigen von uns erlösen könnte, dann hätte doch wohl Jesus nicht am Kreuz zu sterben brauchen? Aber nun richtet das Gesetz Zorn an, und Gott verstopft mit seinen heiligen Geboten jeden Mund, und läßt alle Welt mit der Schande dastehen.«

Der Kranke war ganz still geworden. Seine Schwester wehrte ihm bisweilen die Fliegen vom Gesicht, sonst rührte sich keiner.

»Weißt du noch etwas zu sagen, Katrina?«

»Ja, eins noch, Johannes: siehe Gottes Lamm, welches der Welt Sünde trägt.«

Der Kranke lag eine Weile still.

»Meinst du . . . meinst, daß er auch die Sünde trägt, die in meinem unreinen Herzen wohnt?«

»Ja, all diese Sünde hat er gesühnt, als er an deiner Statt starb.«

»Aber ich habe sie ja doch noch?«

»Ja, so gewiß Paulus sie auch noch hatte. Hast du das niemals gelesen: Ich weiß, daß in mir, das ist in meinem Fleische, wohnt nichts Gutes. Wollen habe ich wohl, aber vollbringen das Gute finde ich nicht.«

»Ja, so ist es«, flüsterte Johannes.

»So ist es immer gewesen, für uns und für alle anderen. Durch seine Wunden sind wir geheilt. Er ist die Versöhnung für unsere Sünden und für die der ganzen Welt.«

Der Kranke lag atemlos still. Dann flüsterte er:

»Noch ein Wort, Katrina, ein festes – und ich glaube es.«

Die Frau erhob sich ruhig, nahm die Bibel mit den Schließen, die auf dem Tisch lag, setzte sich wieder, öffnete sie und las: »Sie sind allzumal Sünder und mangeln des Ruhmes, den sie bei Gott haben sollten: und werden ohne Verdienst gerecht, aus Gnade, durch die Erlösung, so durch Christum Jesum geschehen ist.«

»Amen. Ich glaube!« sagte Johannes kaum hörbar.

Katrina stand auf und legte die Bibel wieder hin.

»Nun ist Gottes Werk geschehen. Nun sollst du den Herrn Pastor bitten, daß er dir mit dem heiligen Sakrament dient.«

Johannes nickte sachte. »Auf dein Wort, Herr, will ich das Netz auswerfen.« Er sah seine Schwester an: »Willst du den Herrn Pastor bitten?«

Savonius war schon aufgestanden. Die Gedanken wirbelten ihm im Kopf herum. Wenn er sich auf diese Menschen verstünde! In einem Augenblick behandelten sie ihn wie Luft, im nächsten standen sie mit allen Zeichen der Ehrerbietung vor ihm, ganz, als wäre ihm nicht eben noch völlig mißlungen, was sie vor seinen Augen vollbracht hatten.

»Herr Pastor?« Es war Petrus, der sprach. »Wir haben zwei Meilen zur Kirche, und dann, er ist der Bruder von meiner Frau, und vielleicht ist es zum letzten Mal. Könntet Ihr vielleicht erlauben, daß wir zusammen mit Johannes an Leib und Blut des Herrn teilhaben?«

Der Magister nickte stumm. Daß sie nur wollten! Er suchte in seiner Tasche und holte Agende und Talar heraus. Dann öffnete er den Kasten mit den Abendmahlsgeräten, stellte den Kelch auf den Tisch und füllte ihn mit Wein. Die andern hatten still Johannes' Bett geglättet, ihm ein Federbett in den Rücken gegeben und ein wenig in der Stube aufgeräumt. Nun saß jeder auf seinem Stuhl.

Savonius sammelte seine Gedanken. Die Beichtrede – die hatte nun Gott selbst gehalten, die konnte er übergehen. Er faltete die Hände und betete ein stilles Gebet. Er betete wirklich – ein tastendes und unbeholfenes Gebet, verwirrt und sehnsuchtsvoll. Dann öffnete er die roten Deckel der Agende, trat an das Bett und las:

»Lieber Bruder, sei getrost und bekenne deine Sünden vor Gott, deinem himmlischen Vater . . .«

Johannes hatte die Hände gefaltet. Seine Augen sahen gerade zur Decke empor. Savonius sah ihn ängstlich an, blätterte zwei Blätter weiter und fand das Gebet, das gesprochen werden sollte, wenn »der Kranke allzu schwach ist«. Er begann langsam und ernst:

»Ich armer, elender, sündiger Mensch . . .«

Die drei anderen glitten von ihren Stühlen. Auf dem nackten Fußboden kniend, die Hände gefaltet und die Köpfe tief gesenkt, sprachen sie leise mit. Auch Johannes bewegte die Lippen.

». . . Ich habe leider auf mancherlei Weise gesündigt gegen

Dich und Deine heiligen Gebote mit Gedanken, Worten und Werken . . .«

Savonius konnte den Blick nicht von Johannes wenden. – Nun kommt es wieder, dachte er erschrocken. Es war, als legte sich die Schuld wie eine dunkle Last auf seine Stirn, und eine heimliche Angst zog wieder die Falten um die Nasenwurzel zusammen. Mit Erschrecken im Herzen las der Magister weiter. Endlich drang er zu den Worten vor: »Zuflucht bei Deiner grundlosen Barmherzigkeit und bei dem Verdienst unseres Heilandes Jesu Christi« und schrie sie beinahe hinaus. Es war, als umfasse er einen Pfeiler.

Dann war das Beichtgebet zu Ende, und Savonius fragte, dem Ritual gemäß:

»Glaubst du, daß Gott dem Predigtamt durch Sein heiliges Wort in Seiner Gemeinde Macht gegeben hat, die Sünden zu vergeben, und daß meine Vergebung Gottes Vergebung ist?«

»Ja«, antwortete Johannes, so fest und natürlich, daß Savonius erst jetzt begriff, daß das eine wirkliche Frage gewesen war, eine lebendige Frage, die Wirklichkeit auf Leben und Tod umschloß, die Frage, die er aus dem Buch vorgelesen hatte.

Er richtete sich auf. Die Fortsetzung las er nicht mehr, er sagte sie natürlich und würdig, plötzlich dessen gewiß, daß er irgendwo weit ab von all seinen akademischen *Examina* Vollmacht bekommen habe, das zu sagen:

»Dir geschehe, wie du glaubst! Auf Befehl unsres Herrn Jesu Christi vergebe ich dir deine Sünden, im Namen Gottes, des Vaters, des Sohnes und des Heiligen Geistes. Amen!«

Johannes lag vollkommen still mit geschlossenen Augen. Die Falten um den Mund und zwischen den Augenbrauen waren von einer unsichtbaren Hand geglättet. War es ein Lächeln, daß auf den Lippen spielte? Das Lächeln eines Kindes, dachte Savonius, das Lächeln eines sehr glücklichen Kindes.

Er las nun die Abendmahlsvermahnung und die Glaubensfragen sowie die Einsetzungsworte über Brot und Kelch. Mit den heiligen Worten kehrte seine Sicherheit zurück. Hier hing ja nichts mehr von ihm ab. Hier stand er als ein geringer Haushalter, ein namenloses Glied in der langen Kette von Händen, deren sich Christus durch die Zeiten bedient hatte, um den Menschen seine Gaben zu reichen. Zum ersten Male empfand er es als eine Linderung und nicht als einen Zwang, einzig und allein ein Diener der Kirche zu sein, ohne daß er etwas Eigenes zu bieten gehabt hätte, und ohne einen andern Ruhm, nach dem er hätte streben können, als den, ein heiliges Erbe redlich zu verwalten.

Er teilte das Brot aus. Er brach eine der Oblaten durch, und so reichte es. Dann trug er den Kelch reihum. Da begann Johannes plötzlich mit seiner wunderlich abwesenden Stimme zu reden:

»Still . . . hörst du nicht die Orgeln? Es saust von weißen Flügeln, es braust von großen Wassern. Nun sitzt Johannes in der Kirche in Ravelunda, und nie vorher hat der Kantor so gespielt. Nun singen sie: Heilig, heilig, heilig ist der Herr Zebaoth! Alle Lande sind Seiner Ehre voll. Auf dem Altar steht der Kelch des Herrn und leuchtet wie Feuer. Aber die Wand ist Kristall, und die Kirche ohne Dach, und die Engel des Himmels steigen auf und nieder. Sie neigen sich vor dem Kelch, sie verhüllen ihr Antlitz, sie sagen: Gelobt sei, der da kommt im Namen des Herrn . . . Nun nimmt ein Erzengel den Kelch in seine Hand. Der ist wie eitel Feuer. Nun kommt er auf mich zu, es sprüht um seine Finger, er brennt mich zu Tode!«

Johannes legte die eine seiner groben Hände mit dem Rücken über die Augen, als sei er von einem starken Schein geblendet. Mit der andern machte er eine heftig abwehrende Bewegung. Aber dann sanken die Hände herab, er wurde ganz ruhig und flüsterte:

»Du wolltest nur reinigen, Herr, reinigen und versöhnen. Du wolltest nur erlösen; und nun sagt dein Engel: Siehe, hiermit sind deine Lippen gerühret, daß du rein seist von deiner Sünde und den lebendigen Gott schauen kannst.«

»Er phantasiert«, flüsterte Petrus' Frau, »Gott schütze seinen Verstand!«

»Er ist klüger als einer von uns«, antwortete Savonius schroff. »Lasset uns danken und beten!«

Er betete die Danksagungskollekte und den Segen. Dann stimmte er an: Nun danket alle Gott. Die andern sangen mit, immer noch kniend.

Noch ein Weilchen danach beugten sie die Knie in stillem Gebet. Es war, als seien sie alle zu überwältigt von etwas Unsichtbarem, um sich erheben zu können. Johannes lag still im Bett und schien zu schlafen.

Als sie schließlich aufstanden, fing Petrus' Frau an, von Frühstück zu reden. Savonius lehnte ab. Er wollte so schnell wie möglich heim. Er zögerte ein wenig, den guten Petrus wieder auf die Landstraße hinauszutreiben, zumal der Schwager vor Abend sterben konnte. Doch da fiel ihm ein, daß er die große Landstraße weiter unten würde erreichen und auf diesem Umweg mit gemietetem Wagen heimgelangen können. Es stellte sich heraus, daß es eine knappe halbe Meile bis Hester war. Er wußte, daß er von dort einen Wagen nach Ödesee bekommen würde. So machte man aus, daß Petrus bis zum Gasthof Hester fahren sollte. Dann sollte er seine Pflichten erfüllt haben.

Die Frau schickte einen dankbaren Blick durch die Stube zu dem Geistlichen. Man sah, daß sie froh war, ihren Mann bald heimzubekommen. Savonius freute sich auch. Hatte er sich als ein schlechter Pastor gezeigt, so konnte er vielleicht doch ein guter Mensch sein.

Der Abschied war kurz und einsilbig. Der Magister spähte nach einem Anflug von Ironie in der Ehrerbietung dieser wunderlichen Menschen für ihren Geistlichen, fand aber nichts Verdächtiges. Katrina würde bleiben, merkte er. Sie war ja auch nützlicher als er selbst, wenn der Kranke wieder unlenksam werden sollte.

So ging es wieder fort. Das taktfeste Knirschen der Zughaken und das Raspeln der Wagenräder im Sande war das einzige, das die Stille störte. Der Magister merkte, daß es langsamer ging als auf dem Herwege, obwohl sie ständig bergab fuhren. Vorhin war die Peitsche des Bauern zielbewußt in Bewegung gewesen, nicht unbarmherzig und launisch, aber mit einer beharrlichen Fähigkeit, das Äußerste aus der Mähre herauszuholen. Jetzt hing die Schnur schlaff herunter. Savonius verstand den Unterschied. Vorhin hatte es gegolten, rechtzeitig Entsatz zu schaffen, jetzt war die Schlacht vorüber. Es war Sinn in allem. Und diese Menschen dachten an andere. Auch das war ein Unterschied zwischen ihnen und ihm selber. Er dachte beschämt daran, wie er eben ganz vergessen hatte, daß Petrus ein wenig Essen nötig haben könnte, ehe er sich wieder auf den Kutschbock setzte.

Er schielte hinüber zu dem Bauern an seiner Seite. Das Gesicht war verschlossen und nach innen gekehrt, der Unterkiefer stieß kräftig vor, das dunkle Haar fiel in einem dichten Kranz hinter den Ohren herab. Bei dem Magister erwachte ein plötzliches Interesse für das Lebensschicksal, das solche Charaktere geformt haben konnte. Er wollte fragen – ja, wie sollte er es ausdrücken?

»Sagt, Petrus . . . wie kommt es, daß ihr da oben in Hyltamalen so . . . so . . . ich meine, daß ihr Gottes Wort lest und betet, wie ihr's tut?«

Bei sich dachte er: ein Arzt, der so ungeschickt wäre, wenn es gilt, seine Patienten nach ihrem Körper zu befragen, wie du, wenn es gilt, etwas über die Seelen zu erfahren, wäre schlechterdings untauglich. Taugst du eigentlich zum Pastor?

Petrus nahm die Frage mit nüchterner Selbstverständlichkeit auf.

»Mit Schwiegermutter fing es an«, sagte er. »Sie diente in ihrer Jugend als Magd da unten bei Kalmar herum und wurde von Elving erweckt. Es war was Besonderes mit Schwiegermutter, sie konnte singen und erzählen, daß man lebende Bilder an der Wand sah. Johannes hat viel von ihr geerbt. Als ich meine Anna kennenlernte, durfte ich an den Sonntagabenden dabeisein, wenn Schwiegervater aus dem Seelenschatz vorlas, und wir sangen zusammen, und so kam ich auch auf den Weg.«

»Und Katrina?«

»Mit ihr ist das anders. Sie ist von weiter nördlich. Da hatten sie einen Pfarrer, der mehr von der Versöhnung redete als Elving, und von ihm hat Katrina das mit der Gnade verstehen gelernt . . . Drei Jahre lang waren wir Nachbarn. Bei Katrina zu Hause hatten sie Martin Luthers Kirchenpostille, wir hatten die Schrift und den Seelenschatz. Jeden Monat tauschten wir . . . Aber nun haben wir viele Jahre auseinander gewohnt.«

Savonius saß wieder schweigend. Eine ganz neue Welt hatte sich in dieser Nacht vor ihm aufgetan. Von dieser Welt zu seiner alten schienen keine Brücken zu führen. Auf der einen Seite Intelligenz und Grazie, das geistreiche Lächeln über die Torheit der Welt, der Dampf von warmen Punschbowlen und der spröde Klang des Spinetts. Da war der Fackelschein der Schlittenpartien und der Duft der Fliederhecken, trippelnde Seidenschuhe auf den zierlichen Bögen der Kieswege, Liebenswürdigkeit und Scherz in charmantem Verein – und im Hintergrund verheißungsvoll die Glückswelt des Rangpastorats mit einem Gewimmel von Domestiken, mit eigenem Kutscher und Doktorhut. Es war auch noch mehr – es war Kampf für Volksbildung und Pockenimpfung, Schulen und zweckmäßigere Bodenbewirtschaftung, politische Neuerungen und Kommunalverwaltung. Und schließlich der Gipfelpunkt des Systems: die Höchste Vernunft, der weise, gute Gott, der von den Menschen ein vernunftgemäßes und tugendhaftes Leben verlangte.

Die andere Welt hatte Savonius bisher nur gestreift. Sie lebte da unten im Volk, dieser grauen und braunen Masse, die sich mit ihrem herben Geruch nach Stall und feuchter Wolle zu seinen Füßen ausbreitete, wenn er auf der Kanzel stand. Er hatte sie am Altar berührt, wenn er all diesen groben Mündern das Sakrament reichte, die er ebensosehr verachtet hatte, wenn sie in seliger Einfalt lächelten, wie wenn sie nach Schnupftabak und Fusel rochen. Er war ihr auch am Taufstein begegnet, wenn die Gevatterinnen ihre Kinderbündel aufwickelten und er da mitten in dem Duft von Windeln und Bratenfett stehen mußte, um noch ein kleines rotpickliges Bündel zu taufen. Nun war er plötzlich durch die Scheidemauer hindurchgeschleudert worden und hatte diese Welt von innen zu sehen bekommen.

Ihm wurde klar, daß er an einem Punkt gelandet war, wo die Frage nach Gott lebendiger war als sonst; aber das hätte sie ja auch in den theologischen und geistlichen Kreisen sein müssen, in denen er bisher gelebt hatte! Und doch meinte er, in diesen kurzen Morgenstunden mehr über wirkliche Gottesfurcht gelernt zu haben als vorher in seinem ganzen Leben. Hier war die Frage nach dem Heil der Seele voller Ernst und Wirklichkeit. Ja, die Erlösung selber war eine Wirklichkeit, die man beinahe sehen konnte. Eigentlich hatte er all das in Uppsala studiert, eigentlich sprach er ja davon in all jenen alten Worten und Wendungen, die die Agende enthielt. Aber er hatte sie bis jetzt nur als eine Art ehrwürdiger Symbole für eine höhere Wirklichkeit angesehen, die in der Vorsehung mit ihren natürlichen Gesetzen und ethischen Prinzipien bestand. Als er hier auf dem Wagen saß, kam es ihm so vor, als wäre Gott ebenso hoch und fern wie der wolkenlose und hohe Sommerhimmel da oben – unendlich majestätisch, mild in seiner Sommerwärme, aber ach, so fern! Für diese Menschen war Gott auch die Erde und der Alltag. Er war so nahe bei ihnen wie die Bibel auf dem Tisch oder die Kleider auf dem Leibe, er war wirklich wie die Ackererde oder die Steine im Grund. Sein Zorn war ein Sturmwind und ein Schüttelfrost, sein Erbarmen ein lieblicher Sabbathmorgen. Alles war ihnen so nahe und greifbar. Und doch behielten sie die Unendlichkeit des Himmels über sich.

Und was war nun besser?

Savonius' Hirn war wieder unnatürlich klar geworden. Sein erschöpfter Körper fiel auf dem Kutschbock in behagliches Dämmern, aber seine Gedanken waren durchsichtig wie Glas. In der frühen Morgensonne schienen die Dinge ihr wirkliches Wesen zu entschleiern. Der Weg ging nun ins Tal hinunter, Laubbäume und Lichtungen mischten sich in den Wald, an den Zäunen hörte man Milch in die Eimer rieseln, der Morgenhauch stieg über den Dörfern hoch, und die Leute mähten die Waldwiesen. Darüber stand der Julihimmel ohne ein Wölkchen.

Nur der Himmel, das wäre doch recht leer, dachte Savonius. Ebenso leer, wie es bis jetzt in meinem Glauben gewesen ist! Nur der Himmel . . . Glasklare Vernunft, hohe, durchsichtige Ideen, ewige Prinzipien: Gott, Tugend, Unsterblichkeit. Aber hier unten geht das Leben seinen eigenen Gang: französische Küche, Assemblees, geistvolle Verse, die letzte Verordnung Seiner Königl. Majestät über Sparsamkeit, die Nachrichten aus Finnland – und dann am Sonntagvormittag ein wenig Reden von den teuren Gnadenerweisungen des Höchsten.

Sie bogen in die Dorfstraße von Hester ein. Das Sonnenlicht tanzte in den Lindenwipfeln. Er fühlte fast körperlich, wie die warme Sonnenflut des Himmels sich über die Erde breitete und von Blüte und Gras aufgesogen wurde, wie sie in die Schöpfung einging als eine wärmende, schwellende, lebenszeugende und emporstrebende Kraft. So mußte es mit dem Himmel sein! Herunter mußte er, hinein in das Geschaffene, hinein in breiten Fluten auf den Holztisch in der Küche, hinein durch die Stalltür und durch die Luke der Futterkammer, um Leben zu zeugen, das kämpfen und erlöst werden sollte. Nicht über der Erde und dem Schmutz, sondern mitten darin! Nicht fern von der grauen, übelriechenden Masse unter der Kanzel, sondern tief in ihren Reihen. Nicht hinter dem Zaun des Pfarrgartens oder dem Parktor des Ritterguts, sondern gerade hier, wo die Scheunen standen und ihre baufälligen Dächer aneinanderlehnten und die Jauche in einem schwarzen Rinnsal auf den Hof hinausrieselte.

Der Wagen hatte vor dem Gasthof gehalten.

Savonius fiel es plötzlich aufs Herz, daß er das Wichtigste vergessen hatte. Er hatte ja sein wunderliches Betragen vorsichtig entschuldigen und versuchen wollen, den Bauern dazu zu bringen, daß er verriete, was er ganz innen über den Geistlichen dächte. Nun stand er beschämt und unsicher am Wagen und erinnerte sich mit peinlicher Klarheit aller Einzelheiten seines kläglichen Mißerfolges.

»Lebt also wohl, Petrus«, sagte er ein wenig tastend. »Dank für die Fahrt. Es tut mir leid, daß ich nicht mehr für Johannes tun konnte.«

»Mehr?« Petrus sah ihn fragend an. »Habt Ihr ihm nicht Christi Leib und Blut gereicht, Herr Pastor? Habt Ihr nicht die gesegnete Schlüsselgewalt gebraucht, die von Gott kommt? Kann ein Mensch mehr tun?«

»Das hab nicht ich getan«, erwiderte Savonius, und er meinte es aufrichtig. »Trösten konnte ich nicht.«

»Das kann keiner als Gott, Herr Pastor, und das Werkzeug, das er erwählt. Die Zeit ist noch nicht erfüllt, aber sie kommt.«

»Was meint Ihr, Petrus?«

Der Bauer sah lange auf die Erde.

»Es kommt mir nicht zu, einem Diener des Herrn zu raten«,

sagte er. »Aber wenn Ihr es von Gott nehmen wollt, Herr Pastor, so steht ein Trostwort bei Sankt Lukas geschrieben, im 22. Kapitel, im 32. Verse.«

Savonius suchte in der Erinnerung.

»Welches Wort meint Ihr, Petrus?«

»Von mir soll es nicht kommen«, sagte der Bauer ausweichend. »Es ist zu groß für mich. Aber vom Herrn kann es zum Segen empfangen werden.«

Er verbeugte sich tief und bestieg den Wagen. Während er gerade die Zügel nahm, fühlte Savonius, daß er sich so von diesem wunderlichen Mann noch nicht trennen könne. Er machte einen großen Schritt auf den Wagen zu, legte die Hand auf die Wagenkante, sah dem Bauern gerade ins Gesicht und sagte: »Betet für mich Petrus!«

Der Bauer begegnete ruhig dem Blick des Hilfspredigers. Es ging ein fast unmerkliches Leuchten über das verschlossene Gesicht.

»Das haben wir schon getan, Herr Pastor. Und wenn Ihr wollt, werden wir es weiter tun – mit Freuden.«

»Danke!« sagte Savonius und machte auf dem Absatz kehrt. Nachdenklich ging er zum Gasthof. Er murmelte vor sich hin: zweiundzwanzig, zweiunddreißig, zweiundzwanzig, zweiunddreißig . . .

In der Propstei Ödesee war das Leben erwacht wie gewöhnlich. Die Hühner-Maja-Lena ging ihre Morgenrunde, die Mädchen begannen im großen Saal aufzuräumen und stellten alle Stühle auf ihren Platz zurück, die Töpfe klirrten in der Küche, und ein angenehmer Duft strömte in die Diele hinaus. Der Friede wurde nicht eher gestört, als bis Hedwig ein Tablett mit Butterbroten und Dünnbier zur Adjunktskammer hinauftrug und sie leer fand. So ungern sie es tat, mußte sie zu Väterchens Schlafzimmertür trippeln, anklopfen und die Sache melden.

Der Propst dachte an die Hedingsklippen und witterte Unrat. Es brauchte nur der Kutscher schläfrig und die Mähre erschöpft zu sein, und schon war das Unglück in jener Gegend passiert. Laut sagte er nur:

»Ich denke, sie waren so vernünftig und haben den Magister gebeten, in Hyltamalen zu übernachten. Erwarte ihn erst zu Mittag.«

Hedwig gab sich zufrieden und verschwand.

Der Propst indessen hatte es mit der Unruhe bekommen und konnte es nicht mehr im Bett aushalten. Er zog sich umständlich an, setzte die Pfeife in Brand und stieg über die hohe Schwelle des Studierzimmers. Während er an dem Entwurf des vom Regierungsbezirk geforderten Gutachtens über die zunehmende Üppigkeit in der Kleidertracht des Bauernstandes kritzelte und schrieb, strich und besserte, gingen die Blicke wieder und wieder hinaus zwischen die Linden am Wege in Richtung auf die dunkle Öffnung, wo die Pfarrhausstraße aus der grauen Masse der Zehnthäuser auftauchte.

Nun läutete die Glocke zum Frühmal, und der Propst ging zur Hausandacht in den Großen Saal. Der Saal lag am entgegengesetzten Ende und nahm die ganze Südseite des Pfarrhauses ein, genau wie die große Wohnstube in einem Bauernhaus. Das Haus war aus der Zeit König Karls, wie es hieß, und die Küche lag nach alter Sitte geradeaus, wenn man durch die Diele hereinkam. Den Großen Saal hatte man zur Rechten, und zur Linken Studierstube und Schlafstube des Propstes.

Nach der Morgenandacht und dem Frühstück konnte der Propst es sich nicht versagen, ein Stück den Weg zu den Hedingsklippen entlangzugehen, unter dem Vorwand, daß er sich die Heuernte ansehen wolle. Es war nicht Sitte bei ihm, irgendwelche Empfindsamkeit zu zeigen. Wenn ein Hilfsprediger bummelte, so trug er selber die Verantwortung. Aber in seinem Herzen mußte der Propst zugeben, daß es ihn hart ankommen würde, wenn seinem Hilfsprediger etwas zugestoßen wäre. Er hatte den aufgeweckten Uppsalaer Magister gern, der immer bereit war, zu musizieren oder ein Verschen zu schmieden. Daß er ihn gestern so barsch angefahren hatte, war eitel Wohlwollen gewesen. Henrik hatte es nötig, in die Gemeinde hinausgetrieben, kopfüber ins kalte Wasser geworfen zu werden, wenn er jemals schwimmen lernen sollte.

Das Priesterliche fehlte ihm noch ganz. Predigen konnte er zwar, daß die adligen jungen Damen mit ihren Spitzentaschentüchern fächelten, aber offen gesagt, war es alles Süßholz und Zuckerzeug. Die Bauern würden auf die Dauer daran ersticken, und an den Sterbebetten war es wertloses Geschwätz. Die Krankenbesuche hatte der Propst sich zwar vorbehalten. Aber ihm wurde klar, daß er anfangen mußte, Henrik in das härteste Rindenbrot des Ernstes beißen zu lassen, wenn etwas aus ihm werden sollte. Wenn er nun bloß nicht schon beim ersten Sprung aus dem weichen Pfarrhimmelbett den Hals gebrochen hatte!

Der Propst machte eine gründliche Runde um die nördlichen Parzellen, jedoch immer so, daß er den Berg im Auge behielt. Die Eßglocke rief zum Mittag, aber kein Wagen war zu sehen. Der Propst lenkte seine Schritte heimwärts, ernstlich besorgt.

Als er auf die Steinbrücke kam und die gerade Pfarrhausstraße entlangsehen konnte, bog gerade ein Wagen aus dem Tor und nahm die entgegengesetzte Richtung. Sah der Propst richtig, so war es der schwarze Wallach des Gastwirts, der da bergab trabte, und der Wagen mußte also aus Hester sein. Neugierig, was das bedeuten könne, schritt er rasch weiter und war halb auf dem Hof.

Hedwig kam ihm entgegengestürzt. Sie war des Propstes Älteste und hatte dem Haus vorgestanden, seit die Propstfrau das Zeitliche gesegnet hatte. Ihr frühreifes, verantwortungsbewußtes Gesicht war voll mütterlicher Sorgen.

»Väterchen, was tun wir bloß? Der Magister ist mit dem Wagen von Hester zurückgekommen. Die ganze Nacht hat er kein Auge zugetan. Er sah ganz verstört aus und wollte nichts essen. Nun hat er sich in seiner Kammer eingeschlossen . . .«

Der Propst seufzte heimlich vor Erleichterung. Also hatte Henrik wenigstens Arme und Beine behalten! Beruhigend sagte er:

»Ist er heute nacht vier Meilen gefahren, so hat er alle Ursache, müde zu sein. Laß ihn nur in Ruhe. Ich werde selbst nach ihm sehen.«

Der Propst war schon im Haus und kletterte die schmale Bodentreppe hinauf. Auf dem Boden stand die Wärme dick wie ein Federbett unter dem offenen Dachgerüst. Es roch nach trockenem Holz und Mottenkraut. Dunkle Kleider hingen in feierlichen Reihen unter den ungehobelten Dachbrettern. Die Planken des Fußbodens schwankten und hoben sich, als der Propst darüber hinschritt. Am Nordende des offenen Bodens, wo der Mauerblock sich wie ein weißgetünchter Turm zum Dachfirst hinaufdrängte, war die niedrige Tür der Adjunktskammer in das Liegeholz eingelassen. Die Tür war ein uraltes Modell, eine fast quadratische Klappe, die an langen Beschlägen hing.

Der Propst klopfte an.

Das letzte Stück Weges hatte Savonius auf dem Kutschbock fast geschlafen. Erst als unten im Kirchhof Leute zu grüßen anfingen, riß er sich hoch, fühlte, ob die Perücke richtig saß und bürstete den Staub von seinem Hut. Am liebsten hätte er sich unbemerkt in seine Kammer hinaufgeschlichen, aber Hedwig kam ihm zuvor und stand draußen auf der Treppe, ehe er noch den Wagen hatte bezahlen können. Die Hälfte ihrer ängstlichen Fragen ließ er unbeantwortet und sagte ein fast unfreundliches Nein zu all ihren Versuchen, zu Tisch zu bitten. Nachdem er ihr die Abendmahlsgeräte zur Reinigung übergeben hatte, ging er mit schweren Schritten auf den Boden hinauf.

Kaum hatte er die klapprige Kammertür hinter sich zugezogen, als er auch schon zum Tisch trat und die Bibel aufschlug.

»Lucae 22,32«, murmelte er. »Hier – ach ja, das Wort des Heilands an Petrus auf dem Wege nach Gethsemane: Aber ich habe für dich gebeten, daß dein Glaube nicht aufhöre: und wenn du dermaleinst dich bekehrst, so stärke deine Brüder.«

Zwei Empfindungswellen brachen sich in ihm. Von der einen Seite kam der Verdruß: wollte dieser Bauer andeuten, daß er nicht bekehrt wäre? Aber von der anderen stieg ein mächtiger Wogenschwall, der alles überspülte und sein Bewußtsein bis zum Überfließen füllte. Das war keines Menschen Wort, sondern Gottes, ein grimmig klarer Bescheid über seine Lage.

Nicht bekehrt – getragen von dem Gebet eines anderen – und doch berufen, seine Brüder zu stärken. Er sah es fast übernatürlich klar, von außen: da kam er selber, leicht berauscht, mit roten Rosetten an den Knien, und enterte in der Sommernacht den Wagen, den Kopf angefüllt mit einer Gavottenmelodie und das Herz mit einer eitlen Spannung, wie er sein Ansehen wahren würde. An den Kranken hatte er nicht gedacht, nicht einen Schatten von Mitleid hatte er für ihn übrig gehabt, noch weniger einen Gedanken an seine Seligkeit. Seinen Auftraggeber hatte er auch völlig vergessen. Aber da oben, über dem bleichen Sommernachthimmel, hatte Einer gethront, der in grenzenlosem Erbarmen für seinen unwürdigen Diener gebeten hatte, gebeten, daß sein Glaube, sein jämmerlicher, blutleerer Glaube in der kalten Nachtluft der Scherze und Geistreicheleien nicht ganz ersterbe, sondern aufs neue entzündet werde in einer lebendigen, warmen Flamme. Er sah es wie ein Panorama: den Weg durch den Wald, den Henrik Samuel Savonius, Gottes unwürdiger Diener, entlanggeführt wurde in Richtung auf die Abgründe der Demütigung, getragen von der Fürbitte des Erlösers, selbst alles Heilige vergessend, aber im Gedächtnis des Heiligen, den er vergessen. Und im gleichen wehmütigen Halbdunkel, auf einem andern Weg, der dalag wie ein weißes Band, wanderte eine einsame Frau, gelenkt von der gleichen hohen Barmherzigkeit, um das Werk auszuführen, das dem untauglichen Diener des Wortes mißlingen sollte. Untauglich – und dennoch nicht verworfen. Hatte Gott ihn nicht das heilige Sakrament in seinen unwürdigen Händen halten lassen? Hatte er nicht den Schlüssel umdrehen dürfen, der in der Vollmacht des Erlösers die Pforten des Himmels öffnete? Hatte er nicht das Werkzeug sein dürfen, das himmlische Freudenfest zu feiern, das den kranken Johannes die Engel an seinem Sterbebett schauen ließ? Und hatte Gott ihm nicht nun zum Schluß diese Botschaft gesendet, vernichtend in ihrer unverdienten Gnadenfülle: Stärke deine Brüder. So wollte Gott ihn dennoch brauchen?

Er sank auf die Knie, die Ellenbogen über den schlanken Schreibtisch ausgebreitet, die Stirn gegen die gefalteten Knöchel gepreßt.

»Herr . . . Herr . . . Herr, wie kannst Du? Herr, lohnst Du so meine Missetaten? Kleidest Du mich in Gnade, weil ich Dich so tief verachtet habe? Herr, ich bin zu klein. Herr, ich tauge nicht! Du kennst ja meinen Hochmut. Du weißt, daß ich alle Ehre selber hätte haben wollen. Du weißt, daß ich glänzen wollte, aber nicht gehorchen. Du weißt, daß ich scheinen und bewundert werden wollte, aber nicht dienen und nicht Dein Kreuz tragen. Herr, erbarme Dich über mich! Willst Du noch mit mir zu tun haben, so nimm mich ganz . . .«

Er lag still. Ihm war, er fühle, wie sein ganzes Wesen sachte in Gottes Hände hinüberrann, wie er all dem Alten entnommen und langsam in eine neue Form eingeschlossen wurde, ein neues Leben, einen neuen Willen, der ihn in seine starke Umklammerung nahm. Und als Gott die Hand um seine Seele schloß, fühlte er, wie die Aufgabe in sein Wesen eingepreßt wurde als eine zwingende und alles beherrschende Berufung: Stärke deine Brüder!

»Ja, Herr«, murmelte er, »willst Du mich brauchen, so gehe ich.«

Er sah sie vor sich: den grauen, übelriechenden Friesstoffhaufen, dieses ganze schwedische Volk, das, von seinen Führern verlassen, dabei war, sich zugrunde zu saufen und in seiner Verkommenheit mit einigen elenden Phrasenpredigten abgespeist wurde – und das dennoch Kraft hatte, da drüben auf der anderen Seite des Meeres zu bluten und zu siegen. Zu diesen war er nun gesandt, und er wollte hingehen in der Kraft Gottes.

Er fuhr zusammen.

Es hatte an die Tür geklopft. Es war das kurze und dringliche Klopfen des Propstes. Er taumelte empor, rief ein verlegenes: Herein! aber schaffte es nicht, sich ganz aufzurichten oder die Knie der Beinkleider abzustauben, ehe der Propst über die hohe Schwelle getreten war.

Der Propst blieb stehen, sichtlich von Verblüffung geschlagen. Seine Stimme klang künstlich harmlos.

»Na, na, mein lieber Henrik, schön, dich wiederzusehen – wie ist dir's ergangen?«

»Danke, Herr Propst, es ist gut gegangen. Er hat Frieden gefunden und ich Unfrieden.«

Die Augen des Propstes wurden noch ein wenig größer.

»Ist es so gut gegangen?« Er schien doch daran zu zweifeln, daß er seinen Hilfsprediger recht verstanden habe. Es lag ein Schatten von Mißtrauen in seinem Blick, als er ihn musterte, von dem blauen Halstuch bis zu den Rosetten am Knie.

Savonius beugte sich impulsiv nieder. Zwei rasche Griffe, ein scharfes Knirschen von zerrissenem Stoff, und die beiden Rosetten landeten losgerissen und zerknüllt in der Ecke hinter der Kommode. Er richtete sich auf und sagte heftig:

»Herr Propst – mit dem hier ist jetzt Schluß – ich will Pastor werden, ein wirklicher Pastor!«

Die Verblüffung und das Mißtrauen im Gesicht des Propstes flossen in einem hellen Lächeln voll väterlichen Wohlwollens zusammen.

»Na, na, mein Junge, Gott segne dich dafür! Obwohl es nicht gerade in den Hosen sitzt.«

Ohne Savonius Zeit zur Antwort zu lassen, stieg er über die Schwelle und tastete sich die Treppe hinunter. Der Magister folgte langsam. Der Propst verschwand einen Augenblick in seinem Studierzimmer. Savionus stand zögernd an der Tür zum Saal. Ein Weilchen später trat der Propst wieder über die Türschwelle, einen großen braunen Kalbslederband unter dem Arm. Er bugsierte den höflich abwehrenden Hilfsgeistlichen mit milder Gewalt in den Saal, wo die Mittagssuppe schon auf dem Tisch dampfte.

»Nun gehen wir zu Tisch. Zum Nachtisch darfst du diese Schwarte mit auf dein Zimmer nehmen. Es ist die Postille des seligen Rohrborg. Ich habe schon lange gefunden, daß du ein wenig darin lesen müßtest. Dir und auch der Gemeinde würde es gut bekommen. Es paßt ausgezeichnet, wenn du mit der Predigt vom dritten Sonntag nach Trinitatis anfängst, von der Armut des Geistes . . . Nun sprechen wir das Tischgebet.«

Der Magister neigte den Kopf tief und andächtig. Im selben Augenblick überkam es ihn, daß er fast an der gleichen Stelle gestanden hatte gestern abend, als der Propst den Trinkspruch auf die Sieger in Finnland ausgebracht hatte. Es waren nicht viele Stunden vergangen seitdem – und doch eine Ewigkeit. Irgendwo durch diese durchwachte Nacht ging eine Grenzlinie zwischen zwei Welten. Über diese Grenzlinie hatte Gott den unwürdigen Diener seines Wortes geführt.

»Und ich danke Dir, Herr«, murmelte er.

Die Erweckung des Gesetzes

Es war so ungewöhnlich still um das Haus. Zum erstenmal seit langem war Tauwetter, die gewaltigen Schneewehen waren zusammengefallen und nachgedunkelt, und es tropfte sachte und nachdenklich vom Dach. Ab und zu fiel Schnee in nassen Klumpen von den Bäumen und schlug mit dumpfem Geräusch auf den Boden, während die schwankenden Zweige sich zum erstenmal seit Wochen aufrichteten.

Der Propst genoß ein bißchen die Stille. Das ewige Gerenne hier in den letzten Wochen war ihm fast auf die Nerven gefallen. Er stand am Hoffenster seiner Studierstube und betrachtete gedankenvoll den einen der Seitenflügel, einen kleinen roten Bau mit schmuckem Mansardendach, das bis dicht über die vierteiligen Fenster der Vorderseite herunterging. Heute war die Tür geschlossen, und man hörte keine Stiefel, die den Schnee an den Steinplatten abtraten. Es war wirklich richtig angenehm. Die Ereignisse fingen an, ihm über den Kopf zu wachsen. Der Propst versuchte, einen Überblick über all das Merkwürdige zu gewinnen, das seit jener Nacht im Juli geschehen war, als Henrik seinen ersten Stoß bekam.

Anfangs hielt er sich viel im Hause auf, war schweigsam und studierte. Nachdem Johann-Christoph heimgekommen war, war Henrik gerade in jenen Tagen in den Flügel hinübergezogen, in die kleine Kammer unter dem Dach drüben im Giebel. – Der Propst betrachtete mit leichtem Mißmut das quadratische Fenster, das von zwei halbkreisförmigen Öffnungen flankiert war. Seit Henrik dort eingezogen war, waren sie gewissermaßen auseinandergekommen. Der Magister war nicht mehr derselbe wie früher. Er ging schwarzgekleidet und dichtete nicht mehr.

Dann war Stück für Stück das andre gekommen. Henrik verschlang nun alle Postillenweisheit, deren er habhaft werden konnte. Zuerst hatte er »Die Seligkeits-Ordnung des gefallenen Menschen« gründlich durchgeackert. Das war ja nur gut – Rohrborg gehörte zu den Lieblingsschriftstellern des Propstes. Dann hatte er die Pia Concordia, Luthers Kirchenpostille und Pontoppidans Collegium Pastorale entliehen, und dann war wohl Fresenius' Communion-Buch gekommen. So weit war alles in Ordnung.

Aber als er eines Tages Murbeck entlieh, begann der Propst Unrat zu wittern. Murbeck war zwar gut, wenn man ihn mit Verstand benutzte. Der Propst selbst pflegte ihn kurz vor Weihnachten hervorzuholen, um das rechte Salz in seine scharfe Vermahnung vor der großen Weihnachtssauferei zu kriegen. Aber in der Woche nach Michaelis – mitten in der Trinitatiszeit! Das ging nun doch zu weit. Nicht ohne Grund war Murbeck seinerzeit vom Hochw. Domkapitel zu Lund suspendiert worden. Wenn der gute Henrik in dieser Weise fortfuhr, konnte es ihm ebenso übel gehen.

Daß die Predigten des Hilfsgeistlichen besser geworden waren, konnte ja niemand leugnen. In diesem Punkt fühlte sich der Propst fast über die Maßen erhört.

Sehr bald hatte sich ein vermehrter Zulauf in der Kirche bemerkbar gemacht, wenn Savonius predigte. Der Propst und sein Hilfsprediger pflegten abwechselnd jeden zweiten Sonntag zu amtieren. Annähernd vollbesetzt war es ja immer. Nun war es fast zum Gedränge gekommen, sobald der Hilfsprediger an der Reihe war. Die Leute standen sogar in den Gängen, und auch Menschen aus den Nachbargemeinden fingen an zu kommen. Der Propst war empört. Das war ja die reine Neugierde! Getue um Gottes Wort hatte er nie leiden können.

Das Schlimmste war die Sache mit den Auswärtigen. In der letzten Zeit war es richtig betrüblich geworden. Von Süden her kamen die Leute aus Ravelunda in großen Scharen gewandert, und von Norden, von jenseits der Hedingsberge, kamen ganze Reihen von Schlitten und fuhren mit klingenden Schellen an der Propstei vorüber. Das weckte Ärger, in erster Linie bei den Leuten der Gemeinde, denen es in ihren Bänken zu eng wurde und die den Platz in den Kirchställen teilen mußten. Und doch war ihr Murren leichter zu ertragen als die zornigen Warnungen, die von Havermann-Näs und Warbeck-Ravelunda kamen. Sie drohten sogar, zum Domkapitel zu gehen und das allgemeine Ärgernis zu melden, das der Hilfsgeistliche von Ödesee bei allen ehrbaren Mitbürgern erregte, wenn er mit seiner affektierten Predigtweise den einfältigen Haufen dazu verführte, über die Gemeindegrenze zu laufen, statt dankbar die teuren Grundsätze der Religion anzunehmen, die ihnen von ihren rechtmäßigen und von Sr. Königl. Maj. bestätigten Lehrern verkündigt wurden.

Um der anstößigen Pfarrerwählerei ein Ende zu machen, hatte sich der Propst einer Kriegslist bedient. Er hatte mitten in der Woche den Plan umgestoßen und am Freitagmorgen verfügt, daß er am nächsten Sonntag selbst zu predigen gedenke. Henrik hatte die Liturgie übernehmen müssen, dann hatte der Propst die Kanzel bestiegen und mit spitzbübischem Lächeln die Bestürzung in der überfüllten Kirche betrachtet. Als Eingangsspruch hatte er Matthäi 11,7 gewählt: Was seid ihr hinausgegangen in die Wüste zu sehen? und eine donnernde Predigt über die Gefahr gehalten, die darin lag, wenn man den geistlichen Strömungen nachlief, statt bei dem schlichten Gotteswort zu bleiben.

Der Triumph hatte nicht lange gedauert. Obwohl er mit dem regelmäßigen Turnus ein Ende machte und nicht mehr abkündigen ließ, wer am nächsten Sonntag amtieren würde, mußte er ja doch Henrik mehrere Tage vorher benachrichtigen, wenn er predigen sollte. Und woran es nun liegen mochte, immer sickerte es durch, wenn die Reihe an den Hilfsgeistlichen kam, und dann fing wieder das Gerenne auf den Wegen an.

Nun konnte ja nicht geleugnet werden, daß Henriks Art zu predigen etwas Besonderes hatte. Redegewandt war er immer gewesen. Jetzt war eine dunkle Glut in seine Stimme gekommen und in die Gedanken eine feste Linie, der man sich schwer entziehen konnte. Wenn er bloß nicht so übertrieben gewesen wäre!

Der Propst seufzte tief. Eigentlich war es schade, daß soviel Eifer durch einen solchen Mangel an Weisheit verdorben werden sollte. Denn war auch der gute Henrik glutvoll, so war er jedenfalls nicht vorsichtig mit dem Feuer. Mehr als einmal hatte der Propst mit geschlossenen Augen in seiner Bank gesessen, mit einem Gesicht, das wie in Holz geschnitten war; in seinem Herzen betend, daß alle die Blitze von der Kanzel nicht rettungsloses Unheil in der Gemeinde anrichten möchten.

Der Propst war kein Schönfärber, dessen war er sich bewußt. Er konnte gegen Trunksucht und Liederlichkeit predigen, daß die Köpfe da unten in der Menge sich duckten und sich in den Stehkragen verbargen. Aber gegen die Kanonaden des Savonius war es doch der reine Zephirhauch! Das Schlimmste war, daß Henrik so mitleidslos handgreifliche Beispiele wählte. Wollte er über Barmherzigkeit predigen, so schilderte er das Los der Armen, so daß man vor sich sah, wie irgendeiner der vielen Tagelöhner des Rittmeisters gegen drei Uhr früh mit einem Mehlsack auf dem Rücken von zu Hause zum Gut wanderte, wie er auf dem Acker fronte, wie er auf das Essen verzichten mußte, um das Getreide zur Mühle zu schaffen, und wie er endlich in der Abenddämmerung nach dreizehn Stunden Plackerei sein Mehl holen und es schwankenden Schrittes heim zu seiner Kate tragen durfte, eine halbe Meile in den Wald hinauf. Und dann sollte es einen noch wundern, wenn der Rittmeister sich über aufwieglerische Reden und umstürzlerische Revolutionsideen erboste. Und dann der Branntwein! Wenn Savonius auf dieses Thema zu sprechen kam, sah man vor sich, wie der Bäckafallbauer eines Herbstmorgens im Landstraßengraben erwachte und ihm die Füße im Schlamm festgefroren waren. Man hörte das Geschrei der Bauern vom Süddorf, die auf dem Heimweg von der Kirche in Svenhester geblieben waren und soffen, bis sie sich auf den Bänken übergaben und wie tote Säcke in den Schuppen hinausgetragen wurden.

Und das betraf doch wirkliche Mißstände, die rechtschaffene Menschen schweigend oder offen verurteilen mußten. Aber was sollte man zu diesem ständigen Geschimpfe über den unschuldigen kleinen Putz in der Kleidertracht sagen? Am Allerheiligentage hatten die Jungfern wie gewöhnlich geweint und sich in ihre Spitzentaschentücher geschneuzt. Da hatte er im Handumdrehen eine furchtbare Salve abgefeuert, in der er von den seidenrauschenden Sklaven der Welt redete, für welche Jesu Blut ein liebliches Parfüm war, gerade geeignet, angenehme Rührung im Herzen zu wecken, und für welche das Leiden des Herrn eine schöne Theatervorführung bedeutete, mit welcher man wollüstige Tränen hervorlockte, doppelt erwünscht, weil sie die ersehnte Gelegenheit gaben, ein paar schöne Hände und die verwerfliche Üppigkeit eines eitlen Spitzentaschentuches zu zeigen. Als er das nächstemal predigte, waren die meisten der Jungfern weggeblieben. Nur Rittmeisters Babette und ein paar andere saßen da in schlichten schwarzen Wollkleidern.

Sogar mit des Propstes eigener Tochter Hedwig war etwas nicht in Ordnung. Sie ließ den Kopf hängen, antwortete oft ausweichend und wollte nicht mehr zum Tanz gehen. Nicht einmal die Schmucksachen ihrer Mutter, die wahrhaftig nicht auffallend waren, wollte sie mehr tragen. Das also hatte man auf den Hals bekommen, bloß weil dieser eigensinnige Magister nichts mit Maß betreiben konnte!

Heute indessen war es draußen auf dem Hof ruhig. Sonst gingen und kamen hier die Menschen den lieben langen Tag. Immer war da irgendein Gemeindeglied – und Personen aus fremden Gemeinden übrigens auch – mit einem Anliegen an den Hilfsprediger. Da er jetzt im Seitenflügel wohnte, konnte er Einzelbesuche empfangen, ohne seinen Vorgesetzten geradezu übergehen zu müssen. Jetzt gelangten die allermeisten Boten für die Propstei nie weiter als bis zum Nordflügel, und sie machten sich von dort sichtlich wohlverrichteter Dinge auf den Heimweg. Der Propst war natürlich ein wenig neidisch in seinem Herzen. Er selbst hatte nicht viele Einzelbesuche im Monat. Aber er bemühte sich ehrlich, seine Unlust zu unterdrücken. Wollten die Leute durchaus zum Hilfsprediger, so gedachte er sich ihnen nicht aufzudrängen. Aber er war ein wenig mißtrauisch gegenüber der Art all dieser Seelennöte, die jetzt im Winter so plötzlich aufgetreten waren. Gewiß war die Zeit hart, die Soldaten von der Landwehr starben wie die Fliegen an der Feldseuche, der Russe stand in Bästerbotten, und das Reich wankte in seinen Grundfesten. Aber dennoch – all dies Gerenne, um einen Jungen um Rat zu fragen, der noch vor einem Jahr nicht zwischen Sündenschlaf und Stand der Gnade hatte unterscheiden können, das konnte doch nicht mehr als eine geistliche Modetorheit sein!

Heute indessen war der Hilfsprediger verreist. Er war schon am Freitag zu dem Pastor von Fröjerum gefahren, diesem wunderlichen Linder. Linder hatte ihn gebeten zu predigen. Auf dem Heimweg sollte er dann im Süddorf Hauskatechese halten. So hatten sie jetzt vier Tage lang Ruhe vor all den wunderlichen Gästen, die sich an den Schneewehen entlangzuschleichen pflegten, als fürchteten sie, auf dem Wege den Propst zu treffen.

Der Propst hatte diesen behaglichen Gedanken kaum zu Ende gedacht, als schwacher Schellenklang vom Kirchdorf her hörbar wurde. Das konnte Besuch bedeuten. Der Propst überlegte. War das jemand, der sich an Savonius wenden wollte? In dem Falle mußte er von auswärts sein, vermutlich ein Ravelunda. Da kam er gerade recht. Der Propst würde schon aufpassen, daß er nicht ungesehen davonkam. Er würde ihn in die Propstei rufen, ihm die Leviten lesen und ihn mit einer kräftigen Vermahnung und dem klaren Bescheid wieder heimschicken, daß er zu Hauptpastor Warbeck gehen könne, wenn er Hinweise für den Heilsweg brauche.

Nun wurde der Schlitten sichtbar. Auf der prächtigen Bahn ging es frisch vorwärts, und ehe der Propst sich dessen versah, war das Pferd um den Torpfosten gebogen. Der Schlitten schleuderte ein wenig und schlug mit der Kufe gegen den zweiten Pfosten, und die Fahrt ging in scharfem Trab am Flügel vorbei zur großen Treppe. Erst als er mitten vor das Fenster des Propstes gelangte, entdeckte dieser, daß es der Rittmeister vom Gut und der junge Fähnrich von Reiher auf Bocksholmen waren, die zu Besuch kamen.

Der Propst eilte hinaus und hieß seine Gäste willkommen. Mit gemessener Ergebenheit lud er sie ein, in den Saal zu treten, rief nach Hedwig und bat um Wein und Kuchen.

Fragend sah er den Rittmeister an, der eine Rolle Akten in der einen Hand hatte.

»Was verschafft mir das hochgeschätzte Vergnügen Ihres heutigen Besuches, lieber Herr Bruder?«

Der Rittmeister, der sich auf dem Sofa zurechtsetzte, wirkte ein wenig verlegen. Er nahm gleichsam einen Anlauf und begann in ungewöhnlich polterndem und militärischem Ton zu sprechen:

»Sehr verehrter Herr Bruder, ich bitte Sie, mich von Anfang an dahin zu verstehen, daß dieser Besuch meinerseits von der innigsten *affection* zu Ihnen, lieber Herr Bruder, diktiert ist . . .«

Dies klingt nicht sehr ergötzlich, dachte der Propst. Er steckte die Hand unter den Rockaufschlag, nickte bedächtig und blickte seinen Gast gleichzeitig gemessen und entgegenkommend an. Der Rittmeister fuhr fort:

»Gerade heraus, *cher ami*, als treuer Untertan des Königs kann ich nicht anders handeln, als ich mich heute zu tun entschlossen habe. Ich kann Ihnen mitteilen, daß wir gestern bei mir zu Hause eine sehr *sérieuse conférence* gehabt haben. Der Baron auf Bocksholmen war anwesend, der königliche Sekretär ebenso, und dann hier unser junger Fähnrich, der glücklicherweise gerade Urlaub hat. Wir hatten auch das Glück – ganz *par hasard!* –, von Hauptpastor Warbeck aufgesucht zu werden . . .«

Der Propst spitzte die Ohren. Was waren das für Verschwörungen hinter seinem Rücken?

». . . und nach einem langen, außerordentlich *délicaten débat* einigten wir uns, Sie, lieber Herr Bruder, aufzusuchen. Der Herr Fähnrich kann bezeugen, daß die *opinion*, die ich nun vortrage, einhellig von den übrigen Standespersonen der Gemeinde geteilt wird.«

Der Fähnrich, der in seiner Uniform gerade und reserviert auf dem weißen Lehnstuhl saß, schlug die Hacken unter dem Stuhlsitz zusammen und verbeugte sich gemessen.

»Na, lieber Bruder«, sagte der Propst, der schon ahnte, um was es sich handelte, und gern einen gemütlicheren Ton anschlagen wollte. »Sie wecken wirklich meine *curiosité*. Es müssen höchst *remarquable* Neuigkeiten sein, die eine so feierliche *ambassade* veranlassen.«

»Ja«, sagte der Rittmeister ziemlich schroff, »darüber ist wirklich nicht zu spaßen. Schon seit dem Herbst hat man hier unter den Leuten der Umgegend eine gewagte *obstinance* bemerkt. Alte, ehrenhafte Sitten werden verachtet, ehrbare Leute werden als gottlose Schurken bezeichnet, Zwietracht wird in die Häuser getragen, die hetzerischsten Angriffe werden gegen unschuldige und nützliche Beschäftigungen gerichtet. Und hinter alledem steckt nach der einstimmigen Überzeugung aller ein einziger Urheber – dieser unglückselige und aufgeblasene Magister!«

Der Propst hob ein wenig die Hand.

»Ruhig, lieber Herr Bruder, wir wollen das Urteil aufschieben, bis die Untersuchung beendet ist. Das Beste wäre wohl, den Magister sofort hereinzurufen . . .«

Der Fähnrich verriet sich durch einen bestürzten Blick auf den Rittmeister. Der Propst fuhr harmlos fort:

»Aber leider ist er augenblicklich verreist, und wir müssen die Sache also in seiner Abwesenheit verhandeln. Und da ich einsehe, daß es die Soldatenehre der Herren verletzen würde, jemanden hinter seinem Rücken anzuklagen, muß ich mich wohl der Verteidigung des Herrn Magisters annehmen. Sie, lieber Herr Bruder, werden den Ankläger in dem Prozeß darstellen und Sie, Herr Fähnrich, wollen vielleicht als Beisitzer agieren . . .«

Hedwig kam mit dem Tablett herein. Eine Pause entstand. Nur der Propst plauderte heiter, während er seinen Wirtspflichten nachkam. Er wurde immer lebhaft, wenn seine Nerven bis zum äußersten gespannt waren.

»Also«, nahm er den Faden wieder auf, als man angestoßen hatte, »es handelt sich um die Vergehen des Magisters Savonius. Herr Ankläger, wollen Sie die Anklageschrift vortragen?«

»Hier . . . Sie können sie selbst lesen. Vorsichtig, wenn ich bitten darf. Das Schriftstück soll an das Domkapitel gehen.«

Nun begann es wirklich vor den Augen des Propstes zu tanzen. Also – so weit war es gekommen. Ohne vorherige Warnung . . . Warum hatte ihn keiner um Rat gefragt?

Mit Mühe las er das Schriftstück durch. Es war ein geschickt zusammengestelltes Gesuch mehrerer um das Beste der Gemeinde Christi eifrig besorgter Personen im Pastorat Ödesee, daß der *past. adjunctus* Henrik Samuel Savonius bei der bevorstehenden Adjunktsverteilung am ersten Mai aus diesem Pfarramt versetzt werden möge, wo er durch unweises Eifern, *fanatisme* und eine affektierte Predigtweise viel Unruhe und Unordnung gestiftet habe. Als *Exemplum* für besagte Unordnung wollten die Petitionäre nur hervorheben, daß er durch die traurige Berühmtheit, die seine hetzerischen Predigten im ganzen Bezirk aufzuweisen hatten, eine solche Völkerwanderung und ein solches Gedränge veranlaßt habe, daß die Luft in der Kirche ganz verdorben werde, daß in den Kirchställen nur Pferde von auswärtigen Besuchern ständen und die andächtige Übung des Gottesdienstes in Frage gestellt würde, wozu das Risiko der Seuchen käme, namentlich der Übertragung der gefürchteten Feldseuche auf die Gemeindeglieder.

Weiter fordere eine peinliche Wahrheitsliebe, daß das Domkapitel nicht in Unkenntnis darüber gelassen werde, welch ein Mangel an christlicher Moderation die Predigten des mehrbemeldeten Savonius kennzeichne. Solchermaßen habe er auf eine Art, die wenig von christlicher Liebe zeuge, hochgeachtete und unbescholtene Mitbürger als Unterdrücker und Bauernschinder bezeichnet, er habe unschuldige Kleidungsstücke, wie Spitzentaschentücher, Federn, Krausen und Goldketten schrecklich verflucht; schließlich habe er die Leidenschaften erregt, so daß Ehepaare sich entzweit hätten und Nachbarn bittere Feinde geworden wären, außerdem habe er die Kanzel auch zu Angriffen auf solche Grundbesitzer mißbraucht, die es gewagt hatten, Gebrauch zu machen von ihrem gesetzlichen Recht, zur Erquickung Wegfahrender den nützlichen und allgemein geschätzten Branntwein auszuschenken.

Das ist eine schöne Umschreibung für die Saufereien auf den Kirchwegen, dachte der Propst.

Das Schreiben schloß mit einer hinterhältigen Andeutung, es scheine, daß die Ruhe in diesem vorher so friedlichen und gesetzestreuen Ort nicht besser wiederherzustellen sei, als durch die Entfernung dieses Mannes, dessen christlichen Eifer man nicht leugne, aber dessen umstürzlerische neue Moden und dessen von einem ungezügelten Zeitgeist irregeleitete Vernunft das unaufgeklärte Volk auf die verhängnisvollsten Abwege führen könnten.

Dies war ein Appell an die Revolutionsangst! Es war eine doppelte Heuchelei, da der Rittmeister, der Bewunderer Napoleons, mit unterzeichnet hatte. Aber auf das Domkapitel würde es Eindruck machen.

Der Propst hatte zu Ende gelesen, hielt aber den Blick noch immer auf das Papier gerichtet. Er wollte Zeit gewinnen. Verschiedene Gedanken schossen durch sein Hirn. Dieses Schreiben durfte nicht an das Domkapitel gehen. Es würde Henrik für alle Zukunft schaden. Es war lügenhaft genug, um ihn unmöglich zu machen, und wahr genug, um mit einigermaßen zufriedenstellenden Zeugenaussagen erhärtet zu werden. Der gute Henrik hatte sich wirklich eine Blöße gegeben. Dafür mußte er nun büßen.

Ein Gedanke stieg im Gehirn des Propstes auf: Wenn er sagen würde, daß er sowieso daran gedacht hätte, sich während des neuen Kirchenjahres ohne Hilspredigers zu behelfen? Dann würde Henrik ohne Lärm und Geräusch und ohne Schaden für seine Karriere versetzt, und die Herrschaften des Kirchspiels würden sich ohne Zweifel zufriedengeben. Das wäre eine schmerzlose Lösung – nur nicht für ihn selbst. Es fiel ihm jetzt wirklich schwer, seinen Dienst zu bewältigen – und außerdem würde es trotz allem schwer sein, sich von Henrik zu trennen. Er suchte nach einem anderen Ausweg.

Es war der Rittmeister, der das Schweigen brach.

»Sie begreifen sicher, lieber Herr Bruder, daß es uns unaussprechlich wehgetan hat, dieses schmerzliche Schreiben aufsetzen zu müssen . . .«

»Ohne Zweifel«, sagte der Propst kalt und betrachtete die säuerlich überlegene Miene des Fähnrichs.

»Nun ist es unser aller Wunsch, daß diese Sache ohne eine *scandaleuse complication* geregelt werden möchte«, fuhr der Rittmeister fort, »und darum haben wir einen Vorschlag, der, wie ich weiß, Ihrem Sinn für das Humane und Vornehme zusagen muß, lieber Herr Bruder . . .«

Der Propst blickte ihn forschend an.

». . . nämlich, daß Sie selbst in Anbetracht des Wohles des Kirchspiels einen neuen Hilfsprediger erbitten. Die Motivierung mag Ihre Angelegenheit bleiben. Wir haben ja den jungen Mann nicht bei der Obrigkeit diskreditieren, nur eine Gefahr abwenden wollen, die alles schlichte und echte Christentum in unserer Gegend zu ersticken droht.«

Nun erhob sich eine Woge von Entrüstung im Herzen des Propstes. Das ging doch zu weit! Hier saß dieser alte *roué* und Schürzenjäger und heuchelte Eifer für ein echtes Christentum, während er in Wirklichkeit nur einen freimütigen Kritiker loswerden wollte, der an einige wirklich recht schwache Punkte des unglücklichen Tagelöhnersystems gerührt und einige Brandfackeln des heiligen Geistes in die französisch aufgeklärte Finsternis drüben auf dem Gut geworfen hatte!

Der Propst warf seinem Gast einen ziemlich scharfen Blick zu.

»Ich würde Ihnen raten, lieber Herr Bruder, dieses Schreiben nicht an das Domkapitel zu schicken. Es beruht in gewissen Punkten auf offenbaren Mißverständnissen. Niemand leugnet, daß Magister Savonius mit unweisem Eifer drauflosgegangen ist, besonders soweit es sich um äußerliche Dinge und Kleidermoden handelt. Aber ebenso kann niemand leugnen, daß es hier viele wirkliche Mißstände gibt, die mit einem echten Christentum, so wie ich selbst es verkündigen will, unvereinbar sind. Die Sauferei auf den Kirchwegen ist eine Schande und eine Feiertagsentheiligung ohnegleichen – die Nüchternheit könnte überhaupt besser sein. Und was das Reden über das harte Los der Tagelöhner und Untergebenen betrifft, so habe ich selbst empfunden, daß man, wenn so etwas im Gotteshaus gesagt wird, nicht Lärm schlagen und protestieren, sondern nach Hause gehen und sein Herz und sein Leben prüfen soll. Wenn man einen Stock unter die Hunde wirft, so jault der, der den Hieb bekommen hat, und wenn Gottes Wort recht unter Sünder ausgeteilt wird, so brennt es am ärgsten in dem Gewissen, das es am nötigsten hatte. Ich habe selbst Tagelöhner, lieber Herr Bruder, und an dem Tage, an den wir jetzt denken, hatte ich mit mir selbst vor dem Herrgott Examen zu halten. Ich bekam kein glattes Genügend.«

Der Rittmeister war ganz rot geworden. Das Bekenntnis des Propstes berührte ihn unangenehm. Er fühlte, daß das Gespräch in ein gefährlich persönliches Fahrwasser gleiten wollte, und beeilte sich, seine zweite Trumpfkarte auszuspielen:

»Lieber Herr Bruder, ich will nicht disputieren; in der Theologie bin ich immer schwach gewesen. Aber was nun Savonius und seine Verkündigung betrifft, so habe ich so gute Theologen wie die Herren Warbeck und Havermann auf meiner Seite. Auch sie haben die ernstesten Einwände gegen Savonius und sein unweises Eifern zu erheben. Sie haben schon ein Schreiben an das Domkapitel aufgesetzt. Ich habe es übrigens mit hier, in der Abschrift. Ich habe vorausgesehen, daß es Sie, lieber Herr Bruder, interessieren könnte, davon Kenntnis zu nehmen.«

Der Propst nahm den neuen Bogen mit offensichtlichem Widerwillen entgegen. Dies roch wirklich nach Verschwörung! Eine äußerst unangenehme Geschichte war das. Was sollte der neue Bischof denken? Eine Eingabe von einigen Offizieren, die konnte von einem kräftigen Propstgutachten aufgewogen werden, aber wenn nun die Pfarrer beider Nachbargemeinden seine eigenen Gemeindeglieder unterstützten, was in aller Welt sollte da der Bischof glauben? Er mußte wohl denken, der alte Faltin wäre verschimmelt, da er nicht mit einer Zeile Mißstände rapportierte, die die ganze Gemeinde in Unordnung gebracht und weit in die Nachbarpastorate hinübergewirkt hatten!

Na, was hatten nun die geschätzten Kollegen vorzubringen? Der Propst blätterte das Konzept durch.

Das waren keine Kleinigkeiten. Der Hilfsprediger in Ödesee war Anlaß zu einer fanatischen Spaltung geworden, die alle hergebrachten Religionsgebräuche bedrohte. Er hielt überflüssige Andachtsstunden in den Häusern außerhalb der ordnungsmäßigen Gottesdienstzeit, auf eine Weise, die man für *directe* dem Conventikel-Plakat Sr. Königl. Maj. von 1726 zuwiderhandelnd ansehen mußte. In diesen sammelte er nicht nur seine irregeleiteten Anhänger aus der Gemeinde Ödesee, sondern ließ zu, daß auch Leute aus den benachbarten Kirchspielen dort zusammenliefen. Durch eine herausfordernde Predigtweise wiegelte er das unwissende Landvolk auf, seine ordnungsmäßigen Lehrer zu verachten und seine alten Gotteshäuser zu verlassen, um lange, bisweilen schädliche und auf jeden Fall immer nutzlose Wege nach Ödesee zu machen. Obwohl das Landvolk in diesem Teil der Provinz als ehrbar und redlich bekannt sei, pflege tit. Savonius auf der Kanzel in die gröbsten Schmähungen auszubrechen, indem er das Volk schlafend, sündig und verloren nenne, und wo jemand auf seinen irrigen Rat höre, werde er dazu verführt, sich von andern Menschen durch eine neue, dürftige Kleidertracht sowie dadurch abzusondern, daß er nicht an den unschuldigen Gesellschaften teilnehme, die hierorts allgemein bräuchlich seien. Aus allen diesen Gründen drängten die besorgten Kollegen darauf, daß das Hochwürdige Domkapitel gegen diese mehrbemeldeten Unordnungen einschreiten möge, indem es dem einfältigen Volke auferlege, keine anderen als die im Gesetz anbefohlenen Religionsgebräuche zu üben und indem es für die Zukunft allen einer christlichen Amtsausübung widerstreitenden Unarten tit. Savonii vermittelst der strengsten, dem Kirchengesetz und der Verfassung gemäßen Maßnahmen wehren möge.

Der Propst atmete tief. Das war wirklich weit ernsthafter. Havermann war ein energischer Bursche und galt im Domkapitel wegen seines eifrigen Bemühens um die Volkserziehung und wegen seines klaren Kopfes für zuverlässig. Er war Aufklärer bis in die Fingerspitzen, und da saß wohl der innerste Knoten in diesem verfitzten Knäuel. Beim letzten Konvent, als sie sich zur Bischofswahl versammelt hatten, hatte Savonius gepredigt. Er hatte lutherisch und gut gesprochen, fand der Propst, aber die Amtsbrüder, allen voran Havermann, waren äußerst kritisch gewesen: war es zulässig, nach einem Jahrhundert Aufklärung immer noch auf diese barbarische Weise von der Versöhnung zu reden? Konnte ein Mensch mit Sinn für das Erhabene länger eine Lehre tolerieren, die Gott einem zornigen Tyrannen ähnlicher machte als einem aufgeklärten Vernunftwesen? Konnte man es ertragen, von Jesu Blut zur Reinigung der Sünder zu hören, wo doch jedermann wußte, daß die einzige Versöhnung, die vor Gott gelten konnte, die Reinigung war, die darin bestand, daß der Mensch auf dem Wege der Tugend, der hohen Lehre und dem hohen Beispiel Jesu nachfolgte?

Es war nun zu einer großen Auseinandersetzung gekommen, in der der Propst vergebens zu vermitteln versuchte. Havermann betrachtete Savonius als einen Verräter, einen Dunkelmann, der das Licht löschen wollte, das endlich zu leuchten begonnen hatte, der die Gemeinde Christi zu den *préjugés* der Orthodoxie zurückführen wollte. Nun, meinte er offensichtlich, hatte die Stunde geschlagen, den Obskuranten unschädlich zu machen.

Der Rittmeister hielt den Blick auf den Propst geheftet. Er merkte, daß die letzte Salve gewirkt hatte. Nun rückte er mit dem Trumpfas heraus:

»Ich kann Ihnen, lieber Herr Bruder, die Freude bereiten, daß ich in Gedanken an die – hm – prekären Folgen für Sie persönlich die Pfarrerschaft bewogen habe, bis auf weiteres davon abzustehen, ihr Memoriale dem Domkapitel einzusenden – natürlich mit dem Versprechen, das ich erwirken würde, daß Savonius ohnedies von hier wegkommt. Bleibt er – tja, dann kann ich es nicht ändern, dann nimmt die Sache ihren Lauf.«

Die Munterkeit des Propstes war wie weggeblasen. Das war ja Erpressung. Nun hatte er gar keine Lust, auszuweichen. Trennte er sich jetzt von Savonius, so würde es als Nachgiebigkeit gegenüber der Drohung aufgefaßt werden. Propst Faltin war noch nie einer Drohung gewichen und hatte auch jetzt nicht vor, es zu tun. Er erhob sich, die Papiere in der Hand.

»Ich danke den Herren für die Sorge um mein Wohl, aber ich kann Ihre Ansicht über diese Sache nicht recht teilen. Zu Magister Savonius habe ich das größte Vertrauen, trotz seiner Übereilungen, die zu beklagen ich der erste bin. Würde er jetzt weggejagt werden, so wäre das nicht zum Nutzen für das Bistum und nicht für ihn selber, denn dann würde er nur dieselben Dummheiten an einer anderen Stelle wieder begehen. Ebensowenig wäre es zum Nutzen für die Gemeinde, denn ich glaube, daß dann erst recht Widersetzlichkeit bei denen aufkommen würde, auf die er Eindruck gemacht hat. Dies, was Sie, meine Herren, Ordnungswidrigkeiten nennen, sind gleichwohl zum großen Teil Dinge, über die ich mich gefreut habe und die, glaube ich, einmal dem Volk von Nutzen sein können, wenn jemand versteht, es richtig zu lenken. Aber ich bin zu alt, und ein neuer Hilfsprediger würde das Knäuel nie entwirren können. Darum meine ich, nicht die Ursache dazu sein zu dürfen, daß Savonius wegkommt, solange er es nicht selber will. Um nun zu zeigen, wie hoch ich Ihren Rat schätze, lieber Herr Bruder«, – er verneigte sich verbindlich nach dem Sofa hin –

»bitte ich, diese Akten behalten zu dürfen. Heute abend werde ich Magister Savonius davon Kenntnis nehmen lassen. Findet er es dann richtiger, von hier zu verschwinden, so werde ich die Sache ordnen – *sans embarras!* Morgen früh werde ich Ihnen, lieber Herr Bruder, die Akten mit Bescheid zurückschicken. Zum Wohl – und Dank für Ihre aufrichtige *humanité* und Ihren selbstlosen Eifer für das Beste unserer Gemeinde!«

Der Propst sprach es mit ironischem Funkeln im Auge. Der Fähnrich merkte nichts, er spielte seine Rolle mit strammer Würde, aber der Rittmeister räusperte sich. Die Gläser stießen aneinander. Der Rittmeister bedauerte die Eile, der Fähnrich klirrte mit den Sporen, und in einem Schwall von Schellengeklingel verschwand der Schlitten in Richtung auf das Kirchdorf.

Kleine Ursachen, große Wirkungen, dachte der Propst und lehnte nachdenklich die Stirn gegen die Scheibe. Dies hatte er denn doch nicht geahnt, als er Henrik zu dem schicksalsträchtigen Gemeindebesuch aussandte. Sollte nun sein armes Ödesee in die *chronique scandaleuse* des Bistums eingehen und Henrik als Pietistenpfarrer verschrien werden? Gottes Wege waren schon seltsam. Wenn er doch richtig aus Henrik klug würde! Aber es stand eine unsichtbare Wand zwischen ihnen. Fast beneidete er diesen verrückten Linder, der dem zehn Jahre jüngeren Magister ein wirklicher Herzensbruder geworden war.

Hedwig kam herein, um das Tablett zu holen. Sie war so erzogen, daß sie nicht unnötig fragte. Auch jetzt schwieg sie, aber ihr ganzes Wesen war eine einzige große, ängstliche Frage. Sie sah so hilflos aus in ihrer weichen Unruhe, daß der Propst sich ihrer erbarmte.

»Es wird schlecht von Henrik geredet«, sagte er. »Genau wie ich vermutete. Er könnte doch auf der Kanzel auch weniger selbstsicher und richterlich sein! Nun spricht man davon, ihn bei dem Domkapitel anzuzeigen, weil er Spaltung verursache und die kirchliche Ordnung gefährde.«

Hedwig war stehengeblieben. Das Tablett zitterte in ihren Händen. Der Propst beeilte sich, hinzuzufügen:

»Sei ruhig, Kindchen. Ich halte jetzt ebenso zu Henrik wie früher. Ich werde ihn, wenn es sein muß, mit Schnabel und Klauen verteidigen.«

Ein scheuer, dankbarer Blick war die einzige Antwort. Das Mädchen blieb stehen.

»Was willst du, Kind?«

»Vater . . . er kann doch nicht abgesetzt werden?«

»Du sollst Gott vertrauen, Hedwig!« sagte der Propst. »Du mußt Ihm diese Sache überlassen.«

Plötzlich fügte er hinzu: »Du mußt lernen, Zuversicht zu haben, Hedwig. Du sollst so feste Zuversicht haben, daß du es auch wagst, deiner Mutter Brosche zu tragen, die du sonst immer zu diesem Kleid getragen hast. Du sollst so fest an Jesus glauben, daß du weißt, die Erlösung hängt nur von ihm ab.«

»Das weiß ich, Vater.«

»Nein, das weißt du nicht, Kind, denn dann würdest du nicht glauben, daß er ein weniger barmherziger Heiland ist, wenn du eine Brosche ansteckst, die deine Mutter an ihrem zehnjährigen Hochzeitstage bekommen und dann vierzehn Jahre lang mit gutem Gewissen und ungeheucheltem Glauben getragen hat.«

Hedwig hatte Tränen in die Augen bekommen. Der Propst wurde weich.

»Das ist eine verzwickte Geschichte, weißt du, mein Kind, und wir werden alle Hilfe Gottes brauchen, um sie zu meistern. Aber dann haben wir keine Zeit für Kleinlichkeit. Hier müssen wir glauben – und gläubig beten. Darum sollst du hinaufgehen und Mutters Brosche anstecken und zum Heiland sagen: so hoch stelle ich Deine Gnade, Herr, daß ich wage, diesen Schmuck zu tragen, wie meine Mutter ihn getragen hat. Und dann sollst du für mich und für Henrik beten, daß Gott uns recht leite. Das werden wir jetzt brauchen.«

Hedwig nickte und verschwand mit Tränen in den Augen. Nach einer kleinen Weile hörte er ihre Schritte auf der Bodentreppe. Na, Gott sei Dank – schlimmer war es also nicht mit den »Ordnungswidrigkeiten« in Ödesee, als daß eine Tochter trotz aller Grillen ihrem Vater gehorchen konnte!

Mit scharfem Knirschen und schweren Stößen glitt der Schlitten über die Steine auf dem schmalen Waldweg. Es taute stark, und die Kufen begannen die lockere Schneeschicht zu durchschneiden. Ordentlich eingefahren war dieser einsame Weg im Winter nie gewesen.

Der Pastor von Fröjerum hielt die Zügel. Sein offizielles Geschäft war, seinen Gast durch den Wald nach Drängsmarken zurückzufahren, wo der Stallknecht aus der Propstei mit der Hauskatechesenliste warten und dann, nach der Katechese, den Hilfsprediger heim nach Ödesee fahren sollte. Eigentlich hätte ja der Knecht von Fröjerum diese Angelegenheit ebensogut erledigen können, aber der Pastor hatte seine bestimmten Gründe, heute die Arbeit des Knechtes zu übernehmen. Jede Stunde, die er mit seinem jüngeren Amtsbruder zusammensein konnte, war ein Fest für ihn.

Das kleine Fröjerum gehörte zu den einsamsten Kirchspielen in diesem waldreichen Kirchenkreis. Daß Justus Linder nach seinem vielen Pech in Beförderungsangelegenheiten hier gelandet war, wurde allgemein als eine Art Verbannung angesehen. Linder war nicht ohne Gaben. Er predigte mit Wärme, um nicht zu sagen mit Hitze. Überall, wo er als Hilfsprediger in Dienst gestanden hatte, hatte es einen sensationellen Zustrom in der Kirche gegeben – aber leider auch Streit, Kämpfe und Klagen. Er hatte die unglückseligste Fähigkeit, mehr zu sagen, als er meinte – und zwar gerade in den gefährlichsten Zusammenhängen. Zweimal war er vom Domkapitel verwarnt und mehrmals zu Pfarrstellen nicht zugelassen worden. Aber er hatte auch einmal, als er zufällig Dompropst Jon Dubb als Zuhörer hatte, sofort aus dem Stegreif eine Strafpredigt über die geistliche Schönrednerei der Zeit gehalten – mit welcher der Dompropst gern ein wenig glänzte – und sie mit staubigen Papierblumen, leeren Weinfässern und welken Blumenkränzen verglichen, die niemals Lebenssamen hervorbringen würden.

Ebenso unvernünftig offenherzig war er jedesmal, wenn er sich um eine Pfarre bewarb. Es wurde behauptet, daß er bei einer Probepredigt in Alarum totenstill auf der Kanzel gestanden hatte, bis es in der Kirche ebenso totenstill geworden war. Dann hatte er begonnen: »Ja, es ist ziemlich peinlich, wenn es still wird – und eine solche peinliche Stille sollt ihr, meine lieben Alarumer, nun seit langem im Himmel verursacht haben, wo viele Jahre lang keiner der Engel hat jubeln oder singen können über einen einzigen armseligen Alarumer, der Buße getan und sich bekehrt hätte . . .«

Auch im Äußeren war Linder ein Original. Nie trug er eine Perücke wie andere gebildete Menschen, immer ging er schwarzgekleidet, sein Haushalt war dürftig wie der eines Bauern, und seine Predigten waren ebenso lang wie ungebändigt. Nach den schweren Zwisten der ersten Jahre hatte seine Bußpredigt doch Eindruck auf seine Gemeindeglieder gemacht, und der untersetzte, braune Mann mit den brennenden Augen war oben im Hochwald eine geistliche Autorität geworden. Bald nach seiner Bekehrung hatte Savonius ihn aufgesucht, und dann hatten sie sich immer wieder getroffen. Die bösen Zungen auf dem Rittergut wußten schon zu melden, daß der Hilfsprediger des Propstes eines Samstagsabends mit halb scheuen Pferden den Weg entlanggejagt sei, und auf die verblüffte Frage der Begegnenden, wohin er in solcher Eile wolle, sollte er geantwortet haben: »Zum Pastor nach Fröjerum, Kugeln und Pulver holen – um morgen auf euch scharfzuschießen, ihr verstockten Gnadenverächter.«

Der Schlitten hatte schon die Gemeindegrenze passiert, und das Gespräch, das sich um die Kennzeichen einer rechten Reue gedreht hatte, war auf die Zukunftsaussichten der geistlichen Bewegung übergegangen. Savonius war voller Optimismus. Was im letzten halben Jahr geschehen war, übertraf seine kühnsten Träume. Es schien ja, als sei der Boden so wohlbereitet, daß die Ernten nur auf die Sichel warteten. Mehrfach war es ihm geschehen, daß Menschen von weither gekommen waren, nur, weil sie einen der Ödeseer Erweckten getroffen hatten. Es war ganz offenbar, daß die Frage nach der Seligkeit unter der scheinbar so erstarrten Oberfläche brannte.

Linder war skeptischer. Daß Savonius die Gnade zuteil geworden war, das stehende Gewässer in Ödesee ein wenig zu bewegen, war ja nur gut, aber da lag auch viel Schlamm auf dem Grunde, der sich wohl bemerkbar machen würde. Und es gab garstige Fische im Sumpf. Dazu rechnete er seinen eigenen verehrten Chef, Warbeck-Ravelunda, der schon den Kopf hervorstrecken und eine Beißerei anfangen würde, wenn er Gelegenheit fand. Und alle Standespersonen würden applaudieren. Seit die französische Sucht in Amtswohnungen und Herrenhöfe eingezogen war, gab es aus dieser Richtung keine Hoffnung mehr auf unverfälschtes Christentum. Wenn man sich auch in die Bräuche fügte, so hatte man sich doch im Herzen vom Evangelium losgemacht. Für die Erlösung hatte man ebensowenig übrig wie Horaz oder Rousseau. Ein wenig leere Rhetorik, ein paar Floskeln über die Tugend, das mochte man noch allenfalls schlucken, wenn sie einzig das abmalten, was ein einigermaßen anständiger Mensch wahrscheinlich ohnehin erfüllte. Entsagung und Einfachheit konnten wohl auch geduldet werden, wenn sie mit Zitaten aus Marc Aurel gepredigt wurden, die zu nichts verpflichteten, aber forderte man sie in Jesu Namen auf, sich selbst zu verleugnen und das Kreuz auf sich zu nehmen, so wurde man unfehlbar als Pietistenpfarrer und Feind aller menschlichen Kultur verschrien.

Er spie über den Schlittenrand. Der Wald stand weniger dicht, und es ging bergab. Von einem Hügel aus sah man schon die weißen Felder des Süddorfes zwischen ihren blauen Waldgürteln.

Drängsmarken war das erste Dorf diesseits der Grenze. Dort sollte die Hauskatechese gehalten werden. Als sie in die Dorfstraße einbogen, stand schon eine Gruppe Männer wartend im Tauwetter vor dem Andershof. Ehrerbietig nahmen sie die Pelzmützen ab, einer führte das Pferd weg, und die Geistlichen traten in das Wohnhaus, wo alles bereit war.

Vor dem offenen Kamin mit seinem gähnenden Gewölbe, das bis an die Decke hinaufreichte, stand ein schwerer Holztisch und ein alter Lehnstuhl mit hohem, geradem Rücken. Das war der Platz für den Pfarrer. Mitten auf dem Tisch lag schon die Hauskatechesenliste. Zur Linken saßen die Männer auf Bänken und zur Rechten die Frauen. Auf dem Fußboden drängte sich die heranwachsende Jugend und die Kinder, die wegen der kalten Diele mit untergeschlagenen Beinen auf Fellen saßen. Wie ein reifes Roggenfeld leuchteten all die blonden Kinderköpfe zwischen den dunklen Frieskleidern der Alten.

Freude stieg in Savonius auf. Ihm fielen die Worte des Heilands ein: Hebet eure Augen auf und sehet in das Feld, denn es ist schon weiß zur Ernte. – Er stimmte an: »Jesu, meine Freude, meines Herzens Weide . . .« und betete dann lange und warm für die Gemeinde, für alle Häuser und Hütten, für die Armen und Kleinen, für die eingezogenen Landwehrmänner, für Saat und Vieh, um Rettung vor den Verwüstungen des Russen und zuerst und zuletzt um der Seelen Seligkeit, um eine wahre Erweckung zur Absage an die Sünde und einen wahren Glauben zur Wiedergeburt und Heiligung im Geist – und schließlich für alle die Menschen, die in dieser Hauskatechesenliste verzeichnet standen, um welche sie sich gesammelt hatten –, daß ihre Namen auch im Buch des Lebens im Himmel angeschrieben sein möchten.

Dann rief er die Namen auf, und die der Anwesenden wurden angekreuzt. Während der Pastor alle die Namen verlas, dachte er mit stiller Freude daran, wie er nach seiner Bekehrung unter das Volk geführt worden war, hinein in die Häuser und hinein in neue, wundersame Menschenschicksale. Vor einem Jahr waren alle diese Menschen für ihn tote Namen auf einem sauber linierten Papier gewesen. Nun sah er fast hinter jeder Zeile ein Gesicht oder ein Schicksal. Mehrere dieser Menschen waren Suchende, mit verschiedenen hatte er eingehend über ihren Seelenzustand und ihre Sorgen gesprochen, und er fing an, die Kämpfe und die heimlichen Tragödien auch in diesem Teil des Kirchspiels ziemlich genau zu kennen. Während er las, schaltete er hin und wieder eine kurze Frage nach der Gesundheit, nach Käufen und Stellungswechsel ein und spürte, wie er mit diesen Menschen durch tausend unsichtbare Bande der Fürsorge und Sorge verwachsen war.

Die Prüfung ging sehr gut. Der Propst war ein tüchtiger Pädagoge und hatte seiner Gemeinde den Katechismus des Svebelius so gründlich eingeprägt, wie man es nur wünschen konnte. Die einzelnen Höfe traten der Reihe nach vor, und alle Bewohner standen im Kreis um den Tisch. Savonius flocht ständig Erklärungen und Verständnisfragen ein. Als die Katechese beendet war, erteilte er Linder das Wort, der seine Katechismuserklärung über den dritten Artikel und über verschiedenes andere, wie Hutfedern, falsche Propheten, Abendmahlshindernisse und Hausbrandversorgung, hielt.

Dann predigte Savonius selbst anhand von Gal. 6,7 über die wahre Buße. Als dann noch ein paar Lieder gesungen waren, sprach er den Segen und bat die Versammlung, im Frieden des Herrn auseinanderzugehen.

Die Jugend strömte zuerst hinaus, und einige von den Älteren folgten. Aber ein ansehnlicher Teil von ihnen blieb. Sie hatten sich erhoben, standen aber zögernd an der Tür oder gruppenweise in der Mitte der Stube.

»Liebe Freunde«, sagt Savonius, »dies Jahr müssen wir auf die Bewirtung verzichten, das wißt ihr wohl. Der Herr Propst hat mit Bestimmtheit erklärt, daß dies Jahr keine Hauskatechesenessen in Frage kommen, so wie nun mal die Zeiten sind. Danach wollen wir uns richten.«

Jonas, der Bauer vom Hügelhof, strich sich bedächtig über das Kinn und antwortete: »Der Mensch lebt nicht vom Brot allein, sondern von einem jeglichen Wort, das durch den Mund Gottes geht. Und es war ja wohl dies Brot, von dem wir gern etwas mehr gehabt hätten. Und dann wollten wir noch das eine und das andere fragen, wo wir nun zwei Pastoren unter uns haben.«

»Dann setzen wir uns wieder«, sagte Linder, ohne die mindeste Verwunderung zu zeigen. »Nein, rückt heran, hierher um den Tisch . . .« Mit ein paar schnellen Püffen erreichte er, daß die Schar sich im Kreise niederließ. Man rückte noch ein paar Bänke heran, und ein zwiefacher Kreis entstand.

Es dämmerte schon, und die Frau zündete zwei Talglichter auf dem Tisch an. Die blassen Flämmchen kämpften mit der grauen Februardämmerung, die von drei Seiten in die Stube sickerte. Der Lichtschein bestrahlte den Kreis ernster Gesichter, der sich um den Tisch schloß.

»Nun fangen wir von vorn an«, sagte Linder. »Welches ist euer schlimmstes Hindernis zur Seligkeit hier in Drängsmarken?« Er saß vorgebeugt, hatte die Ellenbogen fest auf den Tisch gelegt und die Hände gefaltet.

Es kamen viele Antworten: der Branntwein, die Gedankensünden, die geistliche Trägheit, die zeitlichen Sorgen, die Geldgier – und dann der Prozeß um das Bäckafallmoor.

Mit geübter Hand teilte Linder die Gebrechen ein. Das Prozessieren und der Branntweinmißbrauch gehörten zu den Sünden der Sicheren. Sie mußten abgelegt werden, ehe die Gnade zum Leben empfangen werden konnte. Die andern Sünden saßen in der Natur selbst. Sie konnten als Begierden sehr wohl auch bei bekehrten Seelen noch da sein, aber sie mußten redlich bekämpft werden. Das Dringlichste war nun, dem Prozessieren ein Ende zu machen. Durch einige rasche Fragen klärte er die Sachlage und hatte dann die Anweisungen bereit. Jonas sollte sein gutes Recht fahren lassen, da er sich wohl ebensogut ohne dieses Stück Moor behelfen konnte, aber der Mittelhofbauer, der für viele Kinder zu sorgen hatte, durfte wohl vor Gericht gehen, wenn er sich nur vor der Bitterkeit hütete. Und wenn Jonas freiwillig nachgab, so konnte man vielleicht zum Entgelt den halsstarrigen Ephraim vom Sunnerbohof, welcher der eigentliche Urheber des Streites war, dazu bringen, den Anteil des Mittelhofbauern gutwillig abzutreten. Zu dem Zweck sollte ihn Jonas morgen aufsuchen. Und vor allem sollte man sich hüten, so viel Wert auf Ehre oder Geld zu legen, daß man Jesus verlor.

Es kam eine Frage quer über den Tisch direkt zu Savonius: »Muß nicht ein wahrer Jünger alles verkaufen und es den Armen geben?«

»Das habe ich mich selbst viele Male gefragt«, begann der Magister ein wenig unsicher. Er hatte sich wirklich seiner schönen Bücher wegen schon Gedanken gemacht und wußte nicht recht, was er antworten sollte. Aber Linder, der unklare Antworten in bezug auf das Wort Gottes nicht leiden konnte, nahm ihm rasch das Wort ab und entgegnete:

»Das tat Zachäus nicht, als er ein wahrer Jünger wurde. Dem Herrn soll alles gehören, aber er muß jemanden haben, der es verwaltet. Wehe dem, der Gottes Geld für Tand und Eitelkeit, zur Augenweide und Fleischeslust verwendet. Aber Gottes Geld darf auch nicht auf jede beliebige Weise weggeschenkt werden. Laßt Gott das Herz regieren, dann wird er schon auch den Hof und das Geld regieren.«

»Wie soll unrecht Gut wiedergegeben werden, wenn der rechtmäßige Besitzer tot ist?« lautete die nächste Frage. Savonius sah den Frager nicht ohne Bewunderung an. Er hatte sich ja mittelbar selbst als Dieb bezeichnet.

»Wer bezahlen kann, soll den vollen Wert erstatten. Ist der Besitzer aber tot, so soll man das Geld den Armen geben oder jemandem, der unverschuldeten Schaden erlitten hat.«

Der Mann nickte nachdenklich.

»Und wenn man nicht bezahlen kann?«

Die Frage kam vom Ende des Tisches.

»Gottes Vergebung bekommt man trotzdem und soll die Vergebung dessen suchen, den man bestohlen hat. Es ist am sichersten, mit seinem Seelsorger über die Sache zu reden.«

Die nächste Frage kam von der Frau des Hofes.

»Wie groß muß die Reue über die Sünde sein, wenn sie echt sein soll?«

»So groß, daß man von der Sünde lassen will«, antwortete Linder rasch. »Krokodilstränen gelten nichts im Himmel. Aber wer den Willen hat, von der Sünde frei zu werden, der hat auch Reue, wenngleich das Herz sich anfühlt wie ein Stück Holz.«

Die Fragen kamen mit immer größerer Leichtigkeit. Sogar eine der Töchter vom Nachbarhof wagte sich mit ihrem Kummer heraus:

»Wie soll man sicher wissen können, ob man vom Geist Gottes berufen ist?«

Savonius überlegte einen Augenblick, dann griff er nach dem Hauskatechensenbuch, raschelte mit den Blättern und las:

»Christina Jonstochter . . . doch, du bist von Gott selbst berufen, denn hier stehst du als unter seine Getauften aufgenommen. An der Sache kannst du gar nicht zweifeln.«

»Aber wenn man nichts fühlt?«

»So fühlt Gott desto mehr!«

Sie schwieg und wurde rot. Da fragte eine neue Stimme:

»Wie oft soll man zum Abendmahl gehen?«

Nun gab wieder Linder die Antwort:

»Das kommt ein bißchen darauf an, wie man fragt. Fragst du, wie oft du gehen mußt, so deutet das auf ein widerspenstiges Herz, das Gottes Gnade zu einem möglichst billigen Preis kaufen und eigentlich nicht bei Jesus sein will. Ist es so, dann sollst du Gott bitten, daß er dich bekehrt. Fragst du dagegen: wie oft soll ich gehen? So antwortet der Herr: So oft ihr das tut, und das bedeutet, daß du es öfter tun sollst als der große Haufe, der viermal im Jahr geht, weil es als anständig gilt. Und fragst du: wie oft darf ich gehen? So hast du den rechten Gnadenhunger, und da antworte ich: geh hin in deines Herrn Freude, so oft du kannst. Aber sei nicht lässig mit der Vorbereitung!«

Allmählich glitt das Gespräch zu allgemeineren Fragen hinüber, vor allem zu der Frage des Unwillens gegenüber den Suchenden im Kirchspiel. Man hatte im Gefühl, daß ein besonders scharfer Gegenwind von den Herrschaften her wehte, am kältesten vom Gut und am mildesten von Saleby. Der alte Schenstedt hatte es in der letzten Woche sogar über sich gebracht, den Gärtnerknecht, den alten Aron, halb und halb zu loben. »Du bist nicht wie die andern Pietisten, Aron«, hatte er gesagt, »du bist fröhlich und kannst ein Liedchen singen. Versprich mir nun bloß, daß du mit allen Übertreibungen Schluß machst und auch im Christentum Maß hältst, dann sollst du gleich auf der Stelle eine halbe Tonne Roggen kriegen. Es muß alles sein Maß haben.« »Den Roggen darf der Herr Baron behalten«, hatte Aron geantwortet, »denn die Bedingung ist zu schwer für mich. Maß halten, das bedeutet ja, daß es das rechte Maß sein soll. Und das rechte Maß im Christentum, das ist: Gott lieben von ganzem Herzen und seinen Nächsten wie sich selbst. Daran fehlt bei mir noch viel . . .« Da hatte der Baron gelacht und eine halbe Tonne Roggen holen lassen. Kleinlich war er nicht, der Baron auf Saleby.

Das Gespräch glitt weiter. Die Scheiben wurden dunkelblau, und die Dämmerung legte sich ums Haus. Es wurde Zeit, aufzuhören. Man sang noch einen Choral. Savonius sprach das Abendgebet. Dann nahm er Abschied von den Leuten und von Linder.

Als er schon im Pelz auf der Schwelle stand und der Propsteiknecht anspannen gegangen war, kam einer der Bauern, die noch gewartet hatten, und bat, ein Wort unter vier Augen sagen zu dürfen. Savonius kam wieder mit ins Haus.

»Es ist nur das«, sagte der Bauer, »daß ich heute erfahren habe, daß man auf dem Gut böse Gedanken gegen Euch hat, Herr Pastor. Sie waren da gestern zusammen, von Reihers und Baron Schenstedt und Hauptpastor Warbeck, und der Herr Rittmeister hat heute früh gesagt, nun werdet Ihr dem Domkapitel angezeigt, wenn Ihr nicht gutwillig geht. Sie haben spät in der Nacht ein Schreiben aufgesetzt und alle unterschrieben außer Baron Schenstedt, auf den sie geschimpft haben, weil er nicht mitmachen wollte.«

Savonius stand erst ganz stumm. Dann rief er durch die Tür hinaus: »Linder! Linder!«

»Der Herr Pastor ist gerade eben abgefahren«, erklärte die Frau, die aus der Küche herausguckte. Savonius stand ratlos.

»Ihr sollt guten Mutes sein, Herr Pastor«, sagte der Bauer.

Ein paar andere hatten sich zu ihnen gesellt. Sie waren offensichtlich eingeweiht, und eine ingrimmige Entschlossenheit leuchtete aus ihren Augen. »Gott hilft seinen Zeugen«, sagte einer von ihnen. »Aber eins müßt Ihr uns versprechen, Herr Pastor!«

»Was denn?«

»Daß Ihr uns nicht im Stich laßt.«

»Das bestimme nicht ich, sondern das Domkapitel.«

»Aber wenn Ihr bleiben könnt?«

»Dann bleibe ich.«

»Versprecht Ihr das, Herr Pastor?«

Savonius war fast gerührt. War er wirklich so nötig – ja, so würde er auch auf seinem Posten bleiben.

»Das verspreche ich«, sagte er. »Freiwillig bewerbe ich mich nicht um eine neue Stelle, wenn ich in Ödesee bleiben kann.«

»Dann wird Gott seiner schwachen Herde schon den rechten Hirten erhalten«, sagte der Bauer feierlich.

Der Schlitten fuhr vor. Savonius lag daran, ohne Verzug heimzukommen, und er verabschiedete sich rasch. »Vergeßt nicht, daß ihr oben in der Propstei immer willkommen seid«, sagte er mit einem Blick auf den Mann, der gefragt hatte, wie man Vergebung bekommen könnte, wenn man das Gestohlene nicht ersetzen könnte.

Die Dunkelheit war nun hereingebrochen. Der bewölkte Himmel war ganz sternenlos und verschmolz mit dem Wald. Erst wo die Äcker begannen, war ein heller Rand sichtbar. Unten auf der Landstraße fuhr es sich ausgezeichnet, und der Knecht, der heimstrebte, ließ die Pferde laufen. Savonius saß zusammengekrochen und in unfrohen Gedanken da. Die große Finsternis rundum lag auf der Lauer, und der scharfe Tauwind war schneidend und hart. Es war, als hätte die ganze Landschaft etwas vom gleichen Wesen angenommen. Ein einsames Licht huschte vorbei. Das war das kleine achteckige Torhäuschen an der Allee zum Gut. Dort saß also die Spinne im Netz und lauerte auf Gelegenheit, den Stachel in ihr Opfer zu bohren. Hatten sie die Anklageschrift schon fertig? Was würden sie herausfinden können, um ihn anzuschwärzen? Und wer war der arge Judas, den sie dazu bringen wollten, falsch zu zeugen?

Es kribbelte in ihm. Nicht mit einem Gedanken hatte er gedacht, daß einer dieser lächelnden Menschen Anklagematerial gegen ihn sammeln könnte! Ohne eine andere Absicht als die Schlafenden zu ermuntern und die Seelen wachzurütteln, hatte er das Wort donnern lassen. Und hier hatte man also gesessen und ihm aufgelauert! Was hatte man nun glücklich zusammengesucht, das vor dem Domkapitel als verwerflich angesehen werden könnte?

Das Pferd fiel in Schritt. Sie hatten Vänneberga erreicht, und die Fahrbahn auf der Dorfstraße war schlecht. Zu beiden Seiten des Schlittens standen die Giebel dunkel gegen den Nachthimmel. Die feuchte Wärme strömte aus den Viehställen, es blökte leise hinter den Balkenwänden, und der kürzlich ausgeräumte Abendmist roch stark. Savonius fiel der schreckliche Montag im November ein, als die verrückten Bauern von Vänneberga auf dem Heimweg von der Kirche, nachdem sie die ganze Nacht in Sinkan und Svenhester gesoffen hatten, auf die wahnsinnige Idee gekommen waren, mit ihren Schlitten um die Wette zu fahren, obwohl der größte Teil des

Herbstschnees über Nacht weggetaut war. An jenem Morgen war er im Süddorf zu einer Krankenkommunion gewesen und traf sie auf dem Hügel jenseits des Dorfes. Die Pferde schäumten und waren blutig ums Gebiß, auf den schweißbedeckten Körpern sah man Striemen von Peitschenhieben. Er war abgesprungen und ihnen entgegengelaufen, wild vor Zorn. Der erste Schlitten hatte gehalten, ein geiferndes, fluchendes, tabakbespritztes Gesicht hatte sich über ihn gehoben, und im nächsten Augenblick lag die Peitschenschnur ihm wie eine beißende Schlange um Rücken und Schultern. Er hatte die Abendmahlsgeräte in ihrem Behälter am Riemen getragen, der Peitschenhieb hatte den Haken des Futterals gelöst, die beiden Hälften waren auseinandergefallen, so daß das rote Futter leuchtete wie eine blutige Wunde. Im letzten Augenblick hatte er die silbernen Geräte davor gerettet, in den Straßenschmutz zu fallen. In der nächsten Sekunde hatte er den Kelch mit beiden Händen emporgehoben, stand breitbeinig vor dem Schlitten und schrie: »Schlag nur zu! Es ist der Kelch des Herrn, den du lästerst, und Jesu heiliges Blut, das du in den Schmutz schleuderst!« Der Bauer war starr wie eine Bildsäule geworden, hatte mit den roten Augen auf ihn gestiert und schließlich begriffen, was er getan hatte. Da hatte es seinen Körper geschüttelt, er war im Schlitten vornüber gefallen, weinend wie ein kleines Kind. Sie hatten ihn hineintragen müssen. Drei Tage darauf war er in die Propstei gekommen. Das war der Anfang der Erweckung im Süddorf.

Und nun sollte das Domkapitel zum Eingreifen gerufen werden, damit alles wieder in den alten guten Frieden mit Saufen, Fluchen und Tierquälerei zurückkehren könnte! Es konnte doch wohl kein Domkapitel der Welt so verblendet sein, daß es gegen Gottes Erneuerungswerk Partei ergreifen würde? Wenn Christen die Wirklichkeit sehen würden, wie sie war, konnten sie doch wohl dieses Fluchen und Schimpfen, dieses hurerische und versoffene Elend nicht verteidigen!

Er versuchte sich vorzustellen, was Bischof Lehnberg gesagt hätte, wenn er noch lebte. Er sah das weiche Antlitz vor sich, die schönen Augen, die weißen Rollen der Perücke über den Ohren und den feinen, ein wenig weiblichen Zug um den Mund. Er stellte ihn sich vor, wie er einen Bericht über die Ereignisse auf dem Hügel von Vänneberga anhörte, er sah ihn die feinen, weichen Hände voll Schrecken erheben und hörte ihn fragen, ob der Herr Magister wirklich alles getan hätte, um solchen Ausbrüchen unglücklicher Instinkte einer niederen Natur vorzubeugen, indem er seine Zuhörer von dem Glück überzeugte, das die Übung der Tugend schenkt . . . Nein, das hier hätte der selige Bischof nicht begriffen.

Der Schlitten hatte den Gemeindewald erreicht. Mit dem milden Wetter war der Duft von Tannennadeln und Bartflechte wiedergekehrt. Der Magister sog ihn mit Behagen ein. Die Tannen sträubten ihre nassen Zweige im Wind, und ein Fuchs bellte. Wieviel reiner und gesünder als die Menschen war doch die Natur!

Worauf konnten eigentlich die Anklagen zielen?

In der Propstei brannte Licht im Studierzimmer und im Saal. Im Flur kamen Savonius von der einen Seite der Propst und von der anderen Hedwig entgegen. Der Propst grüßte herzlicher als gewöhnlich, Hedwig bat zum Abendbrot.

Bei Tisch begann der Propst mit einer Frage nach Neuigkeiten aus dem Süden. Wie ging es Linder?

Danke – der Pastor in Fröjerum war strahlender Laune gewesen. Er hatte den Schöffen und den Gastwirt miteinander versöhnt, der böse Alte in Svinnsee war vom Sechserrat der Schiedsrichter verwarnt worden, der Lidenbauer war glücklich mit seiner Haushälterin verheiratet, und zwei Knechte, die eines finsteren Abends seinen Schlitten bei der Mühle von Ehneberga anzuhalten versucht hatten, hatte er über das Feldmäuerchen geworfen. Unter den kleinen Leuten kamen immer mehr zur Umkehr. Auf adliger Erde dagegen wuchsen weiterhin nur kümmerliche Ernten für Gottes Reich.

Savonius war krampfhaft fröhlich. Er wollte zu einem andern Thema überlenken.

»Und wie war es in Drängsmarken?«

Danke – viele Leute, aber keine Esserei. Eine große Stille, gute Kenntnisse und eine beachtliche Reife und Erfahrung in Heilsdingen. Der Witwe Kristin ging es besser, der Knecht vom Hügelhof war zur Landwehr eingezogen worden, der Frost ging tief, und mit dem Winterroggen hatte es keine Gefahr . . .

Der Propst betrachtete seinen Hilfsprediger verwundert. So gesprächig war er lange nicht gewesen.

»Na, du hast wohl nicht zufällig auf dem Gut Besuch gemacht?«

»Ich hatte große Lust, Herr Propst . . . gestern hatten sie da Zusammenkunft, um die höchsten Anliegen der Gemeinde Gottes zu fördern.«

»Soo – du hast es also schon gehört?«

»Bloß Andeutungen. Sind sie hier gewesen?«

Der Propst nickte. – »Wir essen erst«, sagte er.

Drinnen im Zimmer des Propstes glühte noch das Feuer in dem runden Kachelofen mit den Blumenmustern. Der Propst lud Savonius mit einer Handbewegung ein, sich auf das Sofa zu setzen, und suchte zuerst das Schreiben des Rittmeisters heraus.

»Hier kannst du sehen, was sie zusammengebraut haben«, sagte er.

Der Magister las. Ein Schatten flog über sein Gesicht und kroch zu zwei Falten zwischen den Augenbrauen zusammen.

»Das ist das Dümmste, was ich seit langem gelesen habe«, sagte er.

»Dumm ist es vielleicht nicht, eher schon arglistig«, meinte der Propst, »durch und durch unwahr und halbwahr.«

»Meinen Sie, daß das Domkapitel sich einen Deut um ein solches Schreiben kümmern würde?«

»Ja, das fürchte ich. Das Schicksal eines Schreibens hängt nicht nur von dem ab, was darin steht, sondern eher von dem, was darunter steht. Da nun einmal der Rittmeister, Crefeldt und von Reiher unterschrieben haben, so wird das Domkapitel es nicht in den Papierkorb werfen. Sodann kommt aber alles darauf an, was für Zeugen sie beibringen können. Hier hast du den Kronzeugen . . .« Er reichte ihm das Schreiben der Amtsbrüder.

Die beiden Falten zwischen den Augenbrauen des Magisters gruben sich tiefer ein und wuchsen zu einem dunklen Zorneskno-ten.

»Das ist infam«, sagte er. »Sollte ein Pastor nicht das Recht haben, die Leute in seiner eigenen Gemeinde zu Gebet und Predigt zu sammeln? Verlangt Warbeck, daß Anders in Drängsmarken seinen Schwager aus Ravelunda draußen im Schnee stehen läßt, wenn ich auf den Hof komme, damit er mich nicht zufällig hört? Soll die Kirche eine Kommunalversammlung sein, wo man die Sünder mit ›Wohledle Erbhofbauern‹ anreden muß, bloß weil sie ihre Steuern bezahlen und in die Kirche kommen? Soll Christi Gemeinde anfangen, die Seelen nach kgl. Briefen und Verordnungen statt nach Gottes Gesetz zu beurteilen?«

Der Propst sah seinen Hilfsprediger an.

»Deine Demut läßt noch einiges zu wünschen übrig, mein Junge. – In *den* Punkten wirst du nicht gerichtet werden können. Aber wenn ich richtig prophezeie, so wird es gefährlicher, wo es sich um Kleider, Spitzen und Goldsachen handelt. Nach evangelischem Bekenntnis sind diese Dinge *adiaphora**, aber du hast sie wohl bisweilen zum Gesetz gemacht und die Seelen härter gebunden, als Gottes Wort es tut.«

»Aber ich habe ja Gottes Wort auf meiner Seite!« rief Savonius.

»Darum streiten sich die Gelehrten, wie du weißt. Und du hast Luther und Melanchthon und die ganze evangelische Christenheit gegen dich.«

»Das ist nicht wahr! Franke und Murbeck werden wohl zur evangelischen Christenheit gehören!«

»Es gibt auch bei uns Gesetzesknechte und Werkchristen und ängstliche Bußprediger, weißt du. Aber das ist dem Kern des Evangelii und der Freiheit eines Christenmenschen gerade entgegengesetzt. Dadurch entsteht nur Gewissensnot – oder Selbstgerechtigkeit.«

In diesem Augenblick kam Hedwig mit zwei Tassen Kaffee auf einem Tablett herein. Savonius war starr! Er hatte sie erst jetzt näher betrachtet und die Goldbrosche entdeckt, die wieder auf ihrem alten Platz unterhalb des Ausschnittes saß. Es war, als gefröre ihm das Blut in den Adern. Ach so – auch sie! Auch hier war der Widerstand im Vormarsch . . . Nun galt es, nicht einen Zoll zu weichen.

* nicht entscheidend

»Was den Schmuck betrifft«, sagte er scharf, »so steht geschrieben, daß der Schmuck der Weiber nicht auswendig sein soll mit Haareflechten und Goldumhängen oder Kleideranlegen, sondern der verborgene Mensch des Herzens unverrückt mit sanftem und stillem Geiste.«

Der Propst lächelte spitzbübisch.

»Na, gedenkst du also meiner kleinen Eva-Lotte in Zukunft das Haareflechten zu verbieten? Oder willst du den Frauen im Süddorf befehlen, mit offenem Haar zu gehen?«

Savonius stutzte. An das mit dem geflochtenen Haar hatte er niemals gedacht. Wenn man das Haar nicht flechten durfte, wie sollte man es dann eigentlich tragen?

Der Propst fuhr heiter fort:

»Lies die Stelle bei St. Petrus genauer nach, so wirst du sehen, daß davon die Rede ist, wie die Frauen ihre Männer gewinnen sollen, wenn sie nicht gläubig sind. Und es steht nur da, daß sie sich nicht mit Gefallsucht und Schmucksachen für sie zurechtmachen sollen, denn das bekehrt keinen, sondern mit einer stillen Gottesfurcht, die ohne Worte Seelen gewinnt. Du solltest daran denken, Henrik, daß der unter einem Fluch steht, der es auf Gesetzeswerke anlegt – und daß nichts verwerflich ist, das mit Danksagung empfangen wird, wie der Apostel sagt.«

»Auf diese Weise kann man beinahe jede Fleischlichkeit verteidigen«, sagte Savonius finster. »Danke für den Braten, danke für die Schnäpse, schwelge und trink! Dann kurieren wir den Trinkerschlucken und die Magenbeschwerden mit einem Tropfen Versöhnungsblut. Mit *der* Lehre kann ich nicht mit!«

»Du wirst sie besser verstehen, wenn du versucht hast, dein Fleisch mit Kasteien und Entsagen zu kurieren«, sagte der Propst trocken. »Gute Nacht, Hedwig, schlaf süß, Kindchen, und vergiß nicht, Gott für eine gute Mutter zu danken, wenn du ihre Brosche abnimmst.«

»Und nun, Henrik – nun müssen wir ernstlich miteinander reden. Der Rittmeister und seine edlen Freunde haben uns ein Ultimatum gestellt. Entweder verläßt du Ödesee zum ersten Mai oder diese beiden Papiere gehen ans Domkapitel. So liegt die Sache. Ich habe ihnen für morgen vormittag Antwort versprochen. Was sagst du nun?«

»Was sagen Sie selber, Herr Propst?«

»Meine Antwort ist schon gegeben: obwohl ich einige Übereilungen bedaure, deren sich mein Hilfsprediger schuldig gemacht hat, fällt es mir nicht ein, ihn wegzuschicken, wenn er selber nicht will. Die Antwort hängt also von dir ab. Du kannst dir die Sache bis morgen beschlafen. Sie ist nicht ohne Bedeutung für deine Zukunft. Willst du fort, so schreibe ich nur an das Domkapitel, daß ich mich bis auf weiteres ohne Hilfsprediger behelfen will, und du bekommst ohne Spektakel eine andere Stelle.«

Savonius sah abwesenden Blickes gerade vor sich hin. Der dunkle Fleck zwischen den Augenbrauen war fort, eine fast dankbare Ruhe lag über seiner Stirn, und es war, als kräuselten sich seine Lippen in einem feinen Lächeln. Er sah die groben Gestalten in Drängsmarken vor sich, er spürte den Geruch von feuchtem Fries und hörte die kindlich ergebenen Stimmen sagen: »Versprecht Ihr uns, zu bleiben, Herr Pastor?« Ja – er hatte ihnen versprochen, zu bleiben. Es war eine Fügung Gottes, daß dieses Versprechen ihm ein paar Stunden, ehe er vor diese Wahl gestellt war, abgenötigt wurde. Nun hatte er keine Wahl.

»Danke, Herr Propst«, sagte er, »ich glaube, ich kann schon jetzt antworten. Ich bleibe hier, wenn es Ihnen recht ist.«

»Natürlich ist es mir recht«, sagte der Propst trocken. »Auch wenn ich manchmal denke, daß ich dich als eine Prüfung geschickt bekommen habe! Aber denk nur dran, Henrik, wenn du kämpfen willst: schußfest bist du nicht. Du hast Blößen in deiner Rüstung.«

»Ich hab keine Angst«, sagte Savonius kurz. Da der Propst schwieg, sagte er hastig Gutenacht und ging in die Diele hinaus, um sich über den Hof in den Seitenflügel zu begeben. Als er den einen Fuß schon auf der Schwelle hatte, wandte er sich um.

»Das will ich Ihnen sagen, Herr Propst: wenn das Domkapitel für Freidenker, Leuteschinder, Säufer und Fluchmäuler Partei ergreift – gegen einen, der die Verlorenen zum Leben in Gott führen will, dann ist das Domkapitel ein Teufelsbabel, und dann hänge ich das Pfarramt an den Nagel. Gute Nacht!«

Die Tür schloß sich.

Der Propst setzte sich mißmutig an den Schreibtisch. Er fingerte an einem bronzenen Papiermesser herum und rieb sich nachdenklich mit der Spitze den Haaransatz unter dem Perückenrand. Dann schleuderte er es von sich, faltete die Hände und beugte seinen alten Kopf vornüber gegen den Tisch.

Die Armut des Geistes und das Licht des Evangeliums

Der Sommerwind zauste die Birkenwipfel, das Laub glitzerte, und das Sausen war durch die offenen Fenster bis in die Kirche hinein zu hören. Draußen vor der Mauer auf dem Sandweg standen die Menschen in dichten Knäueln und versuchten zu verstehen, was drinnen gesagt wurde. Ein paar hatten aus dem Gemeindehaus Bänke geholt, auf denen sie nun mit gestreckten Waden standen, die Hände gegen die Mauern der Fensteröffnungen gestützt. In den Öffnungen selbst, die in der dicken Steinwand aussahen wie Kellertüren, saßen überall Menschen, die ihre Beine auf der Innenseite der Mauer in der leeren Luft baumeln ließen. Drinnen in den Bänken waren die Kirchgänger aufs äußerste zusammengedrängt, und auf den Gängen standen sie in dichten Reihen.

Die Kirche war in der Mitte des vorigen Säkulums gebaut. Nur der alte Chor hatte bleiben dürfen, das Langhaus war bedeutend erweitert worden, aber die Mauern hatten dieselbe Mächtigkeit wie früher, und die Fenster waren nur mäßig groß. Der Altaraufsatz war in üppigem Bauernbarock geschnitzt, ebenso die Kanzel, obwohl sie sich bei der letzten Übermalung dem Zeitgeschmack angepaßt und ihre alte Farbenpracht unter einer schlichten Oberfläche von Weiß und Gold verborgen hatte. Die hölzerne Decke war gewölbt, ihre Bretter waren weiß getüncht und mit einem prächtigen Mittelstück in Weiß und Rosa bemalt, auf dem sich biblische und klassische Motive in bunter Mischung in einem üppigen Rahmenstück von Schnecken und Girlanden drängten.

Der Zustrom war noch ein wenig größer als gewöhnlich. Zum

Teil beruhte das darauf, daß die Frühjahrsbestellung vorüber und die warme Jahreszeit wirklich gekommen war. Die angenehme Wärme bewirkte auch, daß es so andächtig still und ruhig war. Man brauchte nicht mehr die Absätze im Sitzen gegeneinanderzuschlagen, um sich warmzuhalten, und das unablässige Husten hatte aufgehört. Die Stille wurde nur gestört, wenn einer der vielen stehenden Zuhörer die Stellung wechselte und ein grober Stiefel mit Holzsohle gegen die Grabplatten des Ganges kratzte, oder wenn eine hohe Kinderstimme etwas zu sagen versuchte und energisch zum Schweigen gebracht wurde.

Savonius redete von der Kanzel. Die Predigt war zu Ende und die Abkündigungen waren erledigt. Nun sprach er zu den Konfirmanden, die sich von ihren Schemeln im Chor erhoben hatten. Von den Mädchen, die ihm zunächst, aber von der Kanzel abgekehrt standen, konnte er kaum mehr als die weißen Kopftücher sehen. Die grauen Reihen der Jungen mit ungeschickt gefalteten Händen, neuen, steifen Wollstrümpfen und scheuen Blicken unter den Flachsschöpfen sah er desto deutlicher.

Er sprach streng.

»Ihr könnt nicht den Kelch des Herrn und den Kelch des Teufels trinken, sagt der Apostel. Ihr könnt nicht mit denselben Lippen Gottes Namen mißbrauchen, bei Christi und der Seelen Feinde fluchen, eitle Scherze machen mit denselben Lippen, mit welchen ihr Jesu heiliges Blut zur Versöhnung für eure Sünden empfangen sollt. Oder wollt ihr den Herrn versuchen?

Unter euch soll es solche geben, die noch während der Vorbereitung auf diesen heiligen Augenblick Flüche auf den Lippen geführt, Christi Kreuz als leichtfertigen Kraftausdruck gebraucht haben, um den Schreck über eine zerschlagene Kanne oder die Verblüffung über einen unerwarteten Besuch auszudrücken. Wie wollt ihr heute mit den gleichen Lippen den Heiligen Geist selbst empfangen, der ein verzehrend Feuer für alle Ungerechtigkeit ist? Müßt ihr nicht mit Angst und Beben sagen: Weh mir, ich vergehe, denn ich bin unreiner Lippen!?«

Ja, ich vergehe, dachte Savonius. Ich bin selber unreiner Lippen. Was habe ich in dieser Woche nicht alles gesagt! Eitles Geschwätz mit dem Fuhrknecht, bei dem ich Menschengunst suchte, ohne nach seiner Seele zu fragen! Harte Worte gegen den Rittmeister, obwohl ich ihn hätte entschuldigen müssen. Eigenlob im Gewande der Demut vor den Süddorfbauern, als ich von meinen Anfechtungen erzählte . . .

»Und ihr Konfirmanden, die ihr noch nie durch treues Lesen des Wortes mit Ernst eure Erlösung gesucht habt, ihr, die ihr widerwillig gelernt habt, was ihr über den Weg zur Seligkeit zu lernen gezwungen waret, die ihr aber niemals darüber hinaus das Wort mit dem redlichen Ernst des Herzens in euern Häusern habt regelmäßig lesen wollen – wie wollt ihr heute an diesen Tisch treten, der für die Jünger des Herrn gedeckt ist, und an dem Er selbst, der alles sieht, die erwartet, aber nur die, welche Seine Rede hören und sie mit aufrichtigem Herzen empfangen?«

In ihm rief die ganze Zeit eine andere Stimme: Herr, Herr, warum stellst Du mich hierher, um zu strafen, da ich doch selbst ein ebensogroßer Sünder bin? An wie vielen Tagen habe ich doch das Wort gerade nur in dem Maße gebraucht, wie ich mußte, um unbeschadet meines Rufes predigen zu können, aber nicht eine Zeile mehr! Erbarm Dich, Herr, ich bin ein Sünder.

»Und ihr, Konfirmanden«, fuhr die äußere Stimme mit unverminderter Kraft fort, »ihr, die ihr in Unreinheit und heimlicher Lust lebt, ihr, die ihr euch an der Gesellschaft mit Sündern und an Liebesliedern erfreut, ihr, die ihr begehrlich alles annehmt, was die Sinnenlust reizt, wenn nur euer äußeres Ansehen in bezug auf Zucht und gute Sitten nicht leidet – wie wollt ihr heute dem Herrn begegnen, der in das Verborgene sieht und Herzen und Nieren prüft?«

Herr, rief es wieder in ihm, warum soll ich gezwungen sein, hier zu stehen, wenn ich da unten bei den Jungen stehen und erröten und mich schämen möchte wie sie? Warum muß ich so sprechen, wenn mein Herz voller Flecken ist und um Erbarmen winseln möchte? Warum muß ich die erschreckende Geißel Deines Wortes schwingen, wenn ich doch am liebsten zu meinen armen Kindern hinuntergehen und sagen möchte: Kommt, Kinder, laßt uns Gottes Lamm schauen, welches der Welt Sünde trägt. Vielleicht hat es auch für uns einen Hoffnungsstrahl!

»So tut denn Buße!« Nun redet wieder der Prophet des Gesetztes. »Sucht heute mit aufrichtiger Reue Vergebung für eure Missetaten! Erdreistet euch nicht, hier vorzutreten, ehe ihr eurem Herrn ernstliche Besserung eures Lebens gelobt habt und ein heiliges Streben, mit aller Kraft die Sünde abzulegen!«

Aber wieder rief das Herz: Herr, ich selber wage nicht, es zu geloben! Wie oft habe ich gelobt, beim Wort zu bleiben, mich in der Stille zu demütigen, nichts als deine Ehre zu suchen! Aber wie habe ich meine Vorsätze verwirklicht, und wie habe ich meine Gelübde gehalten? Herr, erbarme Dich!

Die Ansprache schloß wie ein mächtiges und majestätisches Donnergrollen in der Ferne. Die Kinder sanken wieder auf ihre Sitze, Savonius ging zusammen mit dem Propst zum Altar, und das Abendmahl begann. Es war wie gewöhnlich der Hilfsprediger, der den Altardienst verrichtete.

»Erhebet eure Herzen!«

Es krachte in den Bänken, es trampelte und dröhnte, als sich die ganze Gemeinde erhob. Aber aller Lärm ertrank in einer brausenden Woge von Menschenstimmen:

»Wir erheben sie zum Herrn!«

Savonius sang weiter:

»Lasset uns danksagen dem Herrn, unserm Gott!«

Wieder brauste es wie ein Schwall von großen Wassern, die sich zunächst brachen und auseinanderstrebten, sich dann aber unter dem Gewölbe wieder zu einer mächtigen, alles andere ertränkenden Flut der Feude vereinigten:

»Recht und würdig ist es!«

Dann war es wieder Savonius' Stimme allein, welche die Präfation sang:

»Wahrheit würdig und recht, billig und heilsam ist es, daß wir Dir, heiliger Herr, allmächtiger Vater, ewiger Gott, allezeit und überall Dank sagen . . .«

Wenn man singt, hat man gut Zeit zum Denken. Ob es nun an der erhebenden Kraft der Melodie lag oder an dem unmittelbar Ergreifenden und Mächtigen im Gemeindegesang eben – Savonius empfand jedenfalls eine heftige Sehnsucht, loben und danken zu können, wenigstens für eine kleine Weile von den Verfolgungen des Gewissens frei zu sein und sich kindlich zu freuen wie einst. Die alten Worte waren Linderung für sein wundes Herz. Sie redeten weder von der Buße noch vom Aufgeben der Sünde, sondern nur von Gottes Macht und Herrlichkeit. Er dachte an alle geweihten Diener des Herrn, diese armen auserwählten Sünder, die vor ihm in demselben abgetragenen Meßgewand hier gestanden und zu demselben treuherzigen Holz-Christus aufgesehen hatten, aus dessen Seite das versöhnende Blut in den Kelch niederströmte. Waren sie vielleicht doch schließlich durch ein Wunder der Gnade dem bloßen hauenden Schwert entkommen? Hatten sie nun teil an dem Leben, dessen unaussprechliche Freude er dunkel ahnte, so oft er sang, daß es wahrhaft würdig und recht, billig und heilsam sei, dem Allmächtigen allezeit und überall für seine Wohltaten dankzusagen? Wohltaten . . . ja, aber wagte er davon zu sprechen, da er sie so oft mißbraucht hatte?

Jedenfalls mußte er ja jetzt davon singen. Er hatte keine Wahl. Und so sang er weiter:

»Und sonderlich für die, welche Du uns erwiesen, da wir alle um der Sünde willen so verschuldet waren, daß uns nichts anderes bevorstand als Verdammnis und ewiger Tod . . .«

Ja, so verschuldet bin ich, dachte er. Und nicht nur ich – sondern meine Konfirmanden und alle andern. Wunderlich, daß das hier so ruhig und selbstverständlich steht . . .

»Und keine Kreatur im Himmel und auf Erden uns helfen konnte . . .«

Nein, das ist wahrhaftig wahr, dachte der Magister. Seltsam, wie ähnlich die Väter uns waren!

»Da gabst Du Deinen eingeborenen Sohn Jesum Christum, der gleicher göttlicher Natur mit Dir ist, ließest ihn um unsertwillen Mensch geboren werden, legtest unsere Sünden auf ihn und ließest ihn den Tod leiden . . .«

Wie einfach und fest das hier stand, treuherzig wie der Heiland da oben . . . aber wo blieb die Bekehrung? Ja, wo stand eigentlich in der Präfation etwas von der Bekehrung?

»Und gleichwie er den Tod überwunden und wieder zum Leben auferstanden, so sollen auch alle, die auf ihn bauen, Sünde und Tod überwinden und durch ihn ein ewiges Leben empfangen . . .«

Auf ihn bauen? Stand da nichts anderes? Reichte das wirklich? Aber wer sich auf ihn verließ, sollte ja Sünde und Tod überwinden. Er hatte die Sünde nicht überwunden, das wußte er. Er war sich niemals so vieler Sünde in seinem Herzen bewußt gewesen, wie in diesen letzten Monaten.

Nun war er bei den Einsetzungsworten angelangt und hatte an anderes zu denken. Der Propst reichte ihm zuerst die Oblaten und dann den Kelch, damit die Einsetzung ordnungsgemäß darüber gebetet würde.

Dann wurde das jubelnde »Heilig, heilig, heilig ist der Herr Zebaoth« gesungen. Savonius fuhr fort und sang das Vaterunser, worauf der Propst die Abendmahlsvermahnung las. Savonius war weit fort mit seinen Gedanken, bis er plötzlich zusammenfuhr und sich seine mangelnde Andacht vorwarf.

Die Konfirmanden traten vor und bildeten die ersten beiden Gruppen, dann kamen die Älteren dran. In ständig sich verdichtenden Scharen bahnten sie sich einen Weg durchs Gedränge. Der Propst sah sie an, wie sie aus der Masse auftauchten und vorsichtig die Konfirmanden beiseite schoben, um an den Altarring* heranzukönnen.

Da kommt Johann vom Vänneberger Mittelhof, dachte der Propst. Lang und häßlich bist du, Johann, und mürrisch, aber sehe ich recht, so hämmert Gott hart auf deinem Herzen, und ich sehe voraus, daß du nicht ohne den rechten Glauben sterben wirst . . . Und sieh mal an, Gustav! Es ist lange her, seit du hier warst. Gott segne dir das Abendmahl, so daß du bald wiederkommst . . . Und all diese Süddorfbauern – das sieht anders aus als früher. Gott mache euch demütig, daß euch nicht der Heiligkeitsdünkel in die Knochen fährt und euch zu Pharisäern macht . . .

Zur Linken des Propstes stand sein Hilfsprediger, den Kelch in

* In Schweden ist der Altar stets durch eine halbkreisförmige Kniebank von der Gemeinde getrennt, an der die Abendmahlsgäste niederknien.

der Hand, und sah das gleiche. Mit Freude sah er die vielen Gesichter aus dem Süddorf. Auf euch kann man sich wenigstens verlassen, dachte er, von euch wird der Tisch des Herrn nicht befleckt. Sein Blick ging weiter zu Johann vom Mittelhof und verfinsterte sich. Sollte ein solcher nicht abgewiesen werden? Hieß es nicht allgemein, er wäre der Vater von Linas ältestem Jungen? Und Gustav? Wollte er nun den vorgeschriebenen Abendmahlsgang für dies Jahr erledigen? Sah er nicht aus wie ein widerspenstiger Judas, wie er da stand, vierschrötig und mit schiefem Munde?

Im selben Augenblick fuhr ihm ein brennender Feuerstrahl durch die Brust. Wer war er, daß er hier stand und richtete? Was wußte er von Gustav? War es nicht nur fleischliche Unlust und Lieblosigkeit, was aus seiner verderbten Natur auftauchte? War er nicht selbst ein Sünder, der alle Versöhnungskraft des Kelches nötig hatte, den er in seinen Händen hielt? Konnte er ihn recht empfangen, wenn er noch hier am Abendmahlstisch so unbarmherzig und richterlich sein konnte? Würde nicht das Gericht ohne Barmherzigkeit den treffen, der nicht Barmherzigkeit bewiesen hatte?

Die Austeilung begann aufs neue, und Savonius wurde aus seinen Gedanken gerissen. Während er mit dem Kelch herumging, sehnte er sich danach, Katrina aus Hersmaken am Altarring zu sehen. Er würde ihre Hilfe jetzt brauchen. Er ahnte, daß er selbst auf dem Weg in die Finsternis war, in der er in jener Nacht Börsebo-Johannes gefunden hatte. Er hatte viele Male versucht, sich dessen zu erinnern, was Katrina damals zu dem Sterbenden gesagt hatte. Aber wenn er sich bemühte, es aus seinem Gedächtnis hervorzuholen, waren es tote Worte, ebenso wirkungslos für sein Herz wie alle die Gesangbuchlieder und Bibelsprüche, in denen er Hilfe gesucht hatte. Mit jedem Trostwort, das er fand, erhob sich sofort eine neue Forderung, die er nicht erfüllt hatte, und stieß die Gnadenverheißungen um, so daß ihm gewiß wurde, dies könne jedenfalls für ihn nicht gelten.

Der Propst, der mit der Patena vorangegangen war, stand nun am Altar und blickte über die Menge hin. Es fehlte nicht viel, daß eine Träne in seinem Augenwinkel geglänzt hätte. Die Gemeinde hatte eben den vorgeschriebenen Abendmahlschoral: »Jesus Christus, unser Heiland . . .« begonnen. Niemand konnte über die Freude im Gesang, über die Ergriffenheit und Andacht im ungewissen sein. Der Propst kannte seine Leute in- und auswendig. Dreißig Jahre lang hatte er Gelegenheit gehabt zu sehen, wieviel Erbstreitigkeiten und Alkoholmißbrauch, wieviel Härte und störrischer Trotz Gott und Menschen gegenüber hier herrschten. Und doch fühlte er sich in diesem Augenblick fast überwältigt von der Allmacht der Versöhnung, die trotz allem Jahr für Jahr so manche Wunder der Gnade in dieser Gemeinde geschehen lassen konnte, daß es hier doch so viele gab, die das verborgene Leben mit Christus in Gott lebten, und so viele, in denen es stetig arbeitete. Wie die Sonne in warmen Strömen hereinflutete und Glanz und Farbe über die grauen und freudlosen Anzüge auf der Männerseite goß, so flutete auch der Sonnenschein der Gnade über diese harten Herzen herab, so daß es schwerlich jemanden hier gab, der ihre Herrlichkeit nicht ahnte – und sehr wenige, die nicht früher oder später dazu geführt wurden, Vergebung ihrer Sünden zu suchen. Er pries Gott, der nicht müde wurde, an diesen herben und widerspenstigen Leuten zu arbeiten. Er dankte für jeden Gottesdienst, bei dem die Männer wieder mit schweren Stiefeln hereintrampelten und die Banktüren quietschten – und das Ringen zwischen dem Gotteswort und der Sündennatur wieder begann. Er dankte für jede Beichtrede, bei der die Pforte der Reue und der Vergebung seinem sündigen Dorfe wieder aufgetan und irgendeine befleckte Seele vom Wort der Losprechung erreicht wurde. Er dankte auch für die Kirche, die wie eine feste Burg hier im Dorfe stand, ein gewaltiges Vorratshaus für die Schätze des Himmels, in dem er Sonntag für Sonntag stehen und die göttliche Saat ausstreuen durfte, ganz wie der Küster im Lagerhaus der Gemeinde mit dem Scheffel in der Hand die Beutel der Armen füllen konnte. In stillem Glück trat er wieder an den Altarring, um der nächsten Schar zu dienen.

Nun war der Hilfsprediger an der Reihe, einen Augenblick am Altar zu verweilen. Aus der großen Silberkanne füllte er neuen Wein in den Kelch. Er sah das von-Reihersche Wappen auf ihrem geschwungenen Silberbauch und wurde von Ekel ergiffen. Auch hier sollte also der Weltgeist und die gottlose Eitelkeit die Heiligkeit der Gemeinde verderben und beflecken dürfen. Bis hierher sollten Gottes Feinde ihre Hand strecken und für ewige Zeit ihren Stempel auf die heiligen Gefäße drücken können! Gab es denn nichts, nichts, das nicht mit Eitelkeit, Sünde und Heuchelei behaftet war? Hier saß dieser störrische Haufe, der heute Choräle sang, daß es schallte, und morgen fluchen, schimpfen und zanken würde wie vorher. Hier hatte er diesen Konfirmanden, von denen vielleicht der dritte Teil wahre Christen waren, die heiligen Sakramentsgaben gereicht. Hier mußte er wieder und wieder am Altarring stutzen und sich fragen: ist dies das Angesicht eines Jüngers?

Er beugte die Knie. Am schlimmsten stand es vielleicht mit ihm selbst. Sünde und Heuchelei – war das nicht die zutreffende Beschreibung seines eigenen Herzens? Würde nicht der Lehrer ein desto härteres Urteil empfangen?

Er stand auf und ging mit schweren Schritten wieder zum Altarring.

Als sich endlich die letzten Abendmahlsgäste erhoben und gegen den Altar verneigt hatten und wieder in die Kirche hinuntergewandert waren, dienten die Geistlichen einander, worauf die Danksagung gesungen und der Gottesdienst beendet wurde. Durch alle drei Türen begann sich das Meer der Leute hinauszuwälzen. Die jüngeren Männer gingen mit langen Schritten auf die Ställe zu, die übrigen standen in leisem Gespräch auf dem Kirchhofe.

Der Propst und sein Hilfsprediger wanderten den Abhang hinunter zum Bach. Der Roggen stand grün und neigte sich im Winde. Die Kälberkröpfe drängten sich von beiden Seiten auf den schmalen Weg, und ihre weißen Blütenflocken streiften den Hosenstoff. Der Propst ging mit müden Schritten und mit stillem Frieden in den strengen Zügen voran, Savonius folgte mit gesenktem Kopf, als letzte kam die kleine Eva-Lotte mit Väterchens Büchern unter dem Arm und einem Marienkäfer auf dem Finger.

Als sie bis zur Mitte der langen Steigung in Richtung auf das Propsthaus gekommen waren, blieb der Propst stehen und holte Atem.

»Glaubst du, daß wir heute Post haben, Henrik?«

»Ist sie bisher nicht gekommen, so könnte es ja gern bis übermorgen dauern.«

»Ja – ja. Aber ich habe so meine Ahnungen. Am Dienstag hat das Kapitel getagt, und nachgerade dürfte es soweit sein.«

Der Propst nahm die Wanderung wieder auf. Niemand sagte etwas. Die Frage war während der grausam langen Wartezeit genügend erörtert worden.

Nachdem Savonius abgelehnt hatte, sich freiwillig zurückzuziehen, waren die Ereignisse langsam aber sicher das im voraus bestimmte Strombett hinabgeglitten. Der Propst hatte sofort Verteidigungsmaßnahmen ergriffen und ein persönliches Schreiben an den Dompropst geschickt, worin er gebeten hatte, seinen jetzigen Hilfsprediger behalten zu dürfen, den er hochschätze, nicht nur wegen der Furchtlosigkeit, mit der er ohne alles Ansehen der Person die Sünde strafe, sondern auch wegen des Eifers, mit dem er bei Hauskatechesen und Amtshandlungen um die sittliche Hebung des gemeinen Volkes gerungen habe. Als besonderen Grund für sein Gesuch fügte der Propst vorsichtig hinzu, daß sein gegenwärtiger Hilfsprediger, durch sein feuriges Temperament und einen brennenden Eifer dazu verleitet, gelegentlich weiter gegangen sein mochte, als eine reifere Weisheit angeraten haben würde, weshalb es nützlich sein könne, wenn er noch einige Zeit unter erzieherischer Aufsicht bliebe und auf diese Weise gerüstet würde, dem Bistum zu dienen, das von seinen seltenen Gaben den reichsten zukünftigen Gewinn zu erwarten hätte.

Der Brief hatte offensichtlich seine Wirkung getan, denn als die Anklageschreiben des Rittmeisters und der Amtsbrüder vom Domkapitel behandelt wurden, beschloß man, die Sache bis zu genauerer Untersuchung ruhen zu lassen. Vorläufig sollte Savonius in Ödesee verbleiben. Dann ging die ganze Sache in der Verwirrung über den Staatsstreich und die Absetzung des Königs unter. Als die Angelegenheit schließlich ausgegraben wurde, mußte sie wieder auf den Amtsantritt des neuen Bischofs warten, und als allmählich klar wurde, daß Bischof von Rosenstein noch lange nicht in Linköping erwartet werden konnte, schien die Sache vollständig in Vergessenheit zu geraten. Der ganze Sommer ging hin, ohne daß etwas geschah. Savonius predigte wie gewöhnlich und hielt Hauskatechesen, wenngleich mit dem ständigen Gefühl, überwacht zu werden. Es war etwas Kaltes und Scharfes in die Atmosphäre gekommen.

So zog der Herbst ins Land, der schreckliche Herbst, in dem Finnland verlorenging. Der Propst wanderte nachts schlaflos im großen Saal auf und ab, und niemand schien sich mehr für den Lärm um einen kleinen Hilfsprediger zu interessieren. Im November trat jedoch die Frage plötzlich in ein neues Stadium. Hauptpastor Havermann hatte entdeckt, daß in letzter Zeit Eheleute in seiner Gemeinde begonnen hatten, einzeln zum Abendmahl zu gehen. Seine feine Nase witterte sofort irgendeinen ungebührlichen Druck hinter dieser neuen Mode. Eines Sonntags nach dem Abendmahlsgottesdienst fragte er eine Ehefrau aus und stellte richtig mit grimmiger Befriedigung fest, daß es Savonius war, der auch diese neue Unordnung angestiftet hatte. Die Frau war mit einem reichen und ziemlich sparsamen Bauern verheiratet, der sich immer an das Mindestmaß der im Gesetz gebotenen Andachtsübungen gehalten hatte. Die Frau war darüber unruhig geworden, daß sie so selten zum Abendmahl gingen, und hatte sich bei Savonius Rat geholt, der sie aufforderte, in aller Stille öfter zu gehen, auch wenn der Mann sie nicht begleiten wollte. Er hatte ihr sogar eingeschärft, daß sie auf den Mann in dieser Beziehung keinen Druck ausüben, sondern ihn beim alten lassen solle, bis ein aufrichtiger Drang nach Gottes Wort bei ihm zu verspüren wäre. Havermann sah hierin einen neuen Beweis dafür, daß Savonius die Gemeinde spalten und unbescholtene Menschen, gegen deren religiöse Sitten kein gesetzlich begründeter Einwand erhoben werden konnte, zu Unbekehrten stempeln wollte. Er schrieb eine neue, schärfere Eingabe an das Domkapitel, das sich nun gezwungen sah, Ermittlungen vorzunehmen. Mit diesen wurde Propst Faltin beauftragt, der sich nicht sehr beeilte. Als das Ergebnis seiner Untersuchung schließlich vorlag, fand Havermann es so einseitig, daß er und Warbeck eine Ablehnung erwirkten und das Domkapitel mit neuen Behauptungen nötigten, die Akten noch einmal zur Überprüfung nach Ödesee zu schicken. Der Propst wurde nun zornig und verzichtete auf den ganzen Ermittlungsauftrag. Das Domkapitel überlegte wieder drei Wochen lang und übergab dann die Sache dem Propst des westlichen Nachbarkreises. Da dieser alt und von sehr schwacher Gesundheit war, wagte er sich nicht in die Winterkälte hinaus, die schon ernstlich eingesetzt hatte.

So kam es, daß es bis in die ersten Maitage 1810 dauerte, ehe die verlangte unparteiische Untersuchung vorgenommen werden konnte. Der alte Propst Sommarling war kein guter Untersuchungsleiter, und Propst Faltin schüttelte mehrmals den Kopf über das Protokoll. Trotz mancher Änderungen war er nicht recht zufrieden, als er endlich seinen Namen daruntersetzte.

Nun war ein guter Monat vergangen, seitdem alle Akten zur Schlußbehandlung eingeschickt waren. Über zwei Wochen lang hatten der Propst und sein Adjunkt gespannt jedem neuen Posttag entgegengesehen. Lange hatte man gehofft, daß die Entscheidung wenigstens vor dem großen Sommerfest fallen würde, zu dem der Propst alle Geistlichen des Kirchenkreises und Standespersonen der Gemeinde regelmäßig um Mittsommer einlud. Der Propst hatte fast gehofft, daß der traditionelle Festtag ein Versöhnungsfest werden könnte. Nachdem die Sache, rein juristisch gesehen, abgeschlossen war, hatte er sich vorgenommen, eine Rede zu halten, mit großzügiger Anerkennung alles Guten, das billigerweise bei den Gegnern gefunden werden konnte, und dann sollte alles wieder gut werden, hatte er gehofft. Es waren wahrhaftig keine frohen Tage für seine Hochwürden gewesen. Havermann und Warbeck verkehrten jetzt nur noch amtlich mit ihm. Den Rittmeister hatte er bloß unter Aufbietung aller seiner Würde und seiner Fähigkeit, bei allen gleichsam die besten Beweggründe vorauszusetzten, am Beginn einer offenen Gemeindefehde, zu hindern vermocht. Glücklicherweise hatten alle weiteren Äußerungen in der Sache schriftlich angefordert werden können. Der Propst hatte ihre scheinheiligen Eingaben sogar gepriesen, sie um ihres Geistes und ihres Scharfsinns willen gelobt und gesagt, sie hätten ihm eine erfrischende Lektüre bereitet. So blieb wenigstens die äußerliche

Liebenswürdigkeit gewahrt.

Nun stand also die große Sommergesellschaft vor der Tür. Die entferntest wohnenden Gäste wurden schon während der Vormittagsstunden des Montag erwartet. Havermann hatte bedauert, daß er unglücklicherweise von einer dringenden Amtshandlung in Anspruch genommen sei. Warbeck dagegen würde kommen, ebenso die sonst üblicherweise anwesenden Standespersonen.

Durch ein Hinterpförtchen waren sie in den Garten gelangt und gingen nun im kühlen Schatten der Eschen zum Hause hinauf. Die Rückseite des Propsthauses, das sich über Kirschgestrüpp und Fliederhecken erhob, glich mit ihren vier niedrigen Fenstern und der roten Holzverkleidung ganz einem gewöhnlichen Bauernhaus. Ein leichter, gelbroter Rauchstreifen stieg aus dem einen Schornstein. Die Mägde, die vorausgeeilt waren, hatten anscheinend schon die Töpfe auf dem Feuer.

Auf dem Hof waren keine Räderspuren zu sehen. Der Propst warf zur Sicherheit einen Blick in sein Zimmer. Nein – es war keine Post gekommen. Der gewöhnliche Posttag war eigentlich Montag. Aber da die Post schon am Samstagabend in die Stadt kam, konnte es geschehen, daß sie mitgeschickt wurde, wenn eine Fuhre nach Näs oder Ödesee hinaufging. Darum konnte man am Sonntag fast jeden Augenblick Post erwarten.

Savonius ging still auf sein Zimmer. Der Seitenflügel wurde in der Mitte des Korridors durch eine kleine gerade Treppe, die zum Boden hinaufführte, geteilt, Dort oben bewohnte er das östliche Giebelzimmer, das zum Propsthaus hin lag, einen kleinen niedrigen Raum mit schrägem Dach auf zwei Seiten und einem kleinen blauen Kachelofen neben der Tür. Die Tapeten an den Wänden waren goldgelb und die Deckenbretter getüncht. Ein niedriges Holzbett, ein kleiner Bücherschrank mit blumengeschmückter Türfüllung, drei rotgestrichene Stühle mit schwarzen Holzsitzen und ein recht hübscher Tisch am Fenster bildeten die Einrichtung. Savonius streckte sich auf dem Bett aus und faltete die Hände unter dem Kopf.

Die schwere Wärme mit ihrem Duft nach altem Scheuerfußboden und Kreidestaub von der Decke legte sich wie ein warmes Tuch über ihn. Er schloß die Augen und konnte nicht umhin zu denken: Wenn ich doch bis Mittag meine Ruhe hätte vor Besuchern! Eine Fliege schlug hart gegen das Fenster, summte aufs neue und trommelte mit den Flügeln gegen das Glas, fand dann die offene Fensterhälfte und verschwand mit schwachem Brummen, das im nächsten Augenblick im weiten Raum draußen verging.

Savonius fuhr aus dem Halbschlummer auf. Jemand ging da unten über die Schwelle. Langsam tasteten sich die Schritte die Treppe empor.

Der Magister war vom Bett aufgesprungen, glättete geniert die Decke, zupfte seinen Rock zurecht und setzte sich an den Tisch. Er griff nach einem Buche, ließ es aber liegen. »Du elender Schauspieler!« dachte er.

Die Schritte hatten die Kammertür erreicht. Ein grober Knöchel klopfte an.

»Herein . . . und Gottes Frieden.«

»Danke.«

Der Mann stand zögernd still, nachdem er die Stiefel über die halbfußhohe Schwelle gehoben hatte. Auf die Einladung des Hilfspredigers setzte er sich auf den entferntesten Stuhl. Savonius kannte ihn gut. Es war der Schuster von Langaryd, weit unten an der Grenze nach Fröjerum. Er war im vorigen Herbst zur Umkehr gekommen und einmal nach dem Gottesdienst oben im Propsthaus gewesen. Er hatte den Eindruck erweckt, eine offene und entschlossene Natur ohne alle Kompromisse zu sein. Irgendwelche schweren Sünden hatte er nicht zu bereuen gehabt, aber er hatte reinen Tisch mit dem Weltwesen machen wollen und gute Ratschläge und Ermahnungen bekommen.

»Na, wie geht es dir, Anders?«

Savonius merkte, wie er seiner Stimme einen patriarchalischen und tiefen Klang zu geben versuchte, und schämte sich aufs neue.

»Danke, mit mir ist alles in Ordnung, Herr Pastor«, antwortete der Schuster mit einer gewissen Heftigkeit. »Aber die Sünde der Weltmenschen ist so schwer zu ertragen für einen Christen.«

»Ich weiß es wohl, Anders. Was ist es denn, das dich besonders drückt?«

Der Schuster kniff die Lippen zusammen, sah auf den Fußboden und fing dann an zu reden:

»Ach, all die Sünde zu Hause. Ich will Euch nur sagen, Herr Pastor, daß es nicht leicht ist, ein Kind Gottes zu sein, wenn man so viel Sündhaftigkeit um sich herum haben muß . . . Da ist erst mal mein Bruder. Er ist ganz unbekehrt. Ihr wißt, Herr Pastor, daß wir zusammen arbeiten und daß er bei uns gegessen hat. Aber seit ich zur Umkehr gekommen bin, will ich keinen Branntwein in meinem Hause haben. Nun hat er sich seine eigene Flasche beschafft und säuft vor meinen Augen. Ich habe ihm befohlen, aufzuhören, aber das tut er nicht. Was soll ich mit ihm anfangen, Herr Pastor?«

»Geduld, Anders, Geduld – ist er schwierig und widerspenstig, wenn er betrunken ist?«

»Betrunken?« Der Schuster wand sich etwas. »Betrunken ist er nicht gerade. Aber er trinkt ja vor meinen Augen. Es ist mit mir, wie es von dem gerechten Lot heißt: dieweil er gerecht war und unter ihnen wohnte, quälten sie die gerechte Seele von Tag zu Tag mit ihren ungerechten Werken.«

»Na, was sagt denn Karin?« Savonius wußte, daß der Schuster eine prächtige Frau hatte, die als gottesfürchtig galt.

»Das ist das Allerschlimmste, Herr Pastor! Sie hat angefangen, für ihn Partei zu nehmen. Sie sagt, man solle ihn nur in Ruhe lassen, solange er nüchtern bleibt. Und nachher heult sie bloß und schilt. Und sie kann die Kinder nicht in Zucht und Vermahnung halten. Sie läßt sie im Kreis tanzen und Volkslieder singen und weltliche Spiele spielen. Sie läßt sie auch Haarschleifen tragen und am Sabbath mit Rindenbooten spielen. Und ihre Puppen ziehen sie an wie richtige Herrschaftsfräulein! Aber jetzt habe ich die Schiffchen und die Kleiderlappen und die ganze Eitelkeit in den Ofen gesteckt. Jetzt soll Schluß sein mit der Augenlust und der Sabbathentheiligung. Und meinen Bruder werf ich raus! Will er Branntwein saufen, kann er das bei sich zu Hause in der Kate machen!«

»Aber, lieber Anders, bedenk doch, was du tust! Es ist doch

wohl besser, die Branntweinflasche steht in Karins Schrank und ihr beide seht zu, wenn er trinkt? Nimmt er die Flasche mit nach Hause in die Kate und sitzt dort und säuft für sich allein, so wird es bloß schlimmer.«

»Aber Herr Pastor«, unterbrach der Schuster, »Ihr könnt doch eine gläubige Seele nicht zwingen, die Gottlosigkeit direkt vor den eigenen Augen zu dulden!«

Savonius schwieg. Er wußte nicht recht, was er davon denken sollte. Anders war zu streng – und zu selbstsicher.

»Anders«, sagte er. »Hör nun mal zu: du bist ja doch zur Umkehr gekommen, du kennst deinen Heiland. Deine Seele kommt ja nicht in Gefahr, weil eine Schnapsflasche auf dem Tisch steht.«

»Nein, aber ich kann das Sündenelend nicht dulden! Ich sehe rot, wenn es bloß zum Vorschein kommt . . .«

»Wart ein bißchen, Anders. Wenn nun dein Bruder unbekehrt ist, so ist es doch wohl er, dessen Seele in Gefahr ist. Da ist es doch wohl am christlichsten, wir versuchen das zu tun, was seiner Seele am dienlichsten ist?«

»Und das ist, ihm den Branntwein wegzunehmen!«

»Wenn das ginge, ja. Aber ihn allein mit dem Branntwein in die Kate schicken, das ist sicher nicht christlich. Habe da lieber Geduld, Anders, und sei langmütig gegen ihn, bis sein Tag kommt und Gott ihn sucht.«

Der Schuster sah bedenklich aus. Savonius fuhr fort:

»Die Gottlosigkeit, die um uns herum ist, das, was andre tun und sagen, das ist niemals das Schlimmste. Das Schlimmste sitzt in uns, Anders.«

Der Schuster sah fragend auf.

»Was meint Ihr, Herr Pastor?«

»Ich meine den Hochmut, die Selbstgerechtigkeit.«

»Aber, Herr Pastor, ich habe immer in dem Ruf gestanden, eine bescheidene Seele zu sein, das kann ich sagen, ohne zu prahlen. Hochmütig bin ich nicht. Und selbstgerecht will ich nicht sein, aber gerecht. Und da muß ich ja zusehen, daß ich die Sünde aus dem Hause treibe.«

»Aus dem Herzen auch, Anders.«

»Aus dem Herzen habe ich sie doch wohl herausgetrieben, Herr Pastor. Die Versuchungen kommen wohl ab und zu, aber dann sage ich wie Joseph: Wie sollte ich denn nun ein solch groß Übel tun und wider Gott sündigen? Wie sollte ich trinken oder zum Tanzvergnügen gehen können? Wie sollte ich meinen Hut mit einem Band schmücken oder fluchen oder Spitzenkrausen tragen?«

Savonius sah den Mann lange und fragend an, in dessen Wesen ihn etwas Verbissenes und Hartes quälte. Konnte der Schuster wirklich so frei vom Sündenelend sein, wie er zu verstehen gab?

»Es ist noch mehr, was ich dich fragen will, Anders. Hat es Ärger und Unfrieden im Hause gegeben um dieser Sache willen?«

»Und ob, Herr Pastor!«

»Was hast du da versucht, zu deinem Bruder zu sagen?«

»Ich habe ihn gestraft und ihm gesagt, daß er ein gottloser und verworfener Sündenknecht ist. Ich habe ihm gesagt, daß ich ihn nicht sehen mag, solange er säuft, und daß es recht und billig für ihn ist, daß er in die Hölle kommt, wenn er sich nicht bessern will.«

Savonius schwieg. Schließlich sagte er:

»Liebst du deinen Bruder, Anders?«

Der Schuster sah verblüfft auf.

»Ja – ich liebe ihn schon.«

»Ja? Und doch kannst du finden, daß es recht und billig ist, wenn er ewig verdammt wird?«

»Aber wenn er nicht Buße tut?!«

»Dann wird er nicht selig, das ist sicher und gewiß. Aber irgendeine Befriedigung kann das doch keinem von uns bereiten?«

»Aber sonst irren wir ja, Herr Pastor!«

»Würdest du nicht irren wollen, wenn das deinen Bruder von der Hölle retten könnte?«

»Aber Herr Pastor – dann hat es ja keinen Sinn, daß wir auf so vieles verzichtet haben?«

»Ist das nicht Sinn genug, wenn du zehn Jahre eher als dein Bruder anfangen durftest, mit Gott zu leben?«

»Aber dann könnte ich ja ebensogut in Sünde leben und mir fröhliche Tage machen!«

»Fröhliche Tage? Meinst du wirklich, das wären fröhliche Tage? Fröhlichere, als die du jetzt hast? Dann ist dein Herz wohl übel bekehrt, Anders.«

Der Schuster riß die Augen auf.

»Sollte ich nicht bekehrt sein, Herr Pastor? Aber ich habe ja alles getan, was Ihr gesagt habt.«

»Wenn ich alle meine Habe den Armen gäbe und ließe meinen Leib brennen, und hätte der Liebe nicht, so wäre mir's nichts nütze. So steht es geschrieben, Anders.«

Der Schuster saß eine Weile schweigend da. Dann stand er auf und sagte:

»Das sind tiefsinnige Sachen, Herr Pastor. Das mag für gelehrte Leute sein, aber ich bin ein einfacher Mann, und ich halte mich an das einfache Gotteswort: Wer sündigt, soll des Todes sterben. Lasset euch erretten aus diesem verkehrten Geschlecht, und ziehet nicht am fremden Joch mit den Ungläubigen. Nun hatte ich Euch bitten wollen, zu uns runter zu kommen, Herr Pastor, und Karin zur Vernunft zu bringen, aber ich sehe, es ist am besten, ich mache es selbst . . .«

Es war etwas Spitzes in seine Stimme gekommen. Savonius sagte ziemlich scharf:

»Vergiß die Liebe nicht, Anders. Und laß die Kinder spielen, das gehört zu ihrem Alter.«

»Wie stimmt Christus mit Belial?« antwortete der Schuster, dienerte und verschwand durch die Tür.

Es kochte in dem Pastor. So etwas konnte also daraus werden! War das wirklich eine Frucht der geistlichen Bewegung in der Gegend? Was war denn eigentlich verkehrt gegangen? Aufs Ganze gesehen hatte der Mann ja recht damit, daß er den Anweisungen gefolgt war, die er tatsächlich von seinem Seelsorger bekommen hatte. An seinem ehrlichen Vorsatz, sich von der Sünde zu scheiden, konnte man auch nicht zweifeln. Aber es war, als wäre dies alles eine Ehrensache für ein selbstzufriedenes Herz geworden, das sich vorgenommen hatte, auch den Siegerkranz der Bekehrung zu seinen übrigen Trophäen einzuheimsen. Was hatte er übrigens mit den letzten Worten gemeint? Nur, daß das Spiel der Kinder dennoch ein Stück Belialswerk sei – oder hatte er geradezu gemeint, der Pastor sei der Belial, mit dem er keine Worte mehr wechseln wollte? Dieser Pharisäer! Erst schadenfroh seinen Bruder zur Hölle zu schicken und sich dann für den rechten Diener Christi vor seinem eigenen Seelsorger zu halten!

»Henrik! Das Mittagessen ist fertig!«

Das war Hedwig, die auf der Haustreppe stand und rief. Es wirkte fast so, als hätte sie nur darauf gelauert, daß der Besucher verschwinden sollte. Hatten sie geradezu auf ihn gewartet? Er stürzte die Treppe hinunter. Mitten in dem kühlen Halbdunkel des Korridors kam ihm der Gedanke: Liebst du nun den Schuster? Hast du selbst die Liebe im Herzen? Du, der du deine Gemeindeglieder richtest, stehst selber unter dem gleichen Gericht!

Der Montagmorgen kam, ohne daß irgendwelche Post eintraf. Der Propst ahnte nun das Schlimmste. Die gewöhnliche Posttour kam gegen 12, gerade wenn die Gäste versammelt sein würden. Selbstverständlich würden sie über die Neuigkeiten herfallen, die Amtsbrüder würden nachsehen, ob ein *circulaire* des Domkapitels oder eine neue Verordnung dabei wäre, alles würde durchforscht und aufgerissen werden – und wenn nun die Entscheidung heute kam, konnte sonstwas geschehen. War Henrik freigesprochen, dann gehörte allerhand dazu, die gute Nachbarschaft mit den Herrschaften und Warbeck zu retten, so hitzig wie diese Herren waren – und war die Sache für Henrik übel ausgegangen, so traute der Propst ihm zu, daß er seine Drohung in die Tat umsetzen und sich das Beffchen abreißen würde. Der Propst hatte wohl gemerkt, wie kritisch Henrik vieles in der Kirche ansah, wie er sich an der faulen Mammonsanbetung der Amtsbrüder und ihrer selbstzufriedenen Irrlehre stieß, und wie er auf die offiziellen »Religions-Sitten« der Herrschaften reagierte. Nahm nun das Domkapitel Partei für Irrlehre und Gottlosigkeit, so konnte es eine schreckliche Explosion und einen Skandal ohnegleichen geben. Und all das auf seiner geliebten und ersehnten Sommergesellschaft!

Es hatte nachts etwas geregnet, der Morgen war kühl, und wollige, niedrig treibende Wolken glitten noch über die Hedingsklippen, als die Sonne mit voller Macht über der Kirchebene durchbrach. Im Propsthaus wurden schnell die letzten Vorbereitungen getroffen. Porzellan klirrte, im Saal wurde mit Stühlen gerückt, und in der Küche hörte man die gellende Kommandostimme der Kochfrau, als der erste Wagen auf den Hof rollte.

Das war der Pastor von Fröjerum. Wie ein Junge sprang er vom Wagenrad, verbeugte sich vor dem Propst, küßte Hedwig die Hand und faßte Savonius um den Leib wie ein Ringer und wirbelte ihn herum. Das ganze dunkle Gesicht war eine Reliefkarte von entzückten Fältchen.

»Wie es Ihnen geht, lieber Bruder, brauche ich jedenfalls nicht zu fragen«, sagte der Propst. »Sie haben doch nicht etwa eine königliche Berufung auf ein Rangpastorat bekommen?«

»Nein, Hochehrwürden, weit besser! Drei meiner ärgsten Gnadenverächter sind zu Kreuze gekrochen, fromm wie Konfirmanden. Und Lause-Maja in Kvarnsälla, dieser Auswurf, ist als Christ gestorben – das ist ein Wunder, so groß wie im Tal Askalon! Meine Lisa ist am letzten Mittwoch mit einem gesunden Jungen niedergekommen . . . und schließlich habe ich in der Tasche einen Einladungsbrief zur großen Gesellschaft in Ödesee, worauf ich mich seit vier Monaten freue! Kann jemand glücklicher sein?«

Er schwenkte wieder die Arme und schob Hedwig und Savonius zusammen gegen den Propst hin und umarmte alle drei mit seinen Bärentatzen. Lachen, Jubel und Gratulationen hallten über den Hof. Der Pastor beeilte sich, loszukommen und zog Savonius mit sich. Sobald sie ein Stück in den Garten hinuntergekommen waren, fragte er, ob Nachricht vom Domkapital da sei. Savonius antwortete, daß die Entscheidung heute erwartet werden könne. Linder pfiff.

»Na – und wie geht es dir sonst?«

Danke gut, wollte Savonius antworten, bereute es aber und sagte stattdessen: »Elend, Linder. So schlecht bin ich wohl noch nie drangewesen wie jetzt.«

»Soo! Was ist los?«

»Ach . . . nichts und alles«, sagte Savonius und ballte die Fäuste. »Ich wünschte, es wäre eine reelle Sünde, mit der ich den

Kampf aufnehmen könnte. Aber es ist bloß eine teigige Masse von Erbärmlichkeit, die überquillt. Hoffart und Schmutz, Geldgier, Faulheit und Unlust zu allem Heiligen – ohne Anfang und ohne Ende. Ich kann es nicht einmal beichten. Versuche ich, es in den Mund zu nehmen und zu Gott davon zu sprechen, so ist es, wie wenn man das Meer mit einem Holzlöffel auszuschöpfen versuchte. Man erwischt hier ein Wellengeplätscher und da ein paar Tropfen, aber die große Tiefe bleibt.«

Linder war plötzlich ganz ernst geworden. Nun pfiff er sachte.

»Ach so, du auch, Henrik!«

»Auch . . . was meinst du? Sollte es mehr solche geben? Das darf nicht sein! Es ist schlimm genug, daß es einen gibt, dem so vollkommen mißlungen ist, was er am liebsten auf der Welt wollte: ein wahrer Christ werden!«

»Hier geht noch einer«, sagte Linder sehr ruhig und schlug sich an die Brust.

»Linder, das ist nicht dein Ernst! Mit so ernsten Sachen darfst du nicht scherzen! Verstehst du nicht: ich will demütig sein, aber ich suche nur meine eigenen Ehre, ich denke daran, was die Bauern über mich sagen, ich bin eifersüchtig besorgt um meinen Ruf als Erweckungspfarrer. Ich will Gott allein dienen, aber habe ich ein paar kleine geistliche Gedichte in einem Kalender zum Druck gebracht, so überlege ich gleich, ob es Honorar geben wird. Habe ich Lob für eine Predigt oder Dank von einer bekümmerten Seele aus einer fremden Gemeinde geerntet, so denke ich gleich nach, ob mir das Ruhm und Berufung an eine gute Stelle verschaffen könne. Und werde ich zur Beerdigung gerufen, so fragt mein verworfenes Geldherz, ob es etwas extra für die Leiche geben wird. Und das ist bloß ein Zipfel des Elends! So bin ich!«

»Und hier hast du deinen Doppelgänger!« sagte der Freund ebenso unerschütterlich ruhig. Plötzlich wechselte er den Gesprächsstoff.

»Mein kleiner Knabe ist gestern Henrik getauft worden. Nicht nach dir, du Kopfhänger, sondern nach dem neuen Gottesmann in Lund.«

»In Lund?« Savonius sah verwirrt aus. »Fare heißt doch wohl

Wilhelm?«

»Gewiß heißt er Wilhelm, und ein sonderlicher Gottesmann ist er auch nicht. Nein du, aber die haben da unten einen kleinen Mann, der ist Diakonus wie ich, doch ein Prophet Gottes in der Lehre. Schartau* heißt er. Weihnachten wußte ich ebensowenig von ihm wie du. Aber dann bekam ich Post von Vetter Malkolm da unten. Er schickte mir die Abschrift einer Katechismusauslegung. Das war Pulver für ein Felsenherz und die Wundersalbe der Gnade für einen zu Tode Getroffenen. Gegen Winterende war ich in derselben segensreichen Not wie du. Man konnte mich nicht noch schlimmer schlagen, das ganze Haupt war krank, das ganze Herz war matt. Wo die Hoffart aufhörte, fing die Lust an, und wenn die Lust erstickt wurde, guckte die Selbstgerechtigkeit heraus. Nach Ostern war es rein nicht zum Aushalten. Da schrieb ich an Schartau und sprach über das ganze Elend. Und vor zwei Wochen kam die Antwort. In dem Brief war die Heilkraft Gottes. Es fiel mir wie Schuppen von den Augen.«

»Henrik!« rief er plötzlich und stand mit vorgestreckten Händen breitbeinig auf dem Weg. »Wir haben die Sache mit der Erlösung noch nie begriffen, obwohl wir mitten in unseres Herrgotts Frühlingssturm gestanden haben. Wir haben die Leute in Bekehrte und Unbekehrte eingeteilt, wir haben jede Predigt auf die Sicheren einerseits, die Gläubigen anderseits zugeschnitten, wir haben gemeint, wenn der Mensch zur Einsicht käme, so gälte es für ihn nur, seine Sünden zu sehen, sie zu bereuen und zu bekennen und sich im Glauben zu Christus zu flüchten, so würde er wiedergeboren. Und das alles machten wir in drei Tagen oder drei Wochen oder längstens drei Monaten ab. Nein, Junge, drei Jahre kann das dauern, oder manchmal dreißig! Da gehen die fröhlichen Jünger des Herrn daher und singen von der Erlösung, bloß weil sie aufgehört haben, in Rausch und Hurerei und Verachtung des Wortes Gottes zu leben und ein liebliches Rühren der Gnade an ihrem

* Henrik Schartau, schwed. Theologe, lebte 1757–1825. Ein Zentralpunkt seiner Verkündigung war die Heilsgewißheit. Von ihm ging eine Erwekkungsbewegung luth. Prägung aus, von der noch heute in Südwest-Schweden starke Nachwirkungen zu verspüren sind.

Herzen gespürt haben! Das nennt man in Lund den Zustand der Erwecktheit. Und das schlimmste Stück des Weges bleibt noch zurückzulegen. Hat Gottes Hammer einmal die äußere Sünde zerschlagen können, so daß man anfängt, ohne vorsätzliche Missetaten zu leben, so ist das nur das erste kleine Stück. Dann fällt der Schmiedehammer auf die Sündenverderbnis im Herzen, und da muß er lange zuschlagen, ehe man merkt, daß es eitel Fels ist, eitel grauer, harter Stein, der zu nichts Gutem taugt. Sünde ist nicht bloß Völlerei und Liederlichkeit und falsche Ware und Betrug, sondern das ist die Sündenverderbnis selbst, im Herzen ...«

Sie hatten den Weg an den Himbeeren entlang beschritten und waren bis zur äußersten Fliederhecke vor dem Rübenfeld gekommen. Hier, ganz unten im Garten, nach Osten zu, lag ein Birkendickicht, das mit seinen Steinblöcken und Schlehenbüschen wie eine Bastion in den Acker hineinstieß. Hier hatte der Propst einen kleinen runden Platz ausroden lassen und ein paar Bänke beschafft, von denen aus man eine reizvolle Aussicht über das abfallende Gelände hatte. Einige hundert Ellen tiefer ging die große Landstraße zwischen den schmalen Feldstreifen entlang, gegen Norden sah die dunkle Turmspitze der Kirche aus den Laubmassen hervor, und im Süden lag das Kirchdorf mit einem Gewirr von grauen Wirtschaftsgebäuden, Strohdiemen und roten Wohnhäusern. Savonius öffnete die kleine Pforte.

»Komm, wir setzen uns hierher«, sagte er. »Meinst du, das mit der Sündenverderbnis ist bei allen Menschen gleich?«

»Ja – ebenso wie es sicher ist, daß der Mensch in sich Herz und Leber und Lungen hat, ebenso sicher ist seine Sündenverderbnis. Denn von innen, aus dem Herzen der Menschen, gehen heraus böse Gedanken, Ehebruch, Hurerei, Geiz, Schalkheit, List, Schalksauge und all das andere. Hast du nie daran gedacht, daß es so geschrieben steht?«

»Und das sagst du, ruhig wie eine friesische Kuh! Verstehst du nicht, wie furchtbar das ist! Wenn ich allein mit all meinem Christentum Schiffbruch gelitten hätte, das ginge wohl an, aber alle die anderen! Da kommen wir zusammen, singen und beten und reden erbaulich und glauben, daß wir dabei sind, Sünde und

Satan aus der Dorfgemeinschaft zu treiben – und dabei hat er seinen Pferdefuß noch innerhalb unserer eigenen Herzenstüren! Wie soll es denn mit unserm ganzen geträumten Erneuerungswerk werden? Und was soll aus uns selbst werden? Verstehst du nicht, wie furchtbar das ist?«

Linder saß zurückgelehnt, mit übergeschlagenen Beinen, den einen Arm über der Rückenlehne. Er sah durch das Birkenlaub empor und schien in den Anblick von etwas sehr Schönem und Fesselndem versunken.

»Gewiß ist das furchbar . . . und doch kann ich nur jubeln und möchte die ganze Welt umarmen. Das ist das große Geheimnis der Versöhnung, verstehst du, daß Gott ein Kreuz quer über alles Sündenelend in der Welt gezeichnet hat, ob es nun außer oder in uns ist. Glaubst du, Jesus ist nur für die Sünden gestorben, die du begingst, ehe du zur Einsicht kamst? Für die hätte er wohl kaum zu sterben brauchen – die konntest du ja selber ablegen. Daß du deinen Tag mit der Bibel anfängst statt mit Molière, daß du dir am Samstagabend nicht einen Rausch von Likör zulegst und nicht galante Verse mit kleinen Zweideutigkeiten schreibst – all das sind ja nur lose Kletten am Rock. Die kannst du selbst abstreifen. Aber die Sündenverderbnis, die streifst du nicht ab. Dafür brauchst du einen Versöhner, einen, der an deiner Stelle leidet, sonst könntest du ebensogut gleich jeden Gedanken an den Himmel aufgeben.«

Savonius saß schweigend da.

»Und nun verstehst du vielleicht, warum ich so froh bin, obwohl ich das Hoffnungslose in meiner Lage und in der Lage aller Menschen gesehen habe. Vor 1800 Jahren ist unsere Lage eine andere geworden: also ist durch Eines Gerechtigkeit die Rechtfertigung des Lebens über alle Menschen gekommen.«

Savonius schwieg immer noch.

»Was mir eigentlich die Augen geöffnet hat«, fuhr nun Linder fort, »das war eine Stelle in dem Brief von Schartau, wo er zeigte, daß meine Verzweiflung bis jetzt ein Werk Gottes gewesen ist, aber daß sie eine Versuchung des Teufels werden würde, wenn ich darin stecken bliebe. Ein Werk des Heiligen Geistes ist während der Erweckung die Einsicht gewesen, daß viel mehr Sünde in meinem Herzen lebte, als je in meinen Werken zu der Zeit, da ich noch ein sicherer Sünder war. Ein Werk Gottes war es auch, daß ich hatte einsehen dürfen: ich war so verderbt, daß ich nicht das Allergeringste tun konnte, um bekehrt zu werden. Aber eine Versuchung des Teufels war es, daß ich nun doch meine eigene Gerechtigkeit aufrichten wollte und insgeheim hoffte, mir selbst helfen zu können und nicht wie ein Schächer Gnade annehmen zu müssen. Und die allerschlimmste Versuchung bestand darin, daß ich versuchte, in denjenigen Punkten ein Werkheiliger zu werden, in denen es doch wenigstens so aussah, als ob ich siegen und selber etwas zustandebringen könnte. Deswegen wurde ich immer strenger in der Kleidungsfrage und so vorsichtig mit jedem Wort, daß ich mucksstill herumlief – während ich meinen Hochmut und meinen Widerwillen gegen Warbeck und all das andre nicht richtig erkennen wollte – aus Angst, meinen schönen Heiligenschein in den Schmutz fallen zu sehen!«

»Aber«, sagte der Magister, »aber . . . nun sprichst du ja doch bloß von der Sünde. Wie wurde dir geholfen?«

»Mensch, begreifst du nicht, daß schon dies ein Evagelium ist: zu sehen, daß man in die Verzweiflung hineingeführt wurde – nicht durch die Sünde, nicht durch die Übermacht des Satans, sondern durch den Geist des gütigen Gottes, der meine arme Seele davor retten wollte, ein Werkheiliger und ein Pharisäer zu werden, und der immerfort nur daran gedacht hat, daß die ganze überwältigende Herrlichkeit Christi leuchtend hervorbrechen sollte! So stand es in dem Brief – ich kann ihn fast auswendig –: Wenn der Mensch nicht mehr um seiner Unwürdigkeit willen den Trost von sich weist, daß Jesus für alle seine Sünden bezahlt hat, wie viele es auch sein mögen, so ist dies schon Glaube; und dieser Glaube erweist sich darin, daß der Mensch die Gewißheit der Vergebung festhalten kann, ohne durch seine Reue Versöhnung erwirken zu wollen oder irgendein Verdienst durch seine Besserung im Herzen und im Wandel. Dann wird ein Mensch aus Gnaden bei Gott zum Kinde angenommen – mit Sündenverderbnis und allem, verstehst du, Henrik.«

Er legte seine Hand schwer auf das Knie des Freundes. Savonius beugte sich langsam vor und barg das Gesicht in den Händen. Hoch da oben brauste es in den Birken, die Sonne glitzerte in tanzenden Flecken zu seinen Füßen. Er sah es nicht, seine Gedanken waren weit fort im Petrushof im Dorfe Hyltamalen, in einer warmen Julinacht vor zwei Jahren. Er hatte gewünscht, Katrina aus Hersmalen wiederzutreffen, um Hilfe für sein Herz zu suchen. Nun hatte Gott ihm einen andern Helfer gesandt – aber die Hilfe war die gleiche. Es war, als sei er auf etwas Ewiges und Festes gestoßen, tiefinnen im Innersten des Daseins, etwas, das starker Fels war und doch so weich wie einer Mutter Hand.

Als er wieder aufblickte, sah er wie im Traum auf dem Wege von Norden her eine Equipage anrollen. Der Kutscher hatte einen hohen schwarzblauen Hut mit gelber Kokarde. Das sind die Herrschaften aus Eksta, dachte er. Guter Gott, laß mich noch ein kleines Weilchen allein mit diesem deinem Freudenboten.

»Daß man so blind gewesen sein kann«, sagte er leise.

»Das habe ich auch gedacht . . . und doch habe ich gemerkt, daß diese Blindheit schärfer sieht als ich es vorher konnte, da ich noch glaubte, Gottes Vergebung sei das Natürlichste von der Welt. Diese Verzweiflung über die Sünde ist ja ein Stück von der Erleuchtung des Heiligen Geistes. Tatsächlich sieht man die ganze Zeit klarer – obwohl der Blick nach unten gerichtet ist, auf die schwarzen Morastlöcher im Sündensumpf. Aber es ist nützlich, recht tief in sie hinunterzusehen – sonst glaubt man, daß man allein fertig wird und mit eigener Kraft auf die andere Seite hinüber gelangt. Dann springt man ein Stück weit vorwärts von Grasflekken zu Grasflecken und sitzt fest. Kommt es ganz schlimm, so wagt man nicht einmal zuzugeben, daß man festsitzt, sondern sagt, man sei schon angelangt, bloß weil man nicht mehr am Ufer bei den selbstsicheren Sündern steht. Das gibt dann eine eitle Zufriedenheit über die eigene Besserung und ein endloses Richten über die Kinder der Welt. Davon haben wir bei uns unter denen, die sich bekehrt haben, was zu merken bekommen . . .«

»Bei uns auch«, sagte Savonius und dachte an den Besuch des Vortages.

»Aber nun wollen wir aufwärts und vorwärts sehen. Licht . . .

Versöhnung . . . Friede. Er ist unser Friede.«

»Und dann – was soll nun kommen?« fragte Savonius sacht.

Die Kutsche aus Eksta hatte die Wegkreuzung am Kirchdorf hinter sich, und die wohlgestriegelten Pferde gingen in lebhaftem Schritt zur Propstei hinauf. Eine zweite Kutsche wurde unten im Kirchdorf sichtbar. Sie kam von Süden.

Linder hatte schon wieder zu reden begonnen.

»Ja, was soll nun kommen? Nun ist Justus Johan Linder zum Tode verurteilt und lebt als ein verlorener und verurteilter Sünder – Tag um Tag von seines Herrn Gnade. Wie ein Vogel sitzt er und pickt seinem Versöhner die Körner aus der Hand. Und zwischendurch singt er selig in der Sonne . . . Henrik, wir müssen noch einmal von vorn anfangen. Wir haben gedonnert wie Gewitter, wir haben mit den gröbsten Mörsern des Gesetzes geschossen, um die Sündenmauern zu sprengen. Und wohl war es recht – ich lade noch immer mit meinem schwärzesten Pulver, wenn ich die Unbußfertigkeit aufs Korn nehme. Aber wir hätten wohl beinahe vergessen, die Sonne des Evangeliums durch die Gewitterwolken hindurchzulassen. Erst schießen wir all die fleischliche Sicherheit entzwei, dann lassen wir die Seelen etwas Neues aufbauen mit ihren eigenen Vorsätzen und ihrem redlichen Besserungseifer. Das wird niemals fertig, Henrik. Wir sind selber nicht fertig geworden. Nun habe ich stattdessen angefangen, von dem zu predigen, das fertig ist – von dem, das auf Golgatha gebaut wurde und eine feste Burg und Zuflucht ist, wenn das Unwetter über unsre sündigen Häupter geht. Und nun teile ich Gottes Wort immer nach drei Richtungen aus – nicht nur an die Sicheren einerseits und die Gläubigen andererseits, wie früher, sondern auch an die Aufgestörten, die Ängstlichen und Beladenen und an die geistlich Armen. Und mein eigenes elendes Herz stärke ich jeden Tag an der Quelle der Versöhnung.«

Savonius dachte wieder an den gestrigen Tag, an seine Konfirmanden, an Johann vom Mittelhof und an Gustavs schiefen Judasmund.

»Und das Ergebnis, Bruder – siehst du einen Unterschied?«

»Ich selber sehe Licht, wo ich vorher nur Dunkelheit sah. Das ist das erste. Licht ist in meinem Herzen – und Licht über der Gemeinde. Vorher war ich verzweifelt über meine Fröjerumer und ihre Unbußfertigkeit. Nun sehe ich, daß es daran lag, daß ich immer vor Augen hatte, was wir tun sollten, und wenn ich so wenig von der wahren Besserung und vom Sieg über die Sünde sah, kroch mir die Ohnmacht tief ins Herz. Ich rechnete und summierte alles zusammen, was sie taten – und es war nicht ein Prozent der Schuld, das bezahlt war! Aber nun sehe ich das, was getan ist und sehe, daß die ganze Schuld bezahlt ist; und jetzt gehe ich umher wie ein Amtsbote mit Gnadenbriefen für alle Missetäter in der Tasche. Und dann wunderst du dich, daß ich vor Freude singe? Nun sehe ich gleichsam alles im Sonnenglanz: hat Gott schon so viel getan, so ist Hoffnung für das übrige . . .«

Auf dem Propsteiweg rollten wiederum Wagenräder. Savonius wollte nicht hinsehen.

»Aber die Sünder – werden sie nicht noch verstockter?«

»Die Gefahr besteht wohl – man muß versuchen, das Wort recht auszuteilen . . . Aber ich nehme die Gefahr auf mich. Da sind so viele Gefangene, die im selben Käfig gesessen haben wie ich und die schon herausgeschlüpft sind, seit das Evangelium auf der Kanzel von Fröjerum Raum bekommen hat. Schon das ist ein Wagnis wert. Im übrigen – auch die sichersten Sünder können gewiß einen Schimmer vom Evangelium brauchen. Mit dreien von meinen schlimmsten Gnadenverächtern ist in diesem Frühjahr etwas geschehen. Das hat nicht das Gesetz gemacht. Solange das Gewitter anhielt, krochen sie bloß in ihre Löcher. Aber als die Sonne zu scheinen begann, streckten sie die Köpfe heraus, und da erwischte sie der liebe Gott.«

Wieder hörte man Wagengeräusch, diesmal unten auf dem Weg. Nun mußte Savonius doch hinsehen. Es gab einen Ruck in ihm – der Postwagen!

Der Freund sah es vielleicht auch. Er sagte nichts davon, wechselte jedoch das Thema.

»Henrik, Junge, welche Gnade ist das doch, in unserer Zeit hier stehen und das Wort verkündigen zu dürfen. Vor fünfzehn Jahren, als ich anfing, sah ich keinen Lichtblick. Da sollte man nur von der wahren Tugend predigen, die darin bestand, Kartoffeln zu bauen, Steuern zu zahlen und hübsch des Königs Branntwein zu kaufen. Noch im vorigen Jahr seufzte ich bitter über diese Finsternis, die die Laffen Aufklärung getauft hatten. Aber nun glaube ich, daß dieses Säkulum, das tief unten in der Schande angefangen hat, doch etwas Gutes mit sich bringen wird. Überall beginnt es, sich zu rühren. An der Westküste ist Linderot wie ein Gewittersturm gekommen und hat das tote Laub geschüttelt, in Svenljunga ist der versoffene Hoofen bekehrt und bricht Steine im Weinberg, daß es bis weit hinauf ins Bistum Skara zu merken sein soll. Und dann haben wir diesen gesegneten kleinen Schartau in Lund. Glaub mir: der Sommer ist nahe, und der Feigenbaum bekommt Blätter. Nun heißt es arbeiten – treulich – jeder an seinem Platz, solange er darf.«

Er hatte sich erhoben. »Da unten kommt doch sicher der Postwagen«, sagte er. »Wollen wir sehen, ob das Domkapitel geruht hat, sich zu entscheiden?«

Oben bei der Auffahrt waren die Wagen angerollt, einer nach dem anderen. Die herrschaftlichen Equipagen wendeten sofort und fuhren mit standesgemäßem Peitschenknallen leer zurück. Die Pastorenwagen rumpelten langsam stallwärts.

Auf der Treppe stand der Propst selber und Hedwig an seiner Seite. Die Sonne leuchtete auf Volants und Fräcke, Gemurmel erhob sich, leicht und anmutig, mit kleinen Spritzern von Gelächter, ganz wie das leise Rauschen, das durch die Ulmenwipfel hinter dem Seitenflügel ging und die letzten Tropfen des nächtlichen Regens in klaren Spritzern gegen die Dachpfannen schleuderte.

Der Rittmeister war voller Liebenswürdigkeit. Er stellte mit stiller Befriedigung fest, daß der Hilfsprediger sich fernhielt, und rühmte höflich des Propstes *délicieuse* Blumenrabatten, Warbeck hatte sich Reihers angeschlossen und verbreitete sich über den unerwartetenTod des Kronprinzen auf Kvidinge Hed und die beunruhigenden Gerüchte von einer Gärung in der Hauptstadt. Um Hedwig herum stand die Jugend und erkundigte sich, warum Johann-Christoph nicht von der Akademie hatte heimkommen können.

Da tauchte der Wagen des Postillons in der Anfahrt auf.

Der Propst hatte Eva-Lotte Anweisung gegeben, den Wagen nicht vorfahren zu lassen. Sie sollte die Tasche am Tor in Empfang nehmen und hintenherum in die Küche tragen. Sie stand schon Wache an dem weißen Torpfosten, der Wagen hielt auch richtig, und Eva-Lotte ging schräg zum Küchenflügel hinüber, den dicken Riemen über ihrer schmalen Mädchenschulter. Unglücklicherweise stand der Vizepastor von Brohult gerade in ihrem Wege auf dem Rasen im Gespräch mit ein paar Amtsbrüdern. Halb aus Hilfsbereitschaft, halb aus Begier nach Neuigkeiten aus der großen Welt nahm er dem Mädchen die Tasche ab und trug sie den Hauptweg entlang zum Propst hin.

Nun war die Aufmerksamkeit geweckt, die Tasche, welche die mit Spannung erwarteten Nachrichten aus Stockholm enthielt, war der Mittelpunkt der ganzen Gesellschaft, und Eva-Lotte, die so schmählich um ihren Ehrenauftrag betrogen worden war, hatte schon auf einen Ersatz gesonnen und war hineingerannt, um den Schlüssel zu holen, den sie Väterchen mit einem Knicks überreichte, eine Sekunde, nachdem der Vizepastor mit seinem Raub bei ihm angelangt war.

So hatte der Propst keine andere Möglichkeit, als das Hängeschloß zu öffnen, das Eisenstäbchen herauszuziehen und den Inhalt zu mustern. Die beiden Zeitungen wurden sofort dem Rittmeister und dem Baron Schenstedt ausgehändigt. Das Briefbündel löste er, und einen Brief für Verwalter Karin gab er Eva-Lotte, die über den Sand forthüpfte, einige Bescheinigungen wanderten ohne weiteres wieder zurück in die Tasche, und am liebsten hätte der Propst zwei große Briefe aus prächtigem weißem Leinenpapier auf demselben Wege verschwinden lassen. Aber wieder war das Unglück auf dem Plan. Warbeck, der auf der Treppenstufe neben dem Propst stand, hatte das Siegel des Domkapitels entdeckt und machte den Propst darauf aufmerksam. Sofort reckten sich die Hälse der Amtsbrüder: könnte es vielleicht etwas über den Zehnten sein? Oder über die neue Pastoratsordnung? Wollte der liebe Bruder nicht nachsehen?

So erbrach der Propst widerstrebend das Siegel des ersten Briefes und faltete das knisternde steife Papier auseinander. Er las einige Zeilen, dann flog eine feurige Röte über seine Wangen, die Augen tanzten über das Papier und richteten sich schließlich fast gläsern hart auf den Schlußabsatz. Seine Wangen waren graubleich geworden.

Warbeck hatte schon mit einem einzige Blick auf die Resolution den Zusammenhang begriffen. »Das ist der Entscheid wegen Savonius«, sagte er mit hörbarem Theaterflüstern.

Unter den Pfarrern wurde es totenstill. Keiner rührte sich. Der Propst stand immer noch unbeweglich, den Entscheid des Domkapitels in der Hand. Das Schweigen veranlaßte die Herren, die in die Zeitungen vertieft waren, zum Aufblicken. Im selben Augenblick sprang die Spannung auf sie über. Aller Augen richteten sich auf den Propst und verstörtes Flüstern trug die Neuigkeit weiter: der Entscheid war gekommen.

Dennoch war es nicht der Propst, der das Schweigen brach. Stattdessen wurden Stimmen hinter der Propstei laut, und zwischen den Lonicerenbüschen tauchte Linders dunkles und braungebranntes Gesicht auf. Dicht hinter ihm wurde der Magister sichtbar. Sie taten noch einige Schritte vorwärts, um zu grüßen, aber als sie plötzlich die bestürzten Augen aller Anwesenden auf sich gerichtet fühlten, blieben sie stehen und sahen sich ein wenig verblüfft um. Im nächsten Augenblick hatten sie die Situation erfaßt. Linder trat scheu ein paar Schritte zur Seite. Savonius hatte sich gestrafft, hob das Kinn ein wenig und sah den Propst gerade an.

Endlich brach der Propst das Schweigen.

»Darf ich dich einen Augenblick in mein Zimmer bitten, Henrik . . . Hier ist eine Mitteilung, die dich betrifft, und dann hast du einen Brief vom Domkapitel . . .« Er hielt den zweiten Brief mit den vier roten Siegeln empor.

»Danke, Herr Propst«, sagte Savonius, »ich verstehe, das ist die Entscheidung des Domkapitels. Sie können sie ebensogut hier vorlesen. Vielleicht interessiert uns der Inhalt alle gleich lebhaft.«

Der Unglücksvogel! Ist es immer noch nicht aus mit seinem Übermut, dachte der Propst. Nun glaubt er, er habe die Schlacht gewonnen . . . So mag er auch seine Strafe von Gott empfangen!

Laut und mit klarer Stimme, die gleichwohl eine Spur zu zittern schien, begann er zu lesen. Alle lauschten mit gespannter Aufmerksamkeit. Aus dem Wirrwarr von schweren und geschachtelten Sätzen, nach einer schwerfälligen Einleitung und Rekapitulation der verwickelten Gänge und Vorgänge der Sache, hoben sich allmählich einige feste Punkte heraus: es wurde als erwiesen angesehen, daß der Hilfsprediger, mehrbemeldeter H. S. Savonius, zu wiederholten Malen in seelsorgerlichen Gesprächen Menschen Rat erteilt hatte, die nicht seiner eigenen Gemeinde angehörten; daß er hierbei nicht geziemend die Aufmerksamkeit auf deren christliche Pflicht gelenkt, zuvorderst mit Vertrauen ihre ihnen zugeordneten Lehrer zu befragen; daß er bei benannten Gelegenheiten nachweislich Ehegatten zugeredet, das hl. Abendmahl getrennt zu begehen und somit die am Ort gepflegte christliche Sitte zu verlassen; daß er auf der Kanzel der Moderation und Lindigkeit ermangelt, die einem Nachfolger Jesu ansteht und im Kirchengesetz, Kap. 2, § 2, geboten ist; sowie, daß er in unweisem Eifer redliche Mitbürger, die bekanntermaßen alle in Gesetz und Verordnung gebotenen Religions-Bräuche beobachtet, als Sünder dargestellt; für welches alles das Domkapitel es angemessen finde: von dem Tage an, da dieser Beschluß mitgeteilt, den mehrbem. H.S. Savonius von allem pfarramtlichen Dienst in benanntem Kirchspiel Ödesee auszuschließen; ihm aufzuerlegen, sich vor dem Domkapitel zur Entgegenahme besorgter und ernstlicher Vorstellungen und Verwarnungen einzufinden; sowie, betreffend seine künftige Verwendung im Dienst des Bistums, seinen Entschluß von den Umständen abhängig zu machen, die bei der Mitteilung besagter Verwarnung zutagekommen würden. Welches alles der Herr Contraktspropst und Ritter etc. etc. unverzüglich sämtlichen davon berührten Parteien mitteilen und durch Abkündigung von der Kanzel der Kirche zu Ödesee am nächsten Sonntag öffentlich kundmachen solle . . .

Leichenblaß hatte der Propst die Lesung beendet. Linder hatte die Hände gefaltet und sah unablässig auf Savonius. Der Rittmeister schien trotz seines Triumphes peinlich berührt, sein Nacken rieb sich nervös am Kragenrand, und er war sehr rot im Gesicht. Warbeck lächelte verlegen, und der alte Schenstedt wiegte bedächtig den Kopf. Nur der junge Reiher blickte unter halbgeschlossenen Augenlidern überlegen auf den besiegten Feind.

Savonius selber war ebenso bleich wie der Propst. Er stand noch immer sehr gerade mit unbeweglich herabhängenden Armen. Sein Blick hob sich langsam, und die Lippen bewegten sich fast unmerklich.

Dann faßte er sich und sah den Propst an.

»Ich danke Ihnen, Herr Propst . . . es ist gut für uns alle, daß endlich Schluß ist in dieser Angelegenheit . . . Und das Urteil ist milder ausgefallen, als wenn ich selbst es hätte fällen müssen. Es wird schwer für mich sein, Ödesee zu verlassen . . . erst heute habe ich richtig die Tiefe der Botschaft verstanden, die ich hätte verkünden sollen. Nun bitte ich Sie alle, zu vergeben, was an Liebe gefehlt hat in dem, was ich unter Ihnen gesagt und getan habe. Was den Eifer angeht, so bereue ich, daß ich zu lau war, wenn es das Heil der Seelen galt, und daß ich Unterschiede gemacht habe, indem ich die Kleinen mehr geliebt habe als die Großen. Was die Liebe angeht, so bereue ich, daß ich mehr geschlagen und gezüchtigt, als verbunden und geheilt habe. Aber am allermeisten bereue ich, daß ich so selten das ganze Evangelium von der unverdienten Gnade gepredigt habe, die ich als erster von Ihnen allen begehre und brauche. Nun bitte ich nur, daß Gott in seiner Gnade die Erinnerung an alles, was mangelhaft und unrecht war, tilgen, und das keimen und wachsen lassen wolle, was ein Werk seines eigenen unverfälschten Wortes gewesen sein kann. Und dann bitte ich darum, daß nun Frieden werden möge und alle Herzen von allem Groll frei sein möchten, so wie ich selbst nun Gott danken will, daß er in seiner Gemeinde vielleicht doch immer noch einen Dienst für mich Sünder hat.«

Während Savonius sprach, war etwas Ungewöhnliches geschehen: der Propst hatte die Hand gehoben und sich zwei Tränen von der Wange gewischt. Nun ging er die Treppe hinunter, gerade auf seinen suspendierten Hilfsprediger zu, und umarmte ihn.

Dann drehte er sich um und sah die anderen an.

»Liebe Freunde, niemand von Ihnen wird mich falsch verstehen, wenn ich nun sage, daß ich von dieser Stunde an meinen Hilfsprediger liebhabe, als wäre er mein eigen Fleisch und Blut . . . und nun möge hier Friede in der Gemeinde sein, der Friede, den wir Sünder alle brauchen.«

Es wurde wieder ganz still. Dann ging der alte Schenstedt schweigend vor und gab Savonius die Hand. Seine beiden Söhne folgten, dann kamen ein paar von den Pfarrern, dann Warbeck und der Rittmeister und die ganze übrige Schar, ungefähr so, als wolle man ihn zu etwas beglückwünschen.

Als das geschehen war, klatschte der Propst in die Hände und sagte:

»Meine Damen und Herren – das Mittagessen ist angerichtet! Darf ich Sie in den großen Saal bitten?«

Mit vielen Verbeugungen und Stockungen kam die bunte Schar in Bewegung und strömte langsam zwischen den weißen Türpfeilern der Propstei hindurch ins Haus. Niemand sah, daß der Pastor von Fröjerum bis zuletzt zögerte und einen Augenblick draußen auf der Treppe stehenblieb. Dort neigte er den Kopf, als danke er in der Sakristei nach einem Gottesdienst. Dann ging auch er hinein an den gedeckten Tisch.

Zweites Buch

Jesus Allein

Drei Tage vor Weihnachten

»So! Da steh nun und schäm dich!«

Der Hauptpastor schob einen broschierten Band in sein mageres Bücherregal. Er hatte gerade Professor Myrbergs Abrechnung mit Rosenius'* Römerbriefkommentar zu Ende gelesen. Obwohl sie von der göttlichen Liebe handelte, war sie voller Salz und Pfeffer, denn es war, wie gesagt, eine Abrechnung, und zwar eine schneidende, mit dem orthodoxen Gottesmann. Der Hauptpastor hatte auch die scharfe Entgegnung eines smaländischen Kollegen auf dem Tisch liegen. Mit spitzbübischem Lächeln preßte er die beiden Gegner Seite an Seite in den Bücherschrank und murmelte:

»In meinem Hause müßt ihr trotzdem versuchen, euch zu vertragen – genau wie im Himmel, falls ihr dorthin wollt.«

Er stand auf und stampfte. Es war bitter fußkalt. Seit vielen Jahren hatte es keine solche Kälte in der Adventszeit gegeben, und da der Schnee außerdem nur knapp zolltief lag, drang die Kälte mit erschreckender Schärfe herein. In dem grüngesprenkelten Kachelofen prasselte das Feuer, und die schwarzen Türen klapperten im Luftzug. Es war nun zum drittenmal nachgelegt heute – aber was nützte das!

Der Hauptpastor ging zum Fenster. Durch die kleinen Ränder zuoberst auf jeder Scheibe, die die Eiskruste noch freigelassen hatte, war in der blauen Winterdämmerung ein Wirrwarr von bereiften Zweigen auf dem Hintergrund eines Abendhimmels zu sehen,

* Carl Olof Rosenius (1816–68) gründete in Stockholm die Zeitschrift »Pietisten« und gab Anstoß zur Gründung zahlreicher Missionsvereine. R. war Vorläufer der schwed. Gemeinschaftsbewegung, blieb jedoch der Landes-Kirche treu. Im Vordergrund seiner Lehre steht die Versöhnung durch Christus (Nichts in mir, alles in Jesu).

der an verblichene grüne Seide erinnerte. Der Rauch aus dem Pächterhaus stieg kerzengerade zum Himmel. Kein Schlitten war sichtbar.

Es klopfte, und die Haushälterin, Frau Hollemann, streckte ihre rotgefrorene Nase herein.

»Bester Herr Pastor, wollen Sie nicht essen? Meine feinen Waffeln werden zäh wie Leder, wenn wir noch länger warten.«

»Beruhige Sie sich, beruhige Sie sich, Frau Lydia«, antwotete der alte Herr und winkte freundlich mit dem Pfeifenrohr. »Ihre Waffeln können Sie selbst genießen. Für meinen alten Gaumen taugen sie in zwei Stunden ebensogut. Und wenn der Hilfsprediger kommt, soll er wenigstens das erste Mittagbrot nicht mutterseelenallein essen müssen.«

Die Tür wurde wieder geschlossen, mit einer Bestimmtheit, die zeigte, daß Frau Hollemann ihre Einwände gegen den Beschluß hatte. Aus der Diele war ein Strom eiskalter Luft eingedrungen, die den Fußboden entlangkroch. Dort draußen wurde im Winter nie geheizt.

Der Hauptpastor ging zum brennendheißen Kachelofen und lehnte sich mit dem Rücken dagegen. Da stand er breitbeinig und fühlte vorsichtig, ob auch der Schlafrock nicht an der Ofentür ansengen könnte. Der alte geliebte Schlafrock war mit Mühe über den schwarzen Werktagsanzug und alle untergelegten Schichten von Lederwesten und Jacken gezogen. Die Ärmel waren recht kurz, und die gedrehte Schnur mit den Troddeln war zweimal um den Leib gewunden, als solle ein Paket zusammengehalten werden, das zu platzen drohte. Unter dem abgenutzten Schlafrocksaum sahen die Schnürstiefel hervor.

Das Alter des Pastors war schwer bestimmbar. Der Backenbart und das wenige, was vom Haar noch übrig war, leuchtete gänzlich silberweiß, aber das kugelrunde Gesicht hatte etwas jugendlich Frisches. Die Augen guckten groß und neugierig wie die eines Kindes hinter der schmalen Brille hervor, die Wangen waren weich, und der große Mund schien ein unveränderlich mildes Lächeln zu formen.

In Wirklichkeit war der alte Herr gerade recht ärgerlich. Gewiß war es drei Tage vor Weihnachten, und der Zug mochte ziemlich viel Verspätung haben. Und gewiß war die Schlittenbahn schlecht, so wenig Schnee wie auf den Wegen lag, und es waren gute zwei Meilen bis zum Bahnhof in Näs. Aber trotzdem war es ungemütlich, hier in der Kälte herumzutrampeln und nichts Vernünftiges vornehmen zu können, während man auf den neuen Hilfsprediger wartete, der aus Linköping kommen sollte.

Hoho . . . jaja . . . der wievielte war das nun schon? Der Pfarrer konnte beim besten Willen nicht behaupten, daß er einen frohen Tag gehabt hätte, seit dieser gräßliche Rheumatismus ihn gezwungen hatte, einen Hilfsprediger anzufordern. Hier sollte er, ein armer gichtischer Greis, Jahr für Jahr dem Domkapitel Ochsen zähmen! Es war mit ihm akkurat wie mit den armen Kätnern. Wenn das Ochsenkalb zehn Viertelellen hatte, mußte man es nehmen, und kaum war es zu zwölf Viertelellen herangewachsen und hatte gelernt, gerade in der Furche zu gehen, so mußte man es wieder abgeben und wieder mit völlig wilden Kälbern anfangen.

Der Alte schnaubte. Ein richtiges Ochsentreiben von Taugenichtsen hatten sie während dieser vier Jahre auf seine Felder losgelassen. Die ägyptischen Plagen in neuer Gestalt! Rinell, der kleine Fette, das waren die Frösche. Er saß bloß auf dem Sofa, aufgedunsen und geschwollen, und blinzelte und wartete auf das Essen. Die Stechmücken – das war Emptander mit der kläglichen, summenden Stimme und den schmächtigen Beinen. Und Svensson, der stellte bestimmt die Fliegenschwärme vor: er surrte zur Zeit und Unzeit um die Töpfe in der Küche – wäre die Küchenmagd nicht nach Saleby gegangen, keiner weiß, was geschehen wäre! Aber Skagerbom, dieser Unglücksmensch – er war die Finsternis, akkurat die große Finsternis!

Der Alte ging wieder durchs Zimmer. Es dämmerte stark, das Licht im Raum war wehmütig blau. An einem Haken neben der Tür hingen Pelz und Ledermütze – in der Diele konnte man sie nicht lassen bei dieser schrecklichen Kälte. Auf fast allen Stühlen lagen Stöße von Papieren und Aktenbündel. Ein paar Karten, ein Wasserglas mit Pinseln und einige Mineralien auf dem ziemlich unordentlichen Schreibtisch verrieten andere Interessen als die rein pfarrherrlichen.

Der Hauptpastor setzte seine Überlegungen am Fenster fort. Was würde das Domkapitel ihm dies Jahr für ein nettes Weihnachtsgeschenk machen? Diesmal hatte er wenigstens deutlich gesagt, daß er einen gottesfürchtigen Jungen haben wollte, einen, den man zu Krankenbesuchen schicken konnte, ohne daß er aussah, als fordere man ihn auf, Nägel zu schlucken – oder wenigstens einen anständigen Kerl, dem man ein Schnäpschen anbieten konnte, ohne daß er gleich vier haben wollte. Der Bischof hatte auch versprochen, sein Bestes zu tun. Es würde interessant sein, zu sehen, wie das Beste, was das Domkapitel zustandebringen konnte, sich ausnehmen würde. Der Pfarrer taxierte es in seinen Erwartungen nicht allzu hoch.

Vom Fenster ging er langsam wieder zum Schreibtisch, schlug den Schlafrock dichter um die Beine und setzte sich. Es war schon halb dunkel und so seltsam still, wie es nur an einem Winterabend in einem abgelegenen Pfarrhaus sein kann, wo der Haushalt in einem unfreiwilligen Warten zum Stillstand gekommen ist. Nur das Feuer knisterte und warf zwei flackernde Lichtstreifen über den Fußboden.

Der Pfarrer spitzte die Ohren. Waren das nicht Schlittenglokken? Ohne Zweifel – und von der richtigen Seite her. Nun hörte man sie deutlich vom Kirchdorf heraufkommen. Der alte Herr schob langsam den Schreibtischstuhl zurück und stand auf. Frau Hollemann hatte es offenbar auch gehört, denn es ging jemand durch die gegenüberliegende Tür der Diele, die zur Küche führte.

Draußen auf dem Hof hörte man ein kreischendes Knirschen, als die Kufen durch den dünnen Schnee schnitten. Derbe Schuhe stießen gegen die Steinplatten der Treppe. Durch die Tür sah man ein dampfendes Pferd, mit weißen Fransen von Reif behängt. Der Knecht des Pächters, das Halstuch bis an die Nasenspitze um den Mund geschlungen, schob eine schwarze Kiste herein – und dann folgte der Hilfsprediger. Er sah einem schwarzen Frachtstück sehr ähnlich. Die schmächtige Gestalt war sichtlich steif vor Kälte und bewegte sich ungeschickt in dem kurzen Pelz, unter dem mindestens zwei Mäntel vorguckten. Die derben Schuhe steckten in Galoschen, die etwas zu groß schienen und deshalb ein wenig schlappten. Unter der tief ins Gesicht gezogenen Pelzmütze stach ein schmales Gesicht hervor. Die Nase war sehr rot und spitz, am äußersten Ende funkelte ein blanker Tropfen.

Der Pfarrer stand in der offenen Tür des Amtszimmers, ohne die Schwelle zu dem davorliegenden Eismeer zu überschreiten.

»Willkommen, lieber Amtsbruder – treten Sie näher. Nein – hängen Sie's nicht da draußen auf, bringen Sie die Sachen zu mir rein . . . Anders! Bitte, trag Er Herrn Pastors Kiste in die Ostkammer hinauf. – Und nun darf ich vorstellen: meine Hausdame, Frau Lydia Hollemann.«

Es brauchte gute Zeit, den steifgefrorenen Hilfsprediger von all seinen Mänteln zu befreien. Während dieser Prozedur schaffte es der Pfarrer, nicht nur Brüderschaft mit ihm zu schließen*, sondern auch die Gemeinde vorzustellen: 1487 Seelen beim letzten Jahreswechsel, im Grunde alte Kirchlichkeit, aber in den letzten Jahren ziemlich viel Separatismus – Gott besser's! Am traurigsten stand es mit dem Abendmahl. In der Kirche zum Abendmahl zu gehen, wurde mancherorts ein Fressen mit den Schweinen genannt, die Separatisten hatten ihren eigenen Abendmahlsverein, oder vielmehr zwei, denn seit vorigem Jahr hielten sich die Baptisten ganz abgesondert. All dies Elend beruhte wohl zuletzt darauf, daß er selbst *decrepitus* war, total unfähig, in die Waldbezirke hinaufzufahren und nach seinen Leuten zu sehen. Was sollte der Herrgott übrigens auch mit so einem Unglücksnest wie diesem Ödesee anfangen? Wenn die Kirche Jahr für Jahr einen ausgedienten Alten und seine schlechten Hilfsprediger den Weinberg vernachlässigen ließ, so mußte wohl Gott schließlich die freien Prediger schicken, um sich der Seelen anzunehmen. Obwohl es ja manchmal schien, als ob der liebe Gott bessere und weisere Diener hätte finden können als diese Kolporteure, die in letzter Zeit da oben am Svedjefall und in Hyltamo gewütet hatten.

Pastor Fridfeldt, der langsam wieder ein wenig Leben in seine schmerzenden Glieder bekam, antwortete einsilbig auf den

* In Schweden des umständlichen Titelwesens wegen sehr üblich.

Wortschwall des Pfarrers. Aber er hörte nicht ohne Interesse zu. Dies war seine zweite Stelle, und er hatte ihr mit großer Spannung entgegengesehen. Selber ein Kind der Erweckungsbewegung, schon seit seinem sechzehnten Jahr ganz aufgesogen von deren mächtiger Lebenswoge, hatte er das Glück gehabt, seinen ersten Dienst bei einem gläubigen Pfarrer im Vikboland zu bekommen. Aber von seinem neuen Hauptpastor gingen viele wunderliche Gerüchte. Fridfeldt vermutete fast, daß er zu den Gegnern gehörte, diesen Schriftgelehrten im Lande, die von Anfang an die geschworenen Feinde der Pietisten gewesen waren. Er wurde indessen nicht recht klug aus der Sache.

Als Nächstes bekam er nun einige Minuten für sich, um sich oben in der Kammer einzurichten. Dann ging man gleich zu Tisch. Der Pfarrer sprach das Tischgebet, und Frau Hollemann seufzte herzlich Amen. Fridfeldt ahnte einen Bundesgenossen.

Um die Position des Pfarrers zu sondieren, griff er vorsichtig die Frage nach dem neuen Missionsbund auf, den Lektor Waldenström* und Diakonus Ekmann voriges Jahr gegründet hatten. War hier etwas von dem großen Schisma in der Stiftung zu merken gewesen?

Nicht viel, meinte der Pfarrer – abgesehen natürlich von den unerträglichen Diskussionen über die Versöhnung. Sonst waren die Separatisten vom Abendmahlsverein keiner bestimmten Richtung angeschlossen, sondern holten, soweit er wußte, ihre Prediger sowohl vom Ansgariiverein wie von der Allianzmission. Die Meinungen waren wohl unter den eigenen Leuten der Erwekkungsbewegung sehr geteilt. Aber er erwartete das Schlimmste.

Fridfeldt blickte seinen neuen Chef fragend an. Mußte man nicht doch glauben, sagte er vorsichtig, daß der neue Missionsbund alle Gläubigen würde einen und so das Christentum im Lande vor völligem Chaos retten können? Wäre es nicht richtig gedacht, einen Strich durch alle Lehrstreitigkeiten zu ziehen, ja,

* Paul Peter Waldenström (1838–1917), Führer der neuevgl. Erweckungsbewegung um C.D. Rosenius und Herausgeber der Zeitschrift »Pietisten«. – Erik Jakob Ekman (1842–1915), einer der Bahnbrecher der freikirchlichen Bewegung in Schweden.

auch durch die Tauffrage, und nun auf das Wesentliche zu sehen und alle, die wirklich an den Herrn Jesus glaubten, einzuladen, sich zusammenzuschließen, um für das Reich Gottes zu wirken?

Der Pfarrer sah nachdenklich aus.

»Wenn das so leicht ginge, ja!« sagte er. »Aber siehst du, wer A sagt, muß auch B sagen. Diese Art Freiheit hält sich nicht auf die Dauer. Man muß ja doch irgendwelche Fässer haben, um den Wein hineinzufüllen. Die Formen und der Zwang kommen schon wieder. Wart nur – wenn alle diese freien Missionsvereine sich genügend mit Leeanern** und Methodisten und Irvingianern und Baptisten und wie sie alle heißen, herumgeschlagen haben, so werden sie sich Statuten und gemeinsame Kassen und eine Art Bischöfe und Pfarrerausbildung schaffen, verlaß dich drauf. Entweder verläuft alles im Sande und landet bei den andern Sekten, oder man muß es in irgendeiner Kirchengemeinschaft sammeln. Du sollst sehen, dann kriegen sie eine Agende und Pfarrer und Kirchen und Kindertaufe und Begräbnis und Konfirmation, genau wie wir.«

»Aber lieber Herr Pf – lieber Onkel, meine ich –«

Der kleine blasse Mann war ganz heiß geworden, und man sah, daß unter der harmlosen Oberfläche Glut schlummerte. »Sie meinen doch wohl nicht, daß eine freie Schöpfung des Heiligen Geistes, eine Erweckungsbewegung wie diese, sich jemals irgendwelchen Ritualen oder Zeremonien oder Ordnungen sollte unterwerfen – und eine Art neuer Institution mit Gesetzen und Verwaltungen und Examina und Beamten werden können!«

»Na, na . . . das wäre wohl nicht so schlimm. All dies Äußere ist nicht zu verachten. Aber wovor ich Angst habe, das ist: wenn einmal alles das, was jetzt in der Gießkelle in Fluß ist, zu seiner neuen Form gekommen ist, dann könnte es hierzulande zwei Kirchen geben statt einer. Und das wäre doch recht unnötig. Die Erweckungsbewegung könnte ebensogut in der alten Kirche geblieben sein.«

** Schwedisch-amerikanische Sekte, genannt nach ihrem Begründer Charles Lee.

»Aber Sie reden ja von Feuer und Wasser in einem Atem! Kirche und Erweckung! Man kann doch ein Kohlenfeuer nicht mitten in einem Eisblock in Glut halten! Kindertaufe und Konfirmation – das hat nicht mehr mit Erweckung zu tun als die Finsternis des Todes mit Gottes klarem Licht!«

»Doch, mein Junge, das hat es . . .« Der alte Herr war völlig ruhig. »Auch Erweckte können Kinder in die Welt setzen, und hat man sie einmal in die Welt gesetzt, so muß man sie auch erziehen. Wir haben hier in der Gegend schon früher Erweckungen gehabt, und es war immer eine verzwickte Geschichte mit den Kindern. Entweder stirbt die Erweckung mit den Alten aus, oder man fängt an, die Kinder zur Christenheit zu rechnen und sie mit Katechismus und Konfirmation und allem, was dazu gehört, aufzuziehen – wie es die Kirche immer gemacht hat.«

Fridfeldt schwieg. Er fühlte sich unglücklich. Der Pfarrer erfaßte das Wesentliche der ganzen Frage nicht. Er war dem Geist der Erweckung irgendwie fremd. Er wußte wohl nicht aus eigener Erfahrung, was es heißt, wiedergeboren zu werden.

Der alte Herr mußte gesehen haben, daß ein Schatten von Unlust in das Gesicht des Hilfspredigers gekommen war, denn er sagte freundlich ausgleichend:

»Na, na – nun wollen wir nicht disputieren, sondern dem Essen Ehre antun. Liebe Frau Lydia, für meine eiskalten Füße brauch ich heut bestimmt ein Gläschen. Wollen Sie so gut sein und Aquavit herausnehmen?«

Da haben wir's ja schon, dachte der Hilfsprediger. – Bekehrt ist er jedenfalls nicht.

Mit Frau Hollemann war es offensichtlich anders. Sie sah ehrlich bekümmert aus, als sie das Büfett öffnete und den Branntwein hervorholte. Fridfeldt wurde in seinen Sympathien für sie bestärkt.

»Herr Pastor, Sie dürfen nicht zu schlecht von uns denken«, sagte sie geniert. »Der Herr Hauptpastor hat seine Eigenheiten, für die ich nichts kann. Ginge es nach mir, so gäbe es diese Ware nicht im Hause. Betrunkene Männer sind das Schlimmste, das ich kenne.«

Der Hauptpastor nickte milde und zustimmend.

»Da sind wir uns ja fast einig, Frau Lydia. Trunkenheit ist das Zweitschlimmste, das ich kenne. Das Schlimmste ist Selbstgerechtigkeit. Wäre ich gezwungen, zu wählen, so wäre ich noch lieber ein betrunkener Knecht auf dem Markt von Österby, als daß ich selbstgerecht und selbstzufrieden am frommen Kaffeetisch säße.«

»Aber jetzt sind Sie zu gräßlich, Herr Hauptpastor!«

Frau Hollemann sah den ebenso unveränderlich milden alten Herrn mit einer Mischung von sanfter Nachsicht und heiliger Entrüstung an. Dieser winkte beschwichtigend mit seiner rauhen Greisenhand:

»Na – na – na . . . ich mein ja doch nur, daß der Saufbold doch Buße tun und den ganzen Himmel mit Freude erfüllen kann, aber die neunundneunzig Gerechten, die der Buße nicht bedürfen, die machen Gott und seinen Engeln nur Kummer und Verdruß.«

»Aber er muß unbedingt Buße tun – der Trinker!« sagte Frau Hollemann mit Bestimmtheit.

»Gewiß, gewiß, Frau Lydia. Die Zöllner taten auch Buße und die Sünder kamen zu unserem Heiland gelaufen. Aber die Gerechten und die Pharisäer standen weit abseits und rümpften die Nase. Ja, ja, wir wollen nicht richten. Man weiß nicht so genau, was man selber gemacht hätte.«

Ich weiß, was ich gemacht hätte, dachte Fridfeldt, ohne vom Teller aufzusehen. Hat man ihm jetzt sein Herz geschenkt, so weiß man, daß man es auch damals getan hätte.

Die Stimmung war ein wenig gedrückt. Nur der Pfarrer schien es nicht zu merken. Oder merkte er es doch? Er ging jedenfalls zu einem anderen Gesprächsthema über und berichtete in großen Zügen über die Bodenbeschaffenheit und den Felsgrund in dieser seltsamen und abwechslungsreichen Gegend.

Die Waffeln, das stehende Paradegericht des Pfarrhauses, kamen unter vielen Entschuldigungen von Frau Hollemann auf den Tisch. Als sie glücklich verzehrt waren – mit weniger als einer Schicht entkam keiner –, wurde der Kaffee aufgetragen. Der Pfarrer trank selten Kaffee. Seinem Magen bekäme ein kleines Gläschen gut, aber Kaffee vertrüge er nicht, sagte er.

Nach dem Tischgebet wanderte man wieder durch den großen Saal, der ungeheizt und dunkel dalag mit seinen Stühlen in schwarzgestrichenem Bauernrokoko mit vergoldeten Blumen. Durch die Eckkammer auf der Ostseite, die der Pfarrer als Schlafraum benutzte und in der der gedrechselte Schaukelstuhl in einem Winkel träumte, kam man in das Amtszimmer.

Der Pfarrer zündete die Tischlampe an. In ihrem behaglichen Schein traten die Einzelheiten des Raumes in gedämpftem Licht hervor.

Der Schreibtisch war sehr groß und schwer, mit geschnitzten Eichengirlanden zwischen Pfeilerkapitälen und schwellenden Messingbeschlägen. Das Bücherregal barg vorwiegend abgenutzte Lederbände in Braun und Schwarz. Die gestreiften Tapeten waren fast zugedeckt von unzähligem Kleinkram. Das Größte war ein Bild mit einer Rheinburg in braungrünem Nebel. Daneben hing ein Stich mit einem leidenden Christuskopf. Dann war eine schwarze Konsole da mit einem Schweizerknaben aus buntem Porzellan, eine perlengestickte Inschrift »Aus Gnaden seid ihr selig geworden« und der Öldruck eines Kindes mit seinem Schutzengel. Dazwischen war fast jeder Zollbreit von kleinen Bildern in schwarzen Rahmen besetzt, die in Aquarell menschliche Gestalten zeigten. Fridfeldt betrachtete sie interessiert, ohne unterscheiden zu können, worum es sich handeln mochte. Er schielte im Zimmer herum und fand sie überall: zwischen dem Aktenschrank und der Tür, über dem geschwungenen Sofa mit den Troddeln und bis hin zu den schweren Gardinen. Er versuchte, den nächsten zu fixieren, um zu sehen, was es sein könnte. Der Pfarrer merkte es und sagte erklärend:

»Das da ist ein savolarischer Jäger, mein Junge; Modell 1803, wenn ich mich recht erinnere. Das waren die Jäger, die Bulatov bei Revolaks erwischten. Und obendrüber hast du alle die andern vom finnischen Krieg . . .« Er hatte die Tischlampe in die eine Hand genommen und leuchtete damit, in der andern hielt er die lange Pfeife und zeigte mit dem Stiel: »Da hast du einen nyländischen Dragoner und da einen von den karelischen. Das da ist ein Björneborger – ein solcher war der Soldat Nr. 15 Stolt. Und so sah das Tavastehus-Regiment aus. Aber da unten hast du modernere Sachen: das da ist ein Magdeburger Kürassier . . . das waren die, die anno 70 den Todesritt bei Vionville machten – zwei Linien Füsiliere mit Schnellfeuergewehren und dazwischen alles gespickt mit Batterien, durch alles ritten sie hindurch! Das halbe Regiment ging drauf, aber dafür ging Bazaine auch die Puste aus, und er kam niemals durch bis Verdun. Das war ein Soldatenstück! Das da ist ein Gardevoltigeur, die waren auch mit in der Rheinarmee und wurden in Metz eingeschlossen. Und der Mann mit dem Tschako ist ein preußischer Landwehrmann . . .«

»Wo in aller Welt haben Sie nur all diese Bilder her?« fragte Fridfeldt, der nicht einen Blick auf all die militärische Herrlichkeit geworfen, sondern mit wachsender Verblüffung den kleinen häßlichen Greis betrachtet hatte, der mit der Pfeife gestikulierte und energisch den Kopf in dem hochgeschlagenen Kragen des Schlafrocks bewegte.

»Zeitvertreib, mein Junge, Zeitvertreib. Schon als Junge habe ich ein bißchen mit Farben gekleckst, und so allmählich ist das alles zusammengekommen. Das Schwerste ist, die richtigen Farben zu erfahren. Die Modelle sieht man ja auf jeder Illustration.«

Fridfeldt ging zum Sofa und setzte sich. Er fühlte, daß er Farbe bekennen mußte. Dieser wunderliche Alte mit seinem Branntwein und seinen Soldaten sollte sich wenigstens darüber klar werden, was er für einen Hilfsgeistlichen ins Haus bekommen hatte.

»Ich möchte nur, daß Sie von Anfang an wissen, daß ich gläubig bin«, sagte er mit ein wenig rauher Stimme.

Es kam ein Glimmen in das Auge des alten Herrn, das der Hilfsprediger nicht recht deuten konnte. Lag Billigung im Blick des Greises, oder hatte er es hinter den Ohren?

Der Hauptpastor setzte die Lampe auf den Tisch zurück, zog an der Pfeife, sah den Hilfsprediger an und sagte:

»Soo, du bist gläubig, das freut mich zu hören. An was glaubst du denn?«

Fridfeldt starrte seinen neuen Vorgesetzten verblüfft an. Wollte er ihn zum Narren halten?

»Aber – ich sage ja, daß ich gläubig bin!«

»Das hör ich wohl, mein Junge. Aber woran glaubst du denn da?«

Fridfeldt saß fast sprachlos.

»Wissen Sie denn nicht, was man unter einem Gläubigen versteht?!«

»Hinter der Aufschrift können sich recht verschiedene Waren verbergen, mein Junge. Ich fragte nur, was es ist, woran du glaubst?«

»An Jesus natürlich!« rief der Hilfsprediger. »Ich meine – ich meine, daß ich ihm mein Herz geschenkt habe!«

Da wurde das Gesicht des Greises plötzlich todernst:

»Meinst du, daß du ihm damit wirklich etwas Rechtes geschenkt hast?«

Der Hilfsprediger war nun fast den Tränen nahe.

»Aber wenn Sie Jesus nicht Ihr Herz schenken, so können Sie nicht erlöst werden!«

»Recht geredet, mein Junge! Und ebenso wahr ist: wenn du glaubst, daß du erlöst wirst, weil du Jesus dein Herz schenkst, so wirst du nicht erlöst. – Sie mal, mein Junge«, fuhr er beschwichtigend fort und sah dem Hilfsprediger unablässig in das Gesicht, wo Unsicherheit und erstaunter Verdruß um den Sieg kämpften, – »ein Ding ist es, sich Jesus zu einem Herrn zu erwählen, ihm sein Herz zu schenken und sich für ihn zu entscheiden und zu glauben, nun dankt er vielmals und ist froh, mich zu seiner geringen Herde zählen zu dürfen – und ein ganz ander Ding ist es, an ihn als einen Versöhner für Sünder zu glauben, unter welchen ich der Vornehmste bin. Einen Versöhner erwählt man sich nicht, verstehst du, und man schenkt ihm auch nicht sein Herz. Das Herz – das ist eine rostige Blechbüchse auf einem Müllhaufen. Wirklich ein feines Geburtstagsgeschenk! Aber da kommt ein seltsamer Herr gegangen und erbarmt sich der elenden Blechbüchse und steckt seinen Spazierstock durch und liest sie aus dem Dreck auf und nimmt sie mit nach Hause. So geht das zu . . .«

Fridfeldt schwieg. Obwohl es ihm lästerlich schien, vom Heiland im Zusammenhang mit einem so gottlosen Ding wie einem Spazierstock zu reden, so war die Absicht der Rede des alten Herrn doch nicht lästerlich, das merkte er am ganzen Ton. Der alte Herr fuhr fort, mit etwas milderer Stimme:

»Und nun, verstehst du, diese beiden Arten zu glauben, die sind wie zwei verschiedene Religionen, die gehören in keiner Weise zusammen . . .

Und doch«, setzte er gedankenvoll hinzu, »ist es, als ginge ein Weg von der schlechteren zur besseren hinüber. Zuerst glaubt man an die Buße und dann an die Gnade – und ich glaube wohl, du bist auf diesem Weg . . . Aber nun wollen wir nicht disputieren«, schoß er rasch. »Es lohnt sich übrigens auch nicht, denn ich überzeuge dich doch nie mit Worten. Aber ich habe einen strengen und anspruchsvollen Lehrer für dich da draußen . . .«

Er zeigte wieder mit dem Pfeifenstiel hinaus in die schwarzblaue Winternacht. Fridfeldt sah verständnislos aus.

»Die Gemeinde, mein Junge! Die Gemeinde – das ist der beste Vikarsvater, den es gibt. Merk dir, was ich dir jetzt sage: hier in der Gemeinde mußt du deine Zunge in der rechten Weise gebrauchen, wenn du die Seelen leiten willst. Aber da wir darauf gekommen sind, ist es am besten, gleich anzufangen. Hast du den Kalender bei dir?«

Der Pfarrer hatte sich an den Schreibtisch gesetzt und lud seinen Hilfsprediger mit einer Geste ein, sich ihm gegenüber niederzulassen.

»Am besten ist es, wenn du schreibst«, sagte er. »Also: die Christmette nimmst du. Die erfordert die meiste Kraft. Den Hauptgottesdienst muß wohl ich armer alter Kerl erledigen. Da schlafen sie sowieso in der Wärme, und es kommt nicht so auf das Schönreden an. Am Sonntag nach Weihnachten predige ich wohl, den Neujahrstag kannst du nehmen. Sieh dir die Texte schon heute abend an, dann machen wir morgen einen Predigtplan. – Dann die Hausbesuche. Die Armen pflegen wir vor Weihnachten zu nehmen. Am besten fängst du schon morgen mit den Weihnachtskörben an.«

»Mit den Weihnachtskörben?« Fridfeldt machte ein fragendes Gesicht.

»Ja, die macht Frau Hollemann zurecht, daran brauchst du nicht zu denken. Morgen um eins kommt Anders mit dem Schlitten, und dann fährst du nach der Liste herum und gibst an jeder Stelle einen Korb ab. Manchmal hat mir Frau Hollemann dabei geholfen, aber ich habe gemerkt, daß das zuviel Geseufze und zu wenig von der gesunden Lehre gibt. Es ist besser, du machst die Sache. Mach es nun bloß, wie ich es dir sage. Am besten, du schreibst es auf:

»1. Lotta in der Sägemühle. Anders weiß, wo das ist. Sie soll einen Korb haben, und dann liest du ihr eine Tagesbetrachtung vor. Du mußt Roos und Rosenius mitnehmen. Kannst du singen?«

»Ein wenig«, antwortete Fridfeldt bescheiden. In Wirklichkeit hatte er Gott für den prächtigsten Tenor zu danken.

»Gut – dann singst du ihr vor, ›Ich weiß, an wen ich glaube‹, den zweiten und den sechsten Vers mit Nachdruck, die kann sie brauchen. Schreib also auf, 193 Vers 2 und 6, unterstrichen. Und dann liest du Roos, die Abendbetrachtung vom zweiten Juni. Die Frau ist stark im Bekenntnis, aber schwach in der Tat. Gib ihr nicht Sirup, sondern Salz.

2. Franz im Seehaus. Das ist ein feiner Mann. Schreib: einen Korb und eine Tagesbetrachtung aus Rosenius. Nimm etwas Tröstliches: 7. Oktober, vom Schild des Glaubens, das wird passen.

3. Die Witwe Klara im Sjundefall – sie soll den großen Korb kriegen. Sie hat sechs Kinder. Lesen wirst du wohl kaum können mitten in all der Unruhe, aber sing ihnen ein bißchen was vor. 247 oder 250 und ein paar andere Trostlieder. Und erinnere sie daran, daß sie versprochen hat, ab und zu hier vorbeizugucken.

Dann kommt Nr. 4. Das ist Mutter Tilda in Finnerödja. Sie soll keinen Korb haben, sie ist ganz wohlhabend. Eigentlich müßtest du sie in den Tagen zwischen Weihnachten und Neujahr nehmen, aber wenn du doch da in der Gegend bist, kannst du gut reingukken. Du sollst ihr sagen, daß du am Dienstag nach Epiphanias mit dem Abendmahl kommst – davon reden wir gleich. Sie will gern erzählen, wie selig es ist, ein Gotteskind zu sein, aber fall ihr barsch in die Rede und sag: Welchem viel gegeben ist, bei dem wird man viel suchen. – Es könnte da oben in Finnerödja besser sein mit der nachbarlichen Einigkeit«, fügte er erklärend hinzu.

Fridfeldt saß ganz still. Ab und an kratzte die Feder über das Papier. Das gab eine lange Liste allein für morgen. Dann kam eine »Runde« Besuche für den dritten Feiertag und eine für den darauffolgenden Tag. Nach Epiphanias sollte es einige Abendmahlsfeiern mit Bettlägerigen geben, die ebenso lange ohne Abendmahl gewesen waren wie der Hauptpastor ohne Hilfsprediger.

Fridfeldt fühlte sich verwirrt. Auch wenn dies zu neun Zehnteln tote Amtsroutine war, hatte der Alte doch etwas echt Seelsorgerliches. Wie sich das mit dem Mittagsschnaps und der Uniformschwärmerei vereinigen ließ, blieb Fridfeldt ein Rätsel. Vielleicht ging in dem Mann selbst ein Kampf vor sich. Er begann aufrichtige Sympathie für ihn zu empfinden.

Während der alte Herr redete, war die Zeit vergangen. Er sah auf die Uhr und sagte: »Du mußt entschuldigen, wir sind hier im Hause abends zeitig müde. Ich bin alt, verstehst du, so alt, daß ich es weiß wie gestern, als auf dem Markt in Jönköping ›Hurra Cardell!‹ gerufen wurde und Hurra für die Kanonade in Dennewitz. Nun muß ich mit den Hühnern zu Bett. Willst du Frau Hollemann rufen, so halten wir die Abendandacht.«

Der Hilfsprediger tastete sich durch die dunkle Diele und fand die Küchentür. Da drin saß Frau Hollemann an dem gewaltigen Herd, dessen Wölbung weit in die Mitte des Raumes hineinragte. Sie hatte die Lampe auf die Steinplatte gestellt, den Stuhl an den Eisenherd geschoben und die Füße auf eine Fußbank gesetzt. Auf dem Schoß lag eine illustrierte Zeitschrift, die sie halb verlegen zusammenfaltete.

Sie gingen zurück in das Amtszimmer. Der Pfarrer saß am Schreibtisch, Frau Hollemann hatte ihren Stammplatz auf dem Sofa, und der Hilfsprediger setzte sich auf einen Stuhl dicht am Kachelofen.

Der Pfarrer las erst die Tagesbetrachtung von Rosenius. Dann folgte Lied 440, alle Verse, und schließlich ein Abendgebet, das der Greis mit eigenen Worten betete. Es war keinem, das Fridfeldt früher gehört hatte, richtig ähnlich: eine Danksagung für Gottes herrliches Werk in der Schöpfung, für die strenge Herrlichkeit des Winters, für Weihnachten, das mit seiner Freude bevorstand, für das Dach über dem Kopf und nützliche Züchtigung durch Schmerzen und Krankheit. Auch die Fürbitten waren originell, der Pfarrer bat nicht nur für die Gemeinde, für Alte und Kranke, für das verbrühte Kind im Bältefall und die kranke Mutter in Svenhester, sondern auch für die Saat unter dem Schnee, um Bewahrung vor der Viehseuche und um mildes Wetter für die frierenden Kätner. Schließlich betete er um Armut des Geistes, um eine rechte Gnadenzuversicht und um die Gunst, einmal als ein Sünder sterben zu dürfen, gewonnen von dem Heiland der Sünder . . .

Mitten in all seiner Verwunderung fühlte der Hilfsprediger wieder eine menschlich warme Sympathie für seinen neuen Vorgesetzten. Während er mit gefalteten Händen dasaß, sandte er im stillen einen innigen Seufzer zu Gott empor für die Rettung des alten Pfarrherrn.

März

Lob, Preis, Dank und Ehre,
Lob, Preis, Dank und Ehre,
Lob, Preis, Dank und Ehre
unserm Gott und unserm Lamm!

Glaubensgewiß und stark stieg der Gesang zu den Sternen auf. Die Gebetsversammlung war zu Ende, und die Scharen strebten durch den Wald heimwärts, immer noch singend. Frühling lag in der Luft, es roch nach nassem Schnee und biegsamen Birkenzweigen. Im Graben rieselte noch das Schmelzwasser und gluckste unter der hochgetriebenen Eisrinde, aber oben auf dem Weg hatte der Nachtfrost eine dünne Eisdecke über das Wasser in den Räderspuren gelegt, so daß es unter den Schritten der nächtlichen Wanderer klirrte wie Glas.

Es war abnehmender Mond, aber sternklar. Auf beiden Seiten des schmalen Waldweges zeichneten schweigende Tannen ihre Silhouetten gegen den Nachthimmel. Letzte Schneestreifen am Wegrande und in den Gräben machten es leichter, sich zurechtzufinden.

Ganz am Ende der Schar wanderte der Kirchenälteste Olsson. In dem nächtlichen Dunkel sah man kaum seine breiten Schultern, während er da mit schweren Schritten durch den Eisschlamm stapfte. Ihm selbst schien es, er wandere wie auf den Wolken des Himmels, getragen von einer heiligen Begeisterung und einer überirdischen Freude. Dies war ja der Tag, den er in seinen Gebeten und in seiner Sehnsucht erschaut hatte. Nun gingen die Verheißungen in Erfüllung, nun fiel der Gnadenregen auf die vertrockneten Fluren in Ödesee. Seit Gott seine Gebete erhört und dem Hauptpastor einen bekehrten Hilfsprediger gesandt hatte, war alles wie verwandelt gewesen. Schon bei der Christmette hatte er den Erweckungston in der Predigt des neuen Pastors bemerkt. Als der schmale und häßliche Junge die Kanzel betrat, wuchs er in seinem Talar und sprach mit einer Innigkeit und einer Freude, die das Herz erwärmte. Volkstümlich sprach er auch, mit Bildern und Beispielen. Es war leicht, ihm zu folgen, und leicht zu behalten, was er sagte.

Wie ein Lauffeuer hatte sich durch das Kirchspiel das Gerücht verbreitet, daß der Hauptpastor einen gläubigen Hilfsprediger bekommen hatte. Schon am Dreikönigstag hatte man gewagt, ihn um eine Predigt im Missionshaus oben in Hyltamo zu bitten. Er hatte bereitwillig zugesagt, und es war ganz herrlich gewesen. Der Pastor war ein Herz und eine Seele mit den Erweckten, alle die lieben Lieder kannte er, und er scheute sich nicht, den Menschen dicht auf den Leib zu rücken und sie nach ihres Herzens Stellung zu fragen.

Und dann war es gekommen!

Bei den Erweckungsversammlungen im Gebetshaus nach Estomihi fing es so sachte an. Der Zustrom war groß, der Geist war auf der Bahn; eines Abends übergab Schmiede-Anders sich dem Herrn, dann folgten Gunnar im Rusthall und seine Frau, und danach war das Eis gebrochen. Nun war es Mitte März geworden, die Versammlungen folgten einander Schlag auf Schlag, die Häuser hatten sich geöffnet wie nie zuvor, überall herrschte der gleiche Zulauf von Leuten und eine Spannung war in der Luft, eine Atmosphäre der Erwartung, in der man große Dinge von Gott erhoffte, und wo alles geschehen konnte.

Der Kirchenälteste hatte sich gefreut wie ein Kind und Gott auf den Knien gedankt. Selbst mit den Tagesbetrachtungen des Rosenius aufgewachsen, hatte er voller Angst gesehen, wie der Hauptpastor alterte und die Zügel ihm aus den Händen glitten. Er hatte den Geist der Spaltung einbrechen sehen. Erst kam die Lehre von der Sündenfreiheit, die durch Jon Nilsson aus Linderyd mit so schlagfertiger Zunge und so arglistigen Argumenten gepredigt wurde, daß alle seine Gegner unbarmherzig dem Schein der Lächerlichkeit verfielen. Kaum hatte diese Irrlehre ein Ende mit Schrecken genommen, als Jon nach Amerika fliehen mußte, da kam der Baptismus, der mitten im Kirchdorf selber an Jonas Ahlberg einen intelligenten und willensstarken – und übrigens auch gottesfürchtigen – Vorkämpfer fand. Dann kamen all die Missionsvereine, die sich um die Macht stritten, und schließlich der schreckliche Kampf um die Versöhnung, der alle Freude und Einigkeit, welche die Gläubigen noch ihr eigen nannten, vergiftet hatte.

Aber nun! Kaum hatte die Erweckung begonnen, als auch schon das Kriegsbeil begraben wurde. Sogar Ahlberg war mit in den Versammlungen, alle waren wieder innig zusammengeschweißt, man betete und rang gemeinsam um die Rettung der Unbekehrten, und alle schienen sich ohne Böswilligkeit oder Hintergedanken dem Pastor als ihrem selbstverständlichen Führer zu beugen. Gott hatte ihm auch ungewöhnlich glückliches Rüstzeug verliehen. Er war keineswegs parteiisch, sondern hieß jeden, der Jesus angehören wollte, mit offenen Armen willkommen. In der Lehre neigte er wohl am ehesten zur Waldenströmschen Richtung. Darüber trauerte der Kirchenälteste, denn er selbst war ein guter Lutheraner, der nie daran gedacht hatte, das alte Evangelium, wie er es von dem Gottesmann Rosenius empfangen hatte, preiszugeben. Aber er sah deutlich, daß die Waldenströmschen Tendenzen des Pastors hier eine den Zusammenhalt fördernde Wirkung hatten. Sie verschafften ihm Gehör in den Kreisen, die der neuen Lehre huldigten, während er gleichzeitig als gläubiger Geistlicher in den alten Stiftungskreisen unbestrittene Autorität genoß. Sogar die Baptisten hörten ihn nicht ungern, als sie merkten, daß er sie respektierte. Ja, er war ein Mann Gottes, dieser häßliche kleine Hilfsprediger mit seiner prächtigen Singstimme . . .

Und da ging er also leibhaftig! Der Kirchenälteste landete wieder auf der Erde und besah sich die schmächtige Gestalt, die rechts von ihm schritt. Für die Welt sah er wahrhaftig nicht nach sehr viel aus. Den Kopf hielt er etwas vorgeneigt, er knickte ein wenig in den Knien, und die Galoschen stapften schwer in dem halbgefrorenen Wegschlamm. Er ging ganz schweigsam, als dächte er über etwas nach.

Pastor Fridfeldt war wirklich weit fort mit seinen Gedanken. Er war gänzlich überwältigt von den Ereignissen der letzten Wochen. Zu denken, daß er, der arme Sünder, schon hier auf seiner zweiten Stelle, sollte mitten in der Erweckung stehen und sogar – menschlich betrachtet – ihr Werkzeug sein dürfen! Alles war so unwirklich, so seltsam wohl vorbereitet gewesen in dieser Gemeinde, daß er nur lauter Wunder Gottes darin sehen konnte. Schon dies, daß sie den Hilfsprediger so schnell als gläubig erkannt und ihn zu den Ihren gezählt hatten, zeugte von einem Maß geistlichen Sinnes in der Gegend, wie er es kaum erwartet hatte. Daß sich dann alle um seine Verkündigung geschart hatten, freute ihn mehr, als er sagen konnte. Er ahnte hier einen Weg für die Zukunft. Das vereinfachte und undogmatische Evangelium, das er von Waldenström gelernt hatte, würde die Gläubigen aufs neue einigen.

Heute war wieder ein solcher Abend gewesen, der zeigte, daß die Zeit der Wunder noch nicht vorüber war. In der großen Wohnstube in Nysäter hatten die Menschen zusammengepfercht auf den langen, ungehobelten Bohlen gesessen. Auch in der Diele und in der Küche hatten sie sich gedrängt und durch die offenen Türen gelauscht. Er hatte vom Verlorenen Sohn gesprochen und das Herz des Vaters mit einer Freude und Kraft gemalt, die nicht sein eigen waren. Wieder hatte er das überwältigend Große in der neuen Botschaft empfunden, daß Gott Liebe war, eitel unwandelbare Liebe. Er hatte alle Abseitsstehenden und Verlorenen aufgefordert, zu bedenken, daß sie einen Vater besaßen, den es nach ihnen verlangte. Er hatte es in einem Bilde gesagt, das alle verstanden: dem Bilde des Vaters, der zu Hause auf dem alten Hofe saß und nach Amerika schrieb, an einen geliebten Sohn oder eine geliebte Tochter, die viele, lange Jahre weggewesen, aber immer noch von des Vaters unauslöschlicher, nie gestillter Sehnsucht umschlossen waren. Darauf hatte er sie alle gebeten, dem Vaterherzen Gottes keinen Kummer zu bereiten. Es war eine Welle von Bewegung durch den Saal gegangen, so daß man den rufenden und mahnenden Griff des Geistes nach den Seelen fast wie eine körperliche Berührung spürte – und dann war es losgebrochen. Die allermeisten waren zur Nachversammlung geblieben, Männer und Frauen hatten sich neben den Bänken auf die Knie geworfen, niemand wußte, für wie viele man zu beten gehabt hatte, und einer nach dem andern war aufgestanden und hatte Gott mit jubelnder oder tränenerstickter Stimme dafür gedankt, daß er endlich hatte heimkehren und in die Arme des Vaters finden dürfen.

Man war bis zur großen Landstraße hinuntergelangt. Die Scharen teilten sich, der Gesang war verstummt. In der Nachtkühle war der Kirchenälteste wieder ganz zu den Alltagssorgen zurückgekehrt und erinnerte sich an das, was er seinem Vetter Erik Svensson im Bältefall versprochen hatte. Der Vetter gehörte zu den waldenströmsch Gesinnten, sonst waren sie sehr einig und oft zusammen. Heute hatte er den Kirchenältesten vor der Versammlung aufgesucht und ihm eine Geschichte erzählt, die wirklich sehr betrüblich war. Man war übereingekommen, mit dem Hilfsprediger zu reden, am besten noch am gleichen Abend.

Es gab also keinen anderen Rat, als den Pastor zu bitten, daß er mit zu dem Kirchenältesten hinaufkäme. Der Pastor schien etwas verwundert über den Vorschlag, aber als er merkte, daß es sich um etwas Ernstes handelte, machte er keine Einwendungen. Frau Hollemann war zwar ein wenig enttäuscht, aber sie hatte es wirklich nicht weit zum Pfarrhaus und konnte allein weiter gehen.

Die Frau des Kirchenältesten war sichtlich eingeweiht, denn auf dem ovalen Tisch vor dem Plüschsofa war zum Abendkaffee gedeckt. Die Männer ließen sich nieder. Der Pastor suchte nach einem erbaulichen Faden für ein Gespräch, aber die beiden anderen waren einsilbig. Als das Gebäck herumgereicht war, sagte der Kirchenälteste geradeheraus:

»Wir wollten Euch erzählen, Herr Pastor, daß unter den Gläubigen eine betrübliche Geschichte passiert ist, die Anstoß wecken wird, wenn sie herauskommt.«

Fridfeldt blickte aus dem niedrigen Sofa auf. Was war denn das? Unter den Gläubigen?

»Es ist eine Sache zwischen Daniel und Karl-August in Vänneberga . . .«

Der Pastor kannte sie beide. Daniel war der reichste Mann des Dorfes mit einem Hof von 1 3/8 Hufen*, soviel der Pastor sich aus dem Hauskatechesenbuch zu erinnern glaubte. Er war eine Hauptstütze der Erweckten und war auch heute abend dabeigewesen. Fridfeld sah noch seine mächtigen Schultern vor sich, wie er sie während der Gebetsversammlung in einer Ecke gesichtet hatte. Karl-August dagegen war ein magerer kleiner Schlucker; er war sicher Kätner. Heute abend war er gegen seine Gewohnheit ausgeblieben.

Der Kirchenälteste fuhr fort:

»Karl-August kam letzten Montag zu Daniel und bat, Rauhfutter kaufen zu dürfen. Er kann nicht mehr als zwei Kühe füttern, und nach der schlechten Heuernte im Sommer reicht es kaum dazu. Daniel antwortete, daß er keinen Strohhalm mehr hätte, als er selbst brauchte. Karl-August bettelte und bat, aber Daniel gab nicht nach. Da weinte Karl-August und sagte: Wenn ich kein Futter kaufen kann, so muß ich die Kuh schlachten. Es ist eine feine Milchkuh, sagte er, und für das Fleisch krieg ich nichts, so viel wie jetzt im Nachwinter geschlachtet wird. Aber Daniel wollte nicht nachgeben. Da sagte Karl-August: Willst du mir kein Futter verkaufen, so kauf mir wenigstens die Kuh ab. Ich bring's nicht übers Herz, so eine feine Kuh zu schlachten. Dann handelten sie, und Daniel kriegte sie billig. Er bezahlte bar und holte sie am Montagabend. Am Dienstag wurde die Kuh krank, und heute vormittag

Die großen Höfe mußten früher je nach Grundbesitz Soldaten stellen. Hier handelt es sich um einen ziemlich großen Hof, 1 3/8 Mann mußten gestellt werden (zuzeiten einer, zuzeiten zwei). Vgl. Sattelhof in Norddeutschland.

mußten sie bei Daniels notschlachten. Die Kuh hatte bestimmt was Scharfes getrunken, sie war innen ganz schwarzgebrannt. Nun läuft Daniel herum und schimpft und sagt, Karl-August hätte es gewußt und ihn absichtlich betrogen.«

Der Pastor sah den Kirchenältesten erstaunt an.

»Wie kann er das glauben? Karl-August wollte ja zuerst Futter für sie kaufen? Das ist doch Beweis genug?«

Der Kirchenälteste senkte den Blick. Erik Svensson hatte die Uhrkette um den linken Zeigefinger gewickelt und ließ sie nun wieder abrollen. Ohne aufzusehen sagte er:

»So ganz sicher ist das nicht, Herr Pastor. Daniel hat seine eigene Art in Geschäften. Und Karl-August ist auch nicht gerade ein Anfänger. Es könnte sein, daß Karl-August die ganze Geschichte mit dem Futter aufgetischt hätte, um Daniel in Sicherheit zu wiegen – und sich dann nachher reinwaschen zu können.«

»Aber das ist ja unsinnig!« rief der Pastor. »Das wäre ja Falschheit und Betrug ohne Ende – und dumm wäre es auch! Wenn nun Daniel ihm das Heu verkauft hätte?«

Der Kirchenälteste schüttelte traurig den Kopf.

»Karl-August wußte wohl, daß Daniel niemals Heu für eine Kuh verkaufen würde bei der Aussicht, sie selbst billig kaufen zu können. Dies Geschäft war kein Risiko.«

Der Pastor beugte sich vor und umfaßte so heftig die Tischkante, daß die Fingerspitzen weiß wurden.

»Aber das ist ja schrecklich! Es kann nicht sein, wie ihr glaubt – Karl-August war doch wohl Manns genug zu begreifen, daß die Sache herauskommen mußte?«

»Ja«, sagte Erik Svensson, »das hatte er wohl begriffen. Gerade darum war es gut, daß Daniel so zu der Kuh kam, wie es der Fall war. Es ist nicht gerade ehrenhaft für einen reichen Bauern, wenn er erst keinen Strohwisch für das Vieh eines armen Schluckers übrig hat, sondern ihn zwingt, zu verkaufen, und dann kauft er die Kuh billig und hat Heu genug, sie für sich selbst mitzufüttern! Jeder andere hätte wohl lieber den Ärger geschluckt als Lärm um die Geschichte gemacht. Aber Daniel, der hat seine eigene Art in Geschäften, und jetzt ist er wütend und es ist ihm alles egal und er sagt, daß er Karl-August verklagen will, wenn er das Geld nicht gutwillig wieder herausgibt.«

Der Pastor war in seinem Sofa zurückgesunken und stützte den Kopf in die Hand. Was war das? Konnte so etwas geschehen? Und noch dazu unter Gottes Kindern? Er sah sie vor sich: Daniel, schwer und grob, mit vollem Gesicht und scharfen Augen. Er hatte in den Versammlungen oft Zeugnis abgelegt und mit Kraft von der Notwendigkeit gesprochen, die Welt zu verlassen. Und Karl-August! Hatte er nicht Junge und Alte unablässig ermahnt, sich Gott zu übergeben? Hatte er nicht für die andern Bauern in Vänneberga Fürbitte getan – es gab mindestens zwei da oben, die als unbekehrt galten. Was würden die nun sagen? Und was sollte aus der ganzen Erweckung werden, wenn die Verleumder der Pietisten wieder triumphieren würden?

Er sah auf und fragte:

»Wo war Karl-August heute abend?«

»Er soll zur Mühle gegangen sein«, sagte Erik Svensson. »Und das wird stimmen, denn der Müller arbeitet Tag und Nacht, seit sie da unten wieder Wasser haben. Aber ich glaube, es hatte seine besonderen Gründe, daß Karl-August gerade heute abend in die Mühle mußte. Er wollte wohl Daniel nicht in der Versammlung begegnen.«

Der Pastor war aufgestanden. Er ging heftig auf und ab und atmete schwer.

»Geschieht dergleichen oft hier?« fragte er plötzlich.

Die beiden anderen senkten den Blick.

»Nicht oft«, sagte der Kirchenälteste zögernd, »aber doch zu oft . . . Es wäre wohl auch bei den Gläubigen Erweckung nötig«, ergänzte er.

Der Geistliche blieb stehen, machte mit einer unbeholfenen Wendung kehrt und stand mit den Händen in den Hosentaschen da.

»Sagt mir nur – wie ist so etwas im Volke Gottes möglich?«

Erik Svensson warf seinem Vetter einen finsteren Blick zu.

»Das wird wohl daran liegen, daß gar zu lange auf eine Weise von der Versöhnung gepredigt worden ist, die alle Heiligung totschlägt. Komm wie du bist! Die Welt ist in Christus gerecht geworden! Kein Gericht für den, der glaubt. Der Strick ist zerissen. Der Vogel ist frei . . . Wenn du kannst, klag Jesus an, er ist nun mein Bürgschaftsmann! Kann aus einer solchen Lehre anderes kommen als Elend?«

Der Kirchenälteste antwortete ziemlich heftig: »Das Elend kommt aus der neuen Lehre! Gott ist Liebe, Liebe, Liebe! Jesus hat niemals für deine Sünde bezahlen müssen und niemals an deiner Statt Strafe erlitten. Dann kann es mit deinen kleinen Sünden wohl nicht so schlimm sein. Wenn Gott so gut ist!«

Der Pastor nahm die Hände aus den Hosentaschen.

»Ruhig, ruhig, Freunde . . . Wo die tiefste Schuld sitzt, können wir jetzt nicht ergründen. Hier müssen wir erst dem schlimmsten Schaden abhelfen. Wenn es so ist, wie ihr glaubt, muß das zum Schaden der Erweckung und zur Schändung des Namens Gottes gereichen . . . Kann die Sache nicht im guten geordnet werden?«

»Das ist es gerade, worum wir Euch bitten wollten, Herr Pastor«, sagte der Kirchenälteste. »Das einfachste wäre ja, wenn man Karl-August dazu kriegen könnte, das Geld zurückzugeben und das Fleisch zu nehmen – am besten schon morgen früh.«

Der Pastor sah ein wenig unentschlossen aus.

»Kommt jemand von euch mit mir mit – morgen?«

»Ich denke«, sagte Erik Svensson, »Karl-August sitzt noch in der Mahlkammer und wartet auf sein Mehl. Es ist ja nicht weit . . .« Er sah den Pastor auffordernd an.

»Wenn ihr mitkommt, gehen wir gleich«, entschied Fridfeldt. Er fühlte sich entsetzlich unsicher. Was sollte er eigentlich zu Karl-August sagen?

Es war inzwischen wohl elf Uhr geworden. Die Sterne strahlten. Ein leiser Wind, gesättigt mit dem Duft von vorjährigem Laub und Schmelzwasser, strich über die Äcker.

Die Mühle lag oberhalb des Kirchdorfs am Bach. Das Klappern war weithin zu hören. Offensichtlich war sie in Gang.

Je näher die drei Wanderer ihr kamen, desto kleiner und unsicherer fühlte sich der Pastor. Es war nicht leicht, einen gläubigen Menschen einer solchen Unredlichkeit zu zeihen, wenn man keinen klaren Beweis hatte.

Unter der Mühlenbrücke schäumte das Wasser in braunen Wirbeln. Die Eisschollen stießen lärmend gegen die Steinböschung, und das Gedröhn übertönte die Schritte der drei Männer. Drinnen in der Mahlkammer leuchtete ein schwaches Licht. Da saß Karl-August mit hochgeschlagenem Mantelkragen, die Beine ausgestreckt und die Hände in den Taschen vergraben. Zwei andere Bauern hingen schlaftrunken über den groben Tisch.

Erik Svensson ging allein hinein und grüßte: »Ach so, da sitzt du – ja, ich komme gerade von der Versammlung. Ich wollte in einer Angelegenheit mit dir reden – kommst du ein bißchen heraus?«

Karl-August stand auf und ging mit. Als er Fridfeldt entdeckte, stutzte er.

»Nee, na nu, Herr Pastor! So spät noch unterwegs?«

»Ja, Karl-August«, sagte Fridfeldt und versuchte ruhig und würdig zu wirken – »und in wichtigen Angelegenheiten.«

»Das glaub ich, um die Zeit«, sagte Karl-August und sah unbefangen aus.

»Ja, Karl-August, es sind die Angelegenheiten der Gemeinde Gottes. Es gilt den guten Namen und Ruf der Gläubigen. Karl-August, Sie wissen doch, daß die Kuh, die Sie vorgestern Daniel verkauft haben, heute krepiert ist?«

»Ja, ich habe gehört, daß sie sie geschlachtet haben.«

»Und Sie wissen wohl, Karl-August, daß sie etwas Scharfes getrunken hatte?«

Karl-August sah zur Seite. Bei der Dunkelheit war es schwer, in seinem Gesicht zu lesen.

»Nee . . . was Ihr nicht sagt, Herr Pastor? Können die bei Daniels so unachtsam mit scharfen Sachen sein, daß das Vieh rankommt?«

»Karl-August«, sagte der Pastor hilflos, »Sie dürfen nicht böse werden, aber die Sache sieht sehr schlimm aus. Alle Weltmenschen werden diesen Kauf am Montag mit dem jähen Tod der Kuh in Zusammenhang bringen und meinen, daß ein Bruder in der Gemeinde den andern betrogen hat. Ein solches Ärgernis darf nicht geschehen.«

»Da ist doch wohl kein Grund zum Ärgernis, Herr Pastor. Wenn Gott es so gelenkt hat, daß eben Daniel schlachten mußte und nicht ich, so ist das doch bloß gerecht gegen den Armen? Im übrigen hat er die Kuh so billig gekriegt, daß er nicht mehr Kronen bei dem Schlachten verliert, als er vertragen kann.«

Fridfeldt stand gänzlich ratlos.

»Aber Karl-August! Daniel fängt einen Prozeß an! Die Sache kommt vor Gericht. Das gibt ein Gerede und ein Elend ohne Ende!«

Karl-August schien ein wenig den Mund zu verziehen.

»Denken Sie, Herr Pastor! Das muß ich erst sehen . . .«

Fridfeldt war immer mehr von der Schuld des Mannes überzeugt. Aber er wußte sich keinen Rat mit ihm. Er sah zur Brücke hinüber. Hatte er recht gehört? Es klang wie Hufschlag gegen die Eichenplanken.

Eine weiße Blesse wurde in der Dunkelheit sichtbar, und ein Wagen hielt. Alle waren etwas zur Seite getreten, hinein in das Dunkel unter dem Dach. Der Neuankömmling, der die Männer an der Wand entdeckt hatte, ging hin und betrachtete sie näher, indem er guten Abend wünschte. Es gab dem Pastor einen Ruck. Das war ja Daniel!

»Also hier steht ihr . . . der Herr Pastor auch . . . und du, Karl-August. Ja, ich habe schon auf dich gewartet. Merkwürdig, wie lange es manchmal dauert, ehe zwei Sackvoll gemahlen sind. Oder wolltest du vielleicht nicht heimkommen, bevor Daniel schliefe? Aber nun habe ich dich doch aufgespürt, und nun soll hier Klarheit werden: gibst du das Geld zurück oder nicht?«

»Hört mal, liebe Freunde . . .« Es war der Pastor, der antwortete. »Nun müssen wir als gläubige Brüder diese Sache friedlich regeln. Ich habe Karl-August eben eine ehrenhafte Lösung vorgeschlagen. Es will ja niemand behaupten, daß er hat betrügen wollen . . .«

»Doch, das behaupte ich!« schrie Daniel. »Ein Duckmäuser und Fuchs ist er immer gewesen, und das hier ist eine ausgemachte Betrügerei von Anfang bis zu Ende! Kommen und sich anstellen wie einer, der Hilfe braucht, und um Barmherzigkeit bitten, und die ganze Zeit nichts im Sinne haben als seinen Nachbarn zu betrügen! Das ist so hundsgemein, daß er Zuchthaus kriegen müßte!«

»Jonsson, Jonsson«, rief der Geistliche, »werfen Sie keinen Stein! Keiner von Ihnen ist ohne Schuld in dieser Sache.«

»Was sagt Ihr, Herr Pastor? Habe ich Schuld? Habe ich die Kuh nicht ehrlich bezahlt? Haben wir uns nicht über den Preis geeinigt?«

Nun war der Geistliche ganz verzweifelt.

»Aber Jonsson! Sie verstehen doch wohl, daß es Sünde ist, seinem Nachbarn ein bißchen Heu zu verweigern und zu sagen, daß man es nicht entbehren kann – und dann doch die Kuh zu kaufen und sie in seinen Stall zu stellen! Es steht ja geschrieben: Gib dem, der dich bittet, und wende dich nicht von dem, der dir abborgen will . . .«

»Sünde? Sollte das Sünde sein? Man merkt, daß Ihr recht jung seid, Herr Pastor, und nichts von Geschäften versteht«, sagte Daniel harmlos.

Nun kochte der Geistliche über. Er faßte Daniel an den dicken Friesaufschlägen seines kurzen Überrocks und schüttelte ihn.

»Aber Mensch, begreifen Sie nicht, daß so etwas in der Hölle endet? Begreifen Sie nicht, Jonsson, daß Ihr Herz so unbekehrt ist, wie das von irgendeinem Hurer und Säufer nur sein kann? Begreifen Sie nicht, daß Sie Dirnen und Dieben gleichen, wenn Sie einem Bruder in Not so Ihr Herz verschließen können!«

Nun war Daniels Geduld zu Ende. Er reckte sich auf und riß sich los.

»Habt Ihr gesagt, unbekehrt, Herr Pastor? Und das sagt ein Geistlicher, zu mir! Ich will Euch mal was sagen, Herr Pastor, als Ihr noch nicht die Kinderschuhe ausgetreten hattet, war ich gerettet und wiedergeboren, und ich lasse mich nicht von einem Staatskirchenpfaffen Hurer und Säufer und Dieb schimpfen. Wegen sowas kann einer auch verklagt werden! – Aber nun soll hier Klarheit werden. Karl-August! Kommt das Geld zurück oder nicht?«

Karl-August steuerte ein wenig rückwärts, zwischen den Pastor und den Kirchenältesten. Dann sagte er:

»Du solltest noch froh sein, daß dir die Kuh krepiert ist, wenn du doch keinen Heuwisch übrig hattest, um sie zu füttern. Das Fleisch ist deins und das Geld meins, das kannst du vor Gericht bestätigt kriegen.«

»Dann wird geklagt!« brüllte Daniel. Im nächsten Augenblick machte er kehrt und stieg auf den Wagen. Dann knallte die Peitsche, das Eis knirschte unter den Rädern, und er war von der Finsternis verschluckt.

Die drei Männer starrten einander an. Karl-August hatte sich sachte in die Mühle geschlichen. Es war offensichtlich, daß er für sein Teil die Sache zu Ende beredet hatte. So blieb also nichts anderes übrig als heimzugehen.

Erik Svensson war der erste, der das Schweigen brach.

»Sie dürfen nicht böse auf Daniel sein, Herr Pastor. Das ist so seine Art. Er kann nichts dafür und meint es nicht böse. Es geht auch bald vorüber.«

Fridfeldt schwieg. Die Scheltworte, die er bekommen hatte, machten ihm nicht viel Kummer. Die hatte er ja verdient. Er hatte sich ja selbst ereifert, und ein sehr schlechter Seelsorger war er gewesen. Aber was ihn einfach vernichtend traf, das war der Einblick in die Schwachheiten der Gläubigen, den er hier gewonnen hatte. Konnte es hinter all den frommen Worten, den heißen Gebeten und dem kräftigen Gesang so aussehen – woran sollte man sich dann halten? Wo ging eigentlich die Grenzlinie zwischen den Gläubigen und den Kindern der Welt?

Der Kirchenälteste mußte etwas Ähnliches gedacht haben.

»Hör, Erik«, sagte er, »Karl-August und Daniel sind doch beide im Abendmahlsverein? Und der Abendmahlsverein wurde gebildet, weil Ihr einen reinen Abendmahlstisch in der Gemeinde Gottes haben wolltet?«

Svensson erwiderte zögernd:

»Nach diesem Vorfall müssen wir wohl überlegen, ob nicht mindestens Daniel ausgeschlossen werden muß.«

Der Kirchenälteste schien einen Augenblick nachzudenken.

»Glaubst du, das geht? Daniel gibt große Missionsopfer . . . und es ist schwer, Beweise zu bekommen.«

Svensson schwieg.

»Es wird heißen: man darf nicht zu streng sein. Daniel lebt doch wie ein Gläubiger. Er tut wenigstens keine groben Sünden . . .«

Er grübelte eine Weile und fuhr dann fort:

»Aber rechnet nicht die Schrift Unbarmherzigkeit und Habgier genau so zu den Werken des Fleisches wie Hurerei und Trunksucht? Welches sind eigentlich die groben Sünden?«

Svensson schwieg noch immer, und der Kirchenälteste fuhr in seinem Monolog fort:

»Weißt du, ich glaube, wir haben es richtiger gemacht, wir in der Stiftung, die wir am Abendmahlstisch der Kirche geblieben sind. Der gibt sich wenigstens nicht als rein aus . . .«

Keiner sagte mehr etwas.

Fridfeldt fühlte sich an Leib und Seele zerschlagen. Der Kontrast war zu heftig. Von dem Verklärungsberge der Erweckung, wo der Himmel offen stand und vor seinen staunenden Augen die Wunder Gottes geschahen, war er unvermittelt in diesem schmutzigen Knäuel von Geiz, Zank und Betrügereien gelandet. Und dabei war er den ganzen Abend unter Gläubigen gewesen, unter christlichen Brüdern und Freunden Jesu. Er empfand es als ein Gericht über die Erweckung, über die ganze evangelische Bewegung und vor allem über sich selbst. Hatte Gott ihm zeigen wollen, wie wenig alles Menschliche wert war? Oder hatte er zu einem brennenderen und schonungsloseren Kampf um die Heiligung mahnen wollen?

»Freunde«, sagte er, »ich will dies als einen Ruf Gottes zu einem heiligen Krieg gegen das Fleisch auffassen. Und ich will heute abend bei mir selber anfangen. Es darf bei uns nicht eine Sünde mehr geben. Wir tragen auch Verantwortung für die anderen. Und für die Erweckung. Die auf den Herrn harren, dürfen nicht um unsertwillen zuschanden werden.«

Die anderen nickten. Sie hatten wohl etwas Ähnliches gedacht.

Man war im Kirchdorf. Die Wege trennten sich.

»Was sollen wir nun mit den Vännebergern machen?« fragte der Pastor.

»Herr Pastor, Ihr solltet mit dem Herrn Hauptpastor sprechen und ihn bitten, morgen hinzugehen«, sagte der Kirchenälteste.

»Kommen Sie mit?«

»Wenn es der Herr Hauptpastor will. In dem Fall könntet Ihr mir Nachricht schicken. Ich halte mich zu Hause.«

Sie gaben einander die Hand. Als sie schon ein paar Schritte auseinander waren, drehte sich Fridfeldt um und sagte:

»Und wir wollen fleißig um Heiligung und Sieg über das Fleisch beten!«

Mit strahlendem Sonnenschein brach der Märzmorgen an. Die Meisen sangen und pfiffen in der Fliederhecke, wo die Knospen schon angefangen hatten zu schwellen. Vom letzten Eisklumpen in der Dachrinne tropfte es.

Im südöstlichen Eckzimmer ging die Rollgardine zuerst hoch. Das war der Schlafraum des Hauptpastors. Dort drinnen wurde die Bibel gelesen, ehe die Uhr noch sechs geschlagen hatte. Danach erwachte das Leben im linken Giebelzimmer des ersten Stockwerks. Dort residierte Frau Hollemann, und dort wurden Spurgeons Betrachtungen gelesen. Zuletzt hörte man einige leichte Laute vom östlichen Giebel her. Dort lag die Kammer des Hilfspredigers, und dort begann der Tag damit, daß Pastor Fridfeldt sich die Hosen anzog und neben seinem Bett niederkniete.

An diesem Morgen war das Gebet kurz und innig. Der große Vorsatz des gestrigen Tages lag wie eine mächtige Hand über ihm. Er weihte sich Gott aus vollem Herzen. Und dann trieb ihn die Erinnerung an alles Elend in Vänneberga, in das Amtszimmer hinunterzueilen, wo er wie gewöhnlich den Hauptpastor an der Arbeit fand.

Er hatte erwartet, daß es demütigend sein würde, all dieses Elend unter den Gläubigen zu schildern, aber der Pfarrer nahm das Ganze sehr sachlich und ruhig. Der Wagen wurde bestellt, und dem Kirchenältesten wurde Botschaft geschickt.

Um neun rollte die Pfarrkutsche schon südwärts auf der großen Straße nach Ravelunda. Fridfeldt fühlte sich nördlich des Kirchdorfes mehr zu Hause. Dort war die Erweckung stärker wirksam. Hier unten war Vänneberga einer der äußersten Vorposten der Pietisten. Dann begann das eigentliche Süddorf, wo das geistliche

Leben von anderem Schlage war. Kamen freie Prediger dorthin, so waren sie meist vom Missionsverein für Nordostsmaland. Sie predigten in den Häusern – oder »lasen«, wie man da unten sagte – und es ging nicht ganz genau so zu, wie sonst unter Gottes Volk. Dort unten konnte man sowohl rauchen, als auch seinen Heiland bekennen, dort wurde die Welinsche Fluchlehre von der absoluten Sündenverderbnis verkündigt, und es wurde behauptet, daß auch unter den Erweckten Branntwein erlaubt sei. Der Hauptpastor mochte die Leute im Südteil des Kirchspiels, aber der Hilfsprediger erwartete nicht viel Gutes aus jener Gegend. Er hatte Vänneberga immer als den letzten südlichen Lichtpunkt auf der Karte angesehen. Um so demütigender war es, daß gerade in Vänneberga dieses Elend passieren mußte.

Heute schien sich auch wirklich alles Böse verschworen zu haben, um das arme Vänneberga zu verunglimpfen. Als die Kutsche des Pfarrers in das kürzlich erst verkoppelte Dorf rollte, wo der leere Platz von zwei infolgedessen verlegten Höfen zwischen Ställen und Scheunen ihnen entgegengähnte, hörte man die gräßlichsten Flüche und Schimpfworte von Daniels Ställen herüberschallen. Als man näherkam, stellte sich heraus, daß die meisten Vänneberger Bauern mit ihren Frauen und ihren Hunden bei Daniels Viehstall versammelt waren, vor dem der herausgeholte Einspänner stand. Die Aufregung war unerhört, es fehlte nicht viel, und man wäre handgreiflich geworden – oder vielmehr, eine Schlägerei schien schon angefangen zu haben, denn einige der Männer hielten nun den langen Johann vom Mittelhof fest, der fluchte und schimpfte, während Daniel leichenblaß, mit einer blutigen Strieme über der Wange, vor ihm stand. Mutter Jonsson versteckte das Gesicht in der Schürze und heulte laut.

Der Hauptpastor ließ die Kutsche auf den Stallhügel und bis mitten auf den Platz fahren. Die Wirkung war unerhört. Es wurde totenstill, alle standen bestürzt. Langsam und schwerfällig kletterte der gichtische, in Pelze gehüllte Greis aus dem Wagen und stand nun da im Lehm, den kleinen Kopf tief im Pelzkragen vergraben.

»Gottes Frieden, liebe Christen«, sagte er langsam. »Nun

schämt euch mal. Was soll ich eigentlich von euch denken?«

Er winkte einen der Männer, die Johann vom Mittelhof festgehalten hatten, zu sich. »Du bist sicher unparteiisch Edvin«, sagte er. »Nun erzähl mal, was das hier bedeuten soll. Hat das mit der Kuh zu tun, die gestern hier geschlachtet wurde?«

Ja, das hatte es. Nach einigen kurzen Fragen hatte der Hauptpastor den Zusammenhang heraus. Daniel wollte die halbe Kuh zum Händler fahren. Die anderen hatten zugesehen, wie er auflud. Die Stimmung war leicht gereizt gewesen. Da war Johann gekommen und hatte etwas Höhnisches gesagt. Daniel zahlte ihm mit gleicher Münze heim, und Johann war so rasend geworden, daß er vorgestürzt war und Daniel eins über den Kopf gegeben hatte. Im letzten Augenblick hatten die andern eingegriffen und die Schlägerei verhindert.

Der Pfarrer nickte still.

»Nun gehe ich zu Daniel ins Haus«, sagte er. »Und ich fahre nicht eher aus Vänneberga weg, als bis das hier in Ordnung gebracht ist. Zuerst will ich mit Johann reden. Du, Olsson«, er wandte sich an den Kirchenältesten, »geh und hol Karl-August, aber laß ihn nicht hinein, ehe ich es sage. Hilf mir mal, Fridfeldt, ich glaube, ich stecke im Schlamm fest.«

Langsam ging er den Stallhügel hinunter, hinein ins Haus, und betrat unaufgefordert Daniels gute Stube. Er setzte sich mit seinem Pelz aufs Sofa. Es war nicht geheizt. Fridfeldt hielt an der Tür Wache.

Johann kam wirklich herein. Fridfeldt sah ihn kritisch an. Er wußte einiges über seinen Lebenswandel. Ein gottloser Heide, ein richtiges Rauhbein war er.

Johann war mitten in der Stube stehengeblieben, die Mütze in der einen Hand. Der Pfarrer saß breitbeinig tief im Sofa.

»Hör, Johann«, sagte er, »soll ein Christenmensch sich so aufführen, wie du eben?«

Johann schwieg.

So etwas hätte ich nie gesagt, dachte Fridfeldt in seiner Ecke. Johann sollte hören, daß er keineswegs ein Christ ist.

»Findest du, daß du eben eine Sprache führtest, die sich für eine getaufte Seele paßt?« fuhr der Pfarrer fort.

Johann schwieg.

»Sag mir eins, Johann: fandest du es angenehm, daß ich gerade jetzt gefahren kam und dich hörte?«

»Nein«, sagte der Bauer verdrießlich.

»Und doch macht es ja rein gar nichts, daß dein alter unnützer Konfirmator es zu hören kriegte. Aber was, glaubst du, dachte Gott, als er es hörte?«

Johann schwieg wieder.

»Ich glaube, er dachte ungefähr so: den Jungen habe ich getauft, das ist mein Junge, aber sonderlich viel Ehre macht er mir nicht gerade. So dachte Gott.«

Johann wand sich unglücklich.

Der Pfarrer streckte seine rechte Hand aus: »Siehst du diese alte Hand? Soll sie am Tage der Auferstehung wider dich zeugen müssen?«

Johann machte fragende Augen.

»Siehst du, Johann . . .« der Pfarrer streckte Daumen und Zeigefinger der zitternden rechten Hand aus. »Diese beiden Finger können zeugen. Sie haben Christi heiligen Leib gehalten und dir gereicht, und du hast ihn mit deinen Lippen empfangen – und mit denselben Lippen hast du heute die Mächte der Finsternis angerufen und deinen Nächsten verflucht. Meinst du, daß ein Christenmensch so handeln soll? Ja oder nein?«

»Nein, Herr Hauptpastor.«

»Das wußte ich wohl, Johann. Da denkst du also wie ich.« Er hielt die Hand noch ausgestreckt. »Nun gedenke ich, diese Hand nicht zurückzuziehen, ehe sie für dich zeugen kann, Johann, und nicht gegen dich.«

Johann machte wieder fragende Augen.

»Willst du mir zwei Dinge versprechen, Johann?«

»Was sollte das sein, Herr Hauptpastor?«

»Erstens, daß du von heute an keinen einzigen Abend einschläfst, ohne Gott um Vergebung der Sünden gebeten zu haben und um Kraft, ein besserer Christ zu werden.«

Johann kratzte sich hinter dem Ohr.

»Aber wenn ich es einen Abend vergesse, Herr Hauptpastor?«

»Dann betest du stattdessen am nächsten Morgen – einverstanden?«

»Ja, Herr Hauptpastor!«

Johann streckte seine Hand aus.

»Halt! Eins fehlt noch, ehe meine alte Hand wieder für dich zeugen kann, willst du versprechen, Daniel die Hand zu geben, wenn ich mit ihm gesprochen habe, zum Zeichen, daß du dich dumm benommen hast und willst, daß alles vergessen und vergeben sein soll?«

»Das verspreche ich, Herr Hauptpastor.«

Die Hände schlugen ein. Der Pfarrer nahm die seine zurück und erhob sie einen Augenblick. »Mit diesem elenden Werkzeug hat Gott dich getauft, Johann, und dir das heilige Sakrament gereicht. Nun hat Gott dieselbe welke Greisenhand dazu gebraucht, mit dir einen Bund zu schließen zu deinem eigenen Glück und zu deiner Seligkeit. Sieh zu, daß du den Bund hältst. Gott segne dich. Nun kannst du gehen . . . Karl-August soll reinkommen!« rief er durch die Tür. »Und bringt eine Bibel her!«

Karl-August kam herein mit Daniels alter Bibel in dem braunen Kalbsledereinband. Als Fridfeldt die Tür schloß, dachte er: behandelt er die Gottlosen wie Christen, was wird er dann mit den Gläubigen machen.

»Fridfeldt, willst du die Offenbarung Johannes auffschlagen . . . das vorletzte Kapitel, der achte Vers ist es, glaub ich, – laß mich mal sehen . . . So, nun leg die Schrift vor Karl-August auf den Tisch. – Karl-August, halt nun den Finger auf den achten Vers. Findest du ihn?«

»Ja, Herr Hauptpastor«, sagte Karl–August fragend, »ganz unten auf der Seite.«

»Gut . . . Nun sollst du auf eine Frage antworten, Karl-August: wußtest du, daß die Kuh krank war, als du sie Daniel verkauftest – nein, antworte noch nicht. Lies nun erst, was da steht, wo du den Finger hast.«

Karl-August beugte sich vor und buchstabierte sich durch den Vers hindurch: »Der Verzagten aber und Ungläubigen und Greulichen und Totschläger und Hurer und Zauberer und Abgöttischen und aller Lügner, deren Teil wird sein in dem Pfuhl, der mit Feuer und Schwefel brennt; das ist der andere Tod.«

»Gut – nun siehst du selbst, in welcher Gesellschaft ein Lügner landet: unter den Ungläubigen, Totschlägern und Hurern und Abgöttischen, in dem Pfuhl, der mit Feuer und Schwefel brennt. Sieh dich nun vor und antworte mir: wußtest du, daß die Kuh krank war?«

Karl-August war in sich zusammengekrochen und noch kleiner geworden. Gegen die schwarzen Bartstoppeln sah die Haut ganz gelbbleich aus.

»Ja«, flüsterte er.

»Gott sei gelobt«, sagte der Pfarrer. »Nun ist Hoffnung für deine Seele. Nun wollen wir einander in dieser Sache helfen. Was wirst du nun zunächst tun?«

»Gott um Vergebung bitten«, flüsterte Karl-August, ohne aufzusehen.

»Gut – und dann?« Es war, als hielte der Pfarrer Hauskatechese.

»Das Geld zurückgeben.«

»Ausgezeichnet – und was weiter?«

Das Letzte saß tief. Karl-August wand sich in Qualen. Er bekam es nicht über die Lippen.

»Dann muß ich dir wohl helfen, obwohl du es müßtest selber sagen können. Du sollst Daniel um Verzeihung bitten. Bist du bereit?«

»Ja a . . .« Karl-August zitterte am ganzen Leibe. Fridfeldt empfand ein unendliches Mitleid mit ihm. Dies war wirklich eine Buße, die brannte.

»Gott segne dich, Karl-August, nun freuen sich die Engel im Himmel, denn nun hat ein verirrter kleiner Bruder heimgefunden. Geh nun nach Hause und hol das Geld. Kann ich dann mit Daniel sprechen?«

Die Tür öffnete sich und schloß sich wieder.

Daniel stand bleich und verbissen in der Stube. Das Blut hatte er abgewaschen.

»Du bist schändlich betrogen worden, Daniel«, sagte der Pfarrer. Es folgte eine Pause.

»Das soll nun wiedergutgemacht werden.«

Daniel sah überrascht auf.

»Karl-August wird das Geld zurückgeben. Er ist schon danach unterwegs.«

Daniels Gesicht wurde merklich heller.

»Und er wird dir die Hand geben zum Zeichen, daß er dich um Vergebung bittet. Willst du die Hand und das Geld nehmen und alles vergessen sein lassen?«

»Gern!« sagte Daniel. Das hatte er sich nicht träumen lassen.

»Das ist also in Ordnung, und du hast dein Recht bekommen. Das ist doch wirklich gut. Aber nun ist da noch jemand, von dem du schändlich betrogen worden bist, und da geht es um größere Summen. Das müssen wir versuchen in Ordnung zu bringen, so daß der Schade behoben wird.«

Daniel sah verblüfft aus.

»Siehst du, Daniel, letzten Montag war eine große Ratsversammlung im Himmel, gerade so eine wie die, von der im Buche Hiob erzählt wird. Der gütige Gott sagte: der Ankläger hat in letzter Zeit so viel gegen einen von meinen Dienern da unten in Ödesee zu sagen gehabt, daß ich ihn auf die Probe stellen muß, um zu sehen, ob ein Körnchen Wahrheit an all dem Gerede von seiner Geldgier und seinem Verlangen nach einer dicken Brieftasche und vielen fetten Kühen sein kann . . . Und dann sandte Gott einen armen Achtelbauern, der bitten sollte, einen Wisch Heu kaufen zu dürfen. Und Gott sagte zu seinen Engeln: Nun sollt ihr sehen, daß mein Diener redlich und treu ist und den Armen seinen Wisch Heu billig kriegen läßt. Aber der Ankläger machte sich auch auf den Weg und gelangte rechtzeitig nach Vänneberga und trat ein und setzte sich ans Fenster und flüsterte: Daniel sei doch nicht dumm. Wenn es kein Futter zu kaufen gibt, muß die Kuh verkauft werden, und man kriegt nicht alle Tage eine so gute Kuh zu dem Preis . . . Nun herrschte große Spannung im Himmel, und alle Engel im Himmel warteten, ob Daniel in Vänneberga sich wirklich von seinem schlimmsten Feind betrügen lassen würde . . . Na, Daniel, wie war es, hast du dich betrügen lassen?«

Daniel schwieg.

»Daniel, Daniel«, sagte der Pfarrer, »nun sieht der himmlische Vater wieder auf dich. Letzten Montag war er deinetwegen recht betrübt. Soll er das nun wieder werden? – Es ist manchmal schwer zu reden, Daniel, aber es kann noch schwerer werden, wenn man schweigt. Antworte nun: hast du dich am letzten Montag vom Satan betrügen lassen?«

»Ja, Herr Hauptpastor, das hab ich.«

Fridfeldt hörte, wie er selbst einen Seufzer der Erleichterung tat. Nun war der innerste und härteste Knoten gelöst. Der Pfarrer fuhr fort:

»Gott sei gepriesen für das Wort, Daniel. Das war das gewaltigste Zeugnis für Gottes Macht, das du seit langem abgelegt hast. Na, Daniel, wie können wir das nun zurechtbringen, daß du dich betrügen ließest, als Gott dich auf die Probe stellte und dich bat, einem armen Nachbarn zu helfen? Glaubst du nicht, es wäre am besten, wir hülfen ihm stattdessen heute?«

»Wie meint Ihr, Herr Hauptpastor?«

»Ich meine so: Karl-August ist kein reicher Mann. Nun hat er einen großen Verlust, weil er seine beste Kuh schlachten mußte. Wieviel, glaubst du, ist das Fleisch wert? Was hättest du für die Hälfte bekommen, die du heute wegfahren und verkaufen wolltest?«

»Vielleicht fünfzehn Reichstaler.«

»Und was kostet eine neue Kuh?«

»Zwischen fünfundfünfzig und fünfundsechzig.«

»Dann behältst du die Hälfte des Fleisches, die wohl deine Frau gerade einsalzt. Dafür gibst du Karl-August fünfzehn Reichstaler von dem Geld zurück, das er mitbringt. Schätzen wir den Rest des Fleisches auf fünfzehn, so fehlen doch mindestens zwanzig Reichstaler, ehe er sich eine ebenso gute Kuh kaufen kann. Nun machen wir eine Sammlung . . .«

Er zog sein Portemonnaie.

»Hier sind fünf Reichstaler. Wieviel gibst du, Daniel?«

»Zehn«, antwortete der Bauer, der die Hand schon in die Westentasche gesteckt hatte.

»Und den Rest sammeln wir im Dorf. Johann soll zuerst dran sein . . . Nun kannst du sie reinrufen . . .«

Er nickte Fridfeldt zu. Dieser hatte nicht nur Johann und Karl-August hereinzurufen, sondern auch den Kirchenältesten und die Männer draußen auf dem Hof. Im Handumdrehen wurde dann die Sache in Ordnung gebracht. Die Büßer brauchten nichts zu sagen, der Pfarrer sprach an ihrer Statt, die Handschläge wurden getauscht, das Geld wurde zurückgegeben, und die Sammlung war in wenigen Minuten durchgeführt. Karl-August brach in Tränen aus, als er das Geld bekam. Der Pfarrer hielt eine kleine Ansprache über das Wort: Ihr seid aber der Leib Christi und Glieder, ein jeglicher nach seinem Teil. – Dann ließ er Fridfeldt den Choral: Verleih uns Frieden gnädiglich . . . anstimmen und betete um den Segen. Es war sehr still und feierlich, ein wunderlicher Kontrast zu dem Geschrei und den Flüchen, die sie bei ihrer Ankunft im Dorf begrüßt hatten.

Fridfeldt war gleichzeitig tief beeindruckt und doch voller Fragen. Er kam da nicht ganz mit, daß alle ohne Unterschied als Christen behandelt wurden. Aber er freute sich über das Ergebnis.

Als man herauskam, leuchtete die Sonne sommerlich warm. Der Sand auf dem Hof wich elastisch unter den Füßen, denn der Frost ließ nach. Weiter oben in der Nähe des Tores war er schon fest und trocken wie an einem Sommertag. Der Pfarrer stützte sich auf seine Begleiter und kam mit knapper Not in die Kutsche. Er winkte den Männern zu, die schweigend und entblößten Hauptes in der Einfahrt standen.

Als der Wagen nun durch das Land heimwärts rollte, wo die schwarzen Furchen der Äcker überall durch die Schneedecke hervorlugten und die Haselkätzchen an den Grabenrändern ausschlagen wollten, begannen sie von alten Kirchspielerinnerungen zu reden. Olsson und der Pfarrer saßen auf dem Rücksitz, während der Hilfsprediger seinen Platz auf dem kleinen stoffüberzogenen Brett ihnen gegenüber hatte. Bei jedem neuen Hof, der vorbeiglitt, tauchte eine neue Erinnerung aus dem unerschöpflichen Vorrat des Kirchenältesten auf. Hier hatten sie das Ochsengespann und den Knecht ausgegraben, die an dem bösen Dienstag im Schnee umgekommen waren . . . Hier wohnte der häßliche Stöver, von dem es hieß, daß er ein Freischütz wär und Macht über alles Wild hätte. Und hier lag die Schnapsbrennerei, wo an die Kirchgänger ausgeschenkt wurde und wo die Bauern vom Jämshögsrot manchmal bis zum Dienstagmorgen liegenblieben, voll wie die Schweine.

»Ja, wie früher gesoffen wurde«, fuhr der Kirchenälteste fort. »Hinter den Kirchställen wurde heimlich ausgeschenkt, die Glöckner gingen nie ohne einen Schnaps in den Turm, und überall den Weg entlang, beim Anderstorp und bei Svenhester und Sinkan, konnte man bleiben und sich einen hinter die Binde gießen . . .«

Fridfeldt sah gespannt auf seinen Vorgesetzten. Es tat ihm gut, das mal zu hören!

»Eigentlich ist es ja ein Gotteswunder, daß Sie mit all dem Elend Schluß machen konnten, Herr Hauptpastor«, fuhr der Kirchenälteste fort.

»Ich war ja damals noch klein, aber ich weiß noch, es ging wie ein Sturm der Empörung durch das Kirchspiel, als Sie den Branntweinstand bei den Ställen beseitigten und die Brennerei bei Södra Hult zumachten. Damals war es doch, als man Ihnen an der Kirchentür das Schnapsglas an den Kopf warf? Vater erzählte es, als er heimkam. Ich war an dem Tag zu Hause und fütterte.«

Der alte Herr lächelte nur.

»Das Glas war viel wert. Der kleine Schwapps Branntwein, den ich damals ins Gesicht bekam, der änderte die ganze Stimmung. Es sind anständige Leute hier im Wald. Von dem Tage an wollten sie gewissermaßen etwas gutmachen, und so war der Widerstand vorbei.«

Fridfeldt saß völlig sprachlos. Davon, daß der Hauptpastor also auf seine Weise ein mächtiger Vorkämpfer der Abstinenz gewesen war, hatte er nie eine Ahnung gehabt.

»Und das alles haben Sie getan!« brach er aus. »Warum sprechen Sie nie von so etwas? Das sollten die Sektenleute erfahren.«

»Man soll nicht von sich reden – sonst verdunkelt man Jesus.«

Fridfeldt fragte sich, ob in den sanften Worten ein kleiner Stachel verborgen säße. Er selbst erzählte auf der Kanzel gern von sich selbst und seinen geistlichen Erfahrungen.

Das Wasser spritzte um die Wagenräder, die Hufe schlugen einmal gegen die letzte Eisrinde des Weges, ein andermal sanken sie weich in dem schlechten Lehmweg ein. Die Sonne schien angenehm warm. Der Pfarrer nickte ein wenig ein. Dies war eigentlich zu viel für ihn. Der Kirchenälteste legte ihm die Decke ein bißchen besser um die Beine, knöpfte den Fußsack ein Loch enger und schwieg absichtlich. Das Gesicht des alten Herrn sank in den Pelzkragen, und die Augen blinzelten halbgeschlossen in die Sonne.

Im Gehirn des Hilfspredigers arbeiteten viele einander widerstreitende Gedanken. Er dankte Gott, daß da oben in Vänneberga wieder Friede war. Aber gleichzeitig kam er nicht von der Schande los, daß so etwas unter den bekennenden Jüngern Jesu hatte geschehen können. Und sowohl der Kirchenälteste als auch Erik Svensson hatten gestern angedeutet, daß dergleichen nicht so ganz ungewöhnlich war. Vielleicht gab es noch viele solche unbereinigte und unvergebene Sünden bei denen, die jede Woche an den Versammlungen teilnahmen und die zusammen mit ihm für das Evangelium kämpften? Er fühlte, wie die bloße Vermutung sich wie eine widerliche, schleimige Masse über sein Herz legte.

Die Gedanken arbeiteten weiter.

Also mußte die Erweckung hier irgendeinen Fehler haben, irgendetwas, das nicht funktionierte, wie es sollte. Fridfeldt glaubte zu wissen, was es war. Erik Svensson hatte recht gehabt: es war zuviel von der Versöhnung gepredigt worden, so daß die Heiligung zu kurz gekommen war. Rosenius hatte wohl sein gut Teil Schuld daran. Es gab einen Ton in seiner Verkündigung, auf den er sich nie verstanden hatte, dies, daß »einer für alle gestorben war und alle in einem.« Das stumpfte die persönliche Verantwortung ab. Die eifrige Forderung einer kräftigen Heiligungspredigt war ein Wort zu rechter Zeit.

Zutiefst gesehen, dachte er weiter, enthielt die Lage jetzt einen Ruf zu ganzer und voller Hingabe, sonst mußte die gesamte Erweckungsbewegung an innerer Fäulnis zugrunde gehen. Und wie gestern spürte er einen mächtigen Finger auf seine eigne Brust gerichtet. Er mußte unter das Gericht. Er sah, wie er sich von den Erfolgen hatte einschläfern lassen. Die Welle der Erweckung hatte ihn höher emporgehoben, als es für einen so unerfahrenen Christen nützlich war. Er hatte unbedenklich alle akzeptiert, die ihn akzeptierten, und es für selbstverständlich gehalten, daß alle wahre Kinder Gottes wären, wenn sie ihn nur als ihren Führer anerkannten. Er hatte bei der gestrigen Versammlung geglaubt, ein gewaltiger Erwecker und Seelenhirte zu sein. Darum hatte Gott ihn so tief demütigen und ihm noch am gleichen Abend zeigen müssen, daß er nicht vermochte, einen irrenden Bruder auf den rechten Weg zu weisen. Er hatte sich schwer gegen die Liebe versündigt, sich im Zorn vergangen – und heute hatte Gott ihn von dem Führerposten beseitigt und zum Türhüter gemacht. Er verstand, daß dies ein Zeichen war, daß er neu beginnen mußte.

Während die Kutsche in sanftem Trabe zum Kirchdorf hinunterrollte und die ersten Stare wie eine bunte Zigeunerbande in den Schlehenbüschen lärmten, begann er mit einer strengen, tiefgehenden Selbstprüfung und einem harten Gebetskampf.

Erst spät am gleichen Abend, als er vom Gebetsplatz neben seinem Bett oben in der Hilfspredigerkammer aufstand, war der Kampf beendet. Aber da war er auch mit Geist, Seele und Leib durch ein ganzes und großes Opfer in Gottes Hände überantwortet.

Verklärungstag

Was für ein Morgen!

Wäre der Pastor nicht so in Gedanken versunken gewesen, so hätte all die Hochsommerpracht ihn in Entzücken versetzen müssen – gerade wie die Vögel, die überall in den alten Ahornbäumen trillerten. Die Luft war vollkommen still und klar. In dieser Morgenfrühe war noch keine Spur von Sonnenrauch zu sehen. Die dunkle, waldige Wand der Hedingsberge stand streng und scharfkantig im Norden, und die Ebene um das Kirchdorf zeigte sich mit all ihren Einzelheiten in den klaren, vollen Farben des Sommers.

Pastor Fridfeldt ging gedankenvoll auf dem Rasen auf und ab. Hier hatte das alte Pfarrhaus gestanden, das in den dreißiger Jahren abgerissen worden war und aus der Zeit König Karls gewesen sein sollte. Noch sah man Spuren des Fundamentes, das mit Erde ausgefüllt war, so daß es eine kleine Terrasse zum Garten hinunter bildete. Die Hofseite war mit einer dichten, mannshohen Fliederhecke bepflanzt, welche die Terrasse von drei Seiten umschloß. Da lag sie nun, anmutig umzäunt, nur nach Osten offen, wo sich die Stille des Gartens ausbreitete. Fridfeldt hatte dieses Plätzchen an zeitigen Frühlingsmorgen lieben gelernt, wenn es früher als irgendein anderes von Sonnenwärme erfüllt war und die bezaubernde Aussicht auf die blühenden Obstbäume weiter unten am Abhang bot. Auf der Bank an der einen Schmalseite pflegte er zu sitzen und seine Aufzeichnungen durchzusehen, bevor der Gottesdienst begann.

Nun war es wieder Sonntagmorgen, der Tag der Verklärung Christi. Eigentlich hatte er sich zu so früher Stunde hinausgeschlichen, um eine Idee für seine Predigt zu finden, der er bisher nicht viele Gedanken hatte widmen können. Aber er war noch zu erregt, um geordnet zu denken, er mußte den Brief hervorholen und ihn noch einmal lesen.

Als er am Vorabend spät von einer Predigtfahrt zurückgekommen war, hatte der Brief auf seinem Tisch gewartet. Er hatte gleich gesehen, daß er von Konrad war, und ihn hastig aufgerissen. Konrad war sein Schulkamerad und geistlicher Zwillingsbruder. Zusammen hatten sie in der Bethlehemskirche am Heumarkt gekniet und sich Gott ergeben, sie hatten im Missionshaus in Uppsala auf derselben Bank gesessen und waren beide an dem großen Abend vor vier Jahren dabeigewesen, als Dompropst Toren zum ersten Mal in einem Bethaus das Abendmahl gesondert an die Bekehrten ausgeteilt hatte. Konrad war nicht Theologe geworden, sondern Sprachlehrer. Seit ungefähr einem Jahr war er in Örebro tätig. Und nun – Fridfeldt las noch einmal den langen Brief:

Herzlieber Bruder im Herrn!
Gottes Frieden!

Du bist der erste, dem ich von dem größten Tage meines Lebens erzähle! Oh, wie glücklich bin ich in dieser Stunde! Ich fühle, daß ich erst jetzt in Wahrheit ein Christ geworden bin.

Ich bin getauft! In Wahrheit getauft mit der rechten Taufe nach Jesu Willen und dem Zeugnis der Schrift. Welche Befreiung! Ich kann es mit Worten nicht beschreiben! Der Kampf war hart, aber nun ist er bis zum Siege durchgekämpft. Gott allein die Ehre!

Aber zuerst etwas von dem, was meiner Bekehrung vorausging. Seit meiner Ankunft hier war ich in steigendem Maße unglücklich. Ich fand, daß ich nicht war, was ich schon längst zu sein glaubte: ein wahrer Christ. Ich errang nicht den Sieg über meine bösen Gedanken, der Hochmutsteufel plagte mich immer weiter, und die Stürme der Fleicheslust wollten mich schier umwerfen. O, welches Elend! Ich kann es nicht beschreiben.

In dieser Not probierte ich allerhand Heilmittel. Ich betete viel. Das half für den Augenblick, aber gleich darauf waren die Gedanken wieder da. Ich las Gottes Wort fleißiger als zuvor. Aber mitten beim Lesen überfielen mich Begierden, deren Entsetzlichkeit ich nicht beschreiben kann.

Da traf ich durch Gottes Fügung im hiesigen Missionsverein ein paar wahre Christen, denen ich mein Herz ausschüttete. Sie öffneten mir die Augen und zeigten mir, daß ich natürlich nicht die rechte Kraft zum Sieg über die Sünde haben konnte, solange ich nicht durch eine rechte Taufe am Heiligen Geiste teilhatte. Wir forschten gemeinsam in der Schrift und hatten dabei das große Wort zum Leitstern, das wir von unserem unvergleichlichen Waldenström gelernt haben: wo steht es geschrieben? Und, Bruder – wenn Du auch Pfarrer bist, mußt Du doch eins zugeben: es steht nirgends geschrieben, daß Kinder getauft werden sollen.

So wurde ich dazu geführt, zu sehen, daß Glaube und Bekenntnis der Taufe vorausgehen müssen. Das war ein harter Kampf mit dem Hochmutsteufel. Sollte ich, ein Magister Philosophiae, wieder werden wie ein Kind und in das Grab der Taufe steigen? Hätte mich Gott nicht so kräftig mit der schrecklichen Erkenntnis der Sünde bedrängt, daß es keinen Frieden und keine Freude zu geben schien, so hätte ich diesen Schritt wohl niemals getan.

Aber nun ist es geschehen! Gott sei Dank! Die Tage, die seitdem verflossen sind, sind die seligsten meines Lebens gewesen! Nun bin ich in das neue Leben eingegangen und verspüre seine Kräfte. Gestillt sind die Stürme der Versuchungen, ein lieblicher Friede waltet in meinem Herzen, und ich wandle in einem Licht, das ich nie zuvor erschaute. Oh, könnten alle unglücklichen Menschen fassen und begreifen, wie wohl es tut, sich ganz dem Herrn hinzugeben und den Weg des Gehorsams bis zum Ende zu gehen!

Dies schreibe ich Dir, Bruder, denn Du stehst mir am nächsten von allen Menschen auf der Welt. Laß mich bald wissen, wie Du selber Dich fühlst.

Nun leb wohl! Gottes Geist leite Dich in alle Wahrheit!

Dein geringer Bruder

Konrad Y.

Fridfeldt setzte sich auf die Bank und faßte sich an die Stirn. Den Weg des Gehorsams bis zum Ende ... war das Gottes Wort an ihn in der wichtigsten Entscheidungsstunde seines Lebens? Ja, gewißlich – dieser Brief mußte von Gott gekommen sein!

Wie wunderlich, daß die Entwicklung zweier Menschen so parallel verlaufen konnte! Was Konrad hier beschrieb, das war ja aufs Haar seine eigene Entwicklung. Was Gott seinen lieben Bruder da oben in Örebro hatte erleben lassen, das war ja Punkt für Punkt dasselbe, was auch er hatte durchmachen müssen, seit er nach Ödesee gekommen war.

Der große Durchbruch im März, als er sich so wie nie zuvor in Gottes Hände gab, war nicht so endgültig gewesen, wie er selbst damals geglaubt hatte. Eigentlich war alles wieder ins alte Geleise zurückgekehrt. Die Erweckung hatte stagniert. Als in Sonne und Frühlingslust die Landarbeit wieder begann, nahm der Besuch der Versammlungen ab. Unter denen, die kamen, war die Stimmung nicht die alte. An die Stelle der bleichen Gesichter mit den großen hungrigen Augen war eine braungebrannte und gesunde Alltäglichkeit getreten. Niemals kam die alte Erhebung und Ergriffenheit zustande, niemals jene saugende Gewalt in der ganzen Atmosphäre, welche die Nacken beugte und die Trägsten mitriß. Das bereitete ihm die entsetzlichsten Zweifel und Anfechtungen. Hing die ganze Erweckung mit Unterernährung und geschwächten Körperkräften zusammen? Er wagte zu niemandem so lästerliche Gedanken zu äußern, aber er prüfte ängstlich die Früchte der Erwekkung und wurde noch niedergeschlagener.

Nichts war geworden, wie er gehofft hatte. Viele hatten merklich nachgelassen. Sie verschwanden aus den Versammlungen, während gleichzeitig der große Zustrom aufhörte und die Zeit der Sensationen vorüber war. Andere blieben treu, sogar rührend treu, aber ihre Zeugnisse waren dürftig. Wie sehr sie auch ihre Freude bezeugten, gerettet zu sein, sie hatten doch eine heimliche Unruhe im Blick. Er ahnte, daß auch sie mit Zweifeln an der Echtheit ihres Erlebnisses kämpften. Der einzige, bei dem er glaubte, ein wahrhaftiges Werk Gottes zu sehen, war seltsamerweise Johann vom Vänneberger Mittelhof. Er fing an, fleißig mitzumachen, sein Leben war anders geworden, aber er hatte sich niemals auf die übliche Weise Gott hingegeben.

Mit selbstquälerischem Ernst hatte sich Fridfeldt gefragt, ob das Nachlassen der Erweckung vielleicht an ihm liegen konnte. Er mußte sich sagen, daß er nicht das Werkzeug Gottes gewesen war, das er hätte sein sollen. Mit ganzem Ernst hatte er sich Gott geweiht. Er hatte den Sündenleib bis zu Tode kreuzigen wollen. Und ein Todeskampf war es geworden – aber ohne Auferstehung zu neuem Leben. Die ersten drei Wochen nach seiner Hingabe hatte er wirklich in einem neuen Licht gelebt, aber dann war es wieder von ihm gewichen. An einem kalten Aprilmorgen, als ein schwerer mit Schnee vermischter Regen an die Scheiben seiner Kammer schlug, war er sich dessen furchtbar bewußt geworden. Er war von einer langen Nachversammlung in Hyltamo spät heimgekommen. Am Morgen blieb er länger liegen als gewöhnlich. Im Halbschlaf zogen unziemliche Gedanken durch seinen Kopf. Er stand auf, schwer und unlustig, als Frau Hollemann zum Frühstück rief. Unrasiert und zerzaust, ohne daß er noch hätte die Knie beugen können, kam er an den Frühstückstisch hinunter. Einsilbig und verschlossen hörte er zu, wie der Hauptpastor Kindheitserinnerungen aus der Schule in Jönköping erzählte. Die Erinnerungen des alten Herrn hatten etwas Anziehendes, einen Klang von Latein und wilden Unternehmungen, von Liedern um die Walpurgisfeuer – und einen leisen Hauch von der verstohlenen Sehnsucht, die einsame Jungen vom Lande zu den reichen Häusern in der Stadt mit ihren Festen und Tänzen zieht. All diese Erinnerungen an eine vergangene und gottlose Welt nahmen ihn gefangen. Als er wieder auf sein Zimmer kam, spürte er eine wunderliche Sehnsucht nach Büchern, Lachen und geselligem Leben, nach aller Eitelkeit und Torheit dieser Welt, der er seit langem abgeschworen hatte. Er beugte die Knie, verspürte jedoch beim Gebet eine intensive Unlust und beendete es bald. Er versuchte Rosenius zu lesen, aber ohne Erfolg. Er war dann stattdessen ins Amtszimmer gegangen und hatte Auszüge aus dem Protokoll gemacht. Erst am Abend, eine halbe Stunde ehe er sich mit Frau Hollemann zur Gebetsversammlung beim Schneider begeben wollte, hatte er sich aufgerafft und seine geistliche Unlust überwunden. Aber er erinnerte sich, wie er auf dem Weg zur Betstunde gedacht hatte: all das hast du ja nur gebetet und getan, um heute abend kräftig Zeugnis ablegen zu können, nur um dein Ansehen als gläubiger und geisterfüllter Pfarrer vor den Freunden zu wahren.

Von jenem Tage an war er von einem unangenehmen Zwang verfolgt, seine innersten Beweggründe zu prüfen. Das Ergebnis war vernichtend. Wie genau merkte er, daß er in allem, was Frau Hollemann hörte oder sah, besonders streng war. Er wußte auch, daß sie der Kanal war, durch den das Leben im Pfarrhaus zu den Gläubigen im Kirchspiel hinausgelangte. Was Frau Hollemann dachte und sagte, das bestimmte die Windrichtung der frommen öffentlichen Meinung. Daher pflegte er ihre Sympathie mit einer Sorgfalt und Liebenswürdigkeit, die dem Hauptpastor gegenüber an den Tag zu legen er keineswegs das Bedürfnis spürte. Er versuchte mit gewaltsamer Entschlossenheit, diese Versuchung zu überwinden. Er nahm ihr gegenüber eine gekünstelte schroffe und kurze Art an. Er beseitigte alle Spuren besonderer Frömmigkeit oben in seinem Zimmer. Hatte er morgens die Bibel gelesen, ehe sie zum Aufräumen heraufkam, so schloß er sie sorgfältig und verbarg sie unter weltlichen Büchern. Die Predigtentwürfe dagegen ließ er offen liegen, denn es galt unter den Erweckten nicht als verdienstlich, seine Predigten aufzuschreiben. Und doch – wo die eine Sünde aufhörte, fing die andere an! Als es ihm mit all diesen Anstrengungen wirklich gelang, ihre schwärmerische Bewunderung zu dämpfen, und er stattdessen einen und den anderen kleinen Vorwurf schlucken mußte, ärgerte er sich über sie und fand sie plötzlich scheinheilig und engherzig.

Fridfeldt blieb jählings stehen. Er war in tiefer Zerstreutheit quer über den Rasen und auf den Gartenweg hinunter gegangen. Nun stand er vor einem blühenden Jasminbusch. Ein Meer von weißen Blütenblättern wiegte sich vor seinen Augen.

»So müßte mein Glaube aussehen«, dachte er, »aber er ist wie eine staubige, überfahrene Distel am Wegrand!«

Wo saß der Fehler?

Hatte er nicht im Weinberg seines Herzens gearbeitet, bis seine Hände bluteten? Warum trug er denn so schlechte Frucht für Gott? Hatte er nicht allem abgesagt? Die letzten bunten Halstücher hatte er verbrannt, als er merkte, wie er davor stand und unter ihnen wählte. Nur die schwarzen hatten bleiben dürfen. Die drei Romane, die er zu Weihnachten bekommen hatte, hatte er ungelesen beiseitegelegt. Sogar auf den Kaffee hat er ganz verzichtet, als er entdeckte, daß er nach Tisch auf die Kaffeetasse wartete, und merkte, daß sie anfing, ihm ein Bedürfnis zu werden. Das hatte unendliche Schwierigkeiten gemacht, denn Frau Hollemann wollte ihm das duftende Gift durchaus aufschwatzen, und aus Angst vor dem Heiligenschein wollte er die wirkliche Ursache nicht gestehen. Schließlich hatte er die Wahrheit gesagt: daß er fühlte, wie der Kaffee anfing, ihm ein Bedürfnis zu werden, und daß er also lieber ganz verzichten wollte, gerade wie auf Alkohol und Tabak, damit die Versuchung nicht Macht über ihn gewänne. Frau Hollemann war nun tief beleidigt gewesen: sie trank ja selber Kaffee und da durfte der Pastor das nicht Sünde nennen! Der Hauptpastor hatte nur etwas getan, was er selten tat: er hatte geseufzt.

Frieden hatte all dieser Kampf ihm jedoch nicht gebracht. Wo saß denn der Fehler?

Vernahm er nicht an diesem Morgen die Antwort Gottes? »Den Weg des Gehorsams bis zum Ende . . .« Hatte Gott ihn nicht auf denselben Weg geführt wie Konrad? Während der Erweckung im März war er auch mit den Baptisten in Fühlung gekommen. Da war er strengen und ernsten Christen begegnet, und so war die Tauffrage auch ihm brennend geworden. Daß die Kindertaufe nicht von wirklicher Bedeutung für das christliche Leben war, das war ihm längst klar gewesen. Zu viel von der Taufe reden, das bestärkte nur die Namenschristen in ihrer falschen Sicherheit. Alles hing ja doch an der Bekehrung. Aber daß eine wahre Bekehrung auch eine neue Taufe einschließen sollte, daran hatte er bisher nie gedacht. Bei der Durchforschung der Schrift konnte es nun nicht ausbleiben, daß er sah, welche Rolle die Taufe für die erste Gemeinde gespielt hatte. Konnte er sich da länger mit einer Taufe begnügen, die in seinen Augen nie etwas bedeutet hatte?

»Den Weg des Gehorsams bis zum Ende . . .« Der Weg war schwer – und doch lockte er mit seltsamer Gewalt. Auf das Pfarramt mußte er verzichten. Aber war das nicht eine Fessel, die zerbrochen werden mußte? Mußte er nicht als freier evangelischer Prädikant der großen Volkserweckung dienen, die Gott über das Land gesandt hatte? Hatte nicht Ekman gerade erst den kühnen Schritt getan? Unendlich groß mußte es sein, alles zu opfern und hinausgehen zu dürfen – frei, arm und entbrannt wie ein Apostel! Frieden – konnte er nur Frieden mit Gott gewinnen, so wollte er gern den Weg des Gehorsams bis zum Ende gehen.

Einen Augenblick stieg der Zweifel von neuem in ihm auf. Wenn nun auch der Friede, von dem Konrad schrieb, vorüberging? Ungefähr ebenso hatte er es ja selber die kurzen Wochen Ende März nach seiner großen Entscheidung empfunden. Wenn nun auch Konrads wunderbarer Friede sich nach einigen Wochen verflüchtigen würde?

Er verjagte die Zweifel. Es durfte nicht so sein! Sonst gab es ja überhaupt keinen Weg mehr zum Frieden. Und war es nicht eine offenbare Fügung Gottes, daß dieser Brief gerade jetzt gekommen war? Heute abend mußte eine Entscheidung fallen. Die Frage hatte sich gleichsam zugespitzt. Ein paar Monate lang hatten er und ein kleiner Kreis von Missionsfreunden zusammen mit den Baptisten die Bibel gelesen. Es waren mehrere, die zur Wiedertaufe neigten, unter ihnen Erik Svensson, der Vetter des Kirchenältesten. Sie merkten sicher auch, daß es ihn in die gleiche Richtung trieb. Nun warteten sie auf Bescheid von ihrem Pastor. Heute abend war Kleinkreis bei Jonas Ahlberg im Kirchdorf, und Fridfeldt hatte halb und halb versprochen, zusammenzufassen, wohin die Schrift sie bisher geführt hatte. Das bedeutete, daß er Stellung nehmen mußte.

Der Pastor war nun hinter den Stachelbeersträuchern ganz unten im Garten gelandet, wo ein schmaler Grasstreifen am Zaun entlangging. Er sank auf die Knie nieder, von Bewegung und Spannung ganz überwältigt.

»Herr, Herr«, betete er, »ich habe kein Recht, etwas zu fordern, aber willst Du mich recht leiten, so gib mir ein klares Zeichen. Herr, Du siehst, daß ich den Weg des Gehorsams gehen will! Gib mir nur ein Zeichen.«

»Herr Pastor! . . . Herr Pastor Fridfeldt!!«

Es war Frau Hollemann, die nach ihm rief. Sie stand ganz oben im Garten auf dem Sandweg, zwischen den Apfelbäumen. Der Pastor kroch geniert hinter den Stachelbeersträuchern hervor.

»Herr Pastor! Krankenabendmahl, Herr Pastor ! Im Seehaus.«

Fridfeldt bekam wieder Schwung in die Beine. Mit langen Schritten eilte er halb rennend den Weg hinauf. Frau Hollemann antwortete, ehe er Zeit fand zu fragen:

»Zu Franz. Herzschlag nimmt man an. Herr Pastor, Sie müssen sich beeilen.«

Mit fliegenden Rockschößen lief er ins Amtszimmer und kam mit dem schwarzen Behälter der Abendmahlsgeräte über der Schulter heraus. Den Hut fand er nicht. Barhäuptig stürzte er wieder auf den Hof. Der Kätnerjunge aus dem Schneiderhaus, der die Botschaft gebracht hatte, rannte barfuß voraus, um den Weg zu zeigen.

Quer über die Wiesen war es nicht besonders weit zum Seehaus, vielleicht eine Viertelstunde, wenn man schnell ging. Die Sonne brannte schon, aus dem Hag duftete es nach Wacholderbeeren und warmer Erde. Der Pastor wischte den Schweiß von der Stirn und versuchte sich zu erinnern, was er von Franz im Seehaus wußte. Zweimal war er dort gewesen, kurz vor Weihnachten und nach den Osterfeiertagen. Franz war einmal Grenadier gewesen, er war als ein gottesfürchtiger Mann bekannt und hatte still und reif über geistliche Dinge geredet, wie einer, der selber die Wiedergeburt erlebt hat. Also war es keine besonders schwere Aufgabe, die seiner harrte. Der Alte würde sicher gut und würdig vorbereitet sein.

Es ging über ein Mäuerchen, und das Häuschen mit dem sonnenglitzernden Wasser im Hintergrund tauchte schon auf. Der Junge mäßigte sein Tempo, Fridfeldt holte ihn ein, wischte sich zum letzten Mal den Schweiß aus der Stirn, trat in den niedrigen Vorraum und machte nach einem bescheidenen Klopfen leise die Tür zur großen Stube auf. Am Bett in der Ecke saß in sich zusammengekrochen eine Frau und drückte die Schürze an die Augen. Sie fuhr zusammen und sah mit verweintem Gesicht auf.

Fridfeldt merkte sogleich, daß es hier nicht viel für ihn zu tun gab. Der Alte war offensichtlich schon gelähmt und gänzlich bewußtlos. Ab und an äußerte er etwas Verworrenes. Die eine Hand tastete auf der Decke umher, während die andere kraftlos dalag. Nach einigen kurzen Fragen war dem Pastor der ganze Verlauf klar. Der Schneider aus dem Nachbarhaus hatte am Morgen hereingeguckt und Franz so mitgenommen gefunden, daß er sofort nach seiner Hedda gelaufen war und Franz' jüngster Tochter Bescheid geschickt hatte, die verheiratet war und weiter unten am See wohnte. Sie war vom Morgenabwasch weggerannt, hatte den kleinsten Jungen auf den Arm genommen und die anderen zu Hause gelassen. Als sie ankam, konnte Franz noch sprechen, aber gleich danach wurde es schlimmer mit ihm. Nun saß sie hier allein und schluchzte. Die Schneidersleute waren nach Hause gegangen, um das Nötigste zu erledigen, aber sie würden bald zurücksein.

Fridfeldt setzte sich auf den Bettrand. Er versuchte zu dem Alten zu sprechen, aber kein Zeichen deutete darauf, daß dieser etwas begriff. Er beugte sich herab und rief ihm ins Ohr, bekam jedoch keine deutliche Antwort. Mitunter konnte man auch verstehen, was der Alte sagte, aber er sprach von fernen, weitabliegenden Dingen, von Steinsprengung und Hasenjagd und Ochsen.

Die Frau weinte.

»Vater war immer so gut«, sagte sie. »Ich weiß ja, daß er es jetzt besser haben wird, aber der Abschied ist so schwer.«

Nach einer Weile fuhr sie fort:

»Als ich herkam, sagte ich: Ihr denkt jetzt wohl an Jesus, Vater? Ich kann nicht, Lena antwortete er. Ich kann nicht mehr. Aber ich weiß, daß Jesus an mich denkt.«

Wieder weinte sie.

Der Pastor saß schweigend. Jesus denkt an mich . . . Welch sanftes Kissen, sein müdes Haupt darauf zu betten, wenn es ans Sterben ging!

Im selben Augenblick fuhr er zusammen, wie er da auf dem Bettrand saß. Auch die Frau stutzte. Hatten sie recht gehört?

Ja, zweifellos. Der Mann hatte geflucht, einen klaren und deutlichen Fluch. Das sah ihm so unerhört unähnlich. Der Pastor beugte sich erschrocken vor und sah ihm auf die Lippen.

»Rechts . . . um! Du Satansbraten, wirst du den Absatz ordentlich heben . . . Rechts um! Nein, Leutnant, vorrücken in Kompaniekolonnen . . . Prost, Jungs! Acht Öre kost' der Schnaps . . .«

Die Frau wurde vom Weinen geschüttelt und verbarg ihr Gesicht, als schäme sie sich vor dem Geistlichen. Auch Fridfeldt fühlte sich unglücklich. Franz war Soldat gewesen, und es waren offensichtlich Erinnerungen vom Exerzierplatz, die in seinem kranken Hirn spukten. Daß er zu jener Zeit kein Gotteskind gewesen war, hatte der Pastor wohl gewußt, aber das war ja vergeben und vergessen. Warum durfte denn dann all dies sündige Elend nun in letzter Stunde hervorquellen?

Franz phantasierte weiter. Jetzt war er augenscheinlich auf dem Markt. Soviel man aus den verwirrten Worten entnehmen konnte, ging es um ein Geschäft mit einem Kalb. »Er hat mich bestimmt betrogen«, murmelte Franz, »einen Reichstaler und zwölf Schilling zu wenig . . . Wart, wenn du mit den Ochsenkälbern kommst, will ich dir's eintränken.«

Wieder Sünde, dachte Fridfeldt. Er wagte die Tochter nicht anzusehen.

Eine Zeitlang redete Franz nun unverständliche, aber harmlose

Dinge. Einmal kam er auf ein religiöses Thema. Es handelte von der Gnade, war aber ziemlich wirr. Er sprach sehr undeutlich. Plötzlich kam es völlig hörbar:

»So viel wie ich betet sie nicht . . .«

Wie wir uns doch innerlich ähnlich sind, wir Menschen, dachte der Pastor. Derselbe Neid, derselbe Hochmut und dasselbe lieblose Herz. Mit Franz stand es also nicht besser als mit ihm!

Aber, dachte er weiter, wie würde es Franz nun gehen? Solange er bei klarem Bewußtsein gewesen war, hatte er Glauben gehabt, das schien offenbar. Aber unter der dünnen Schale des bewußten und taghellen Glaubens lag also all diese Verderbtheit immer noch im Herzen.

»Ganz wie bei mir!« murmelte Fridfeldt fast hörbar. Und im nächsten Augenblick wurde er von einem beängstigenden Gedanken gepackt: Wenn ich nun vom Schlag getroffen wäre, und ich läge im Bett und phantasierte! Er sah es mit grotesker Anschaulichkeit vor sich: das klapprige Holzbett in der Hilfspredigerkammer, sein eigenes mageres und bleiches Gesicht, das straffe Haar in wilder Unordnung, die Augen geschlossen. Und auf dem Bettrand der Hauptpastor, milde und besorgt, und Frau Hollemann, die vor Entsetzen über alle lästerlichen Phantasien des Pastors die Hände rang. Denn was würde da nicht alles über seine Lippen kommen können! Unanständige Lieder, die er als Junge gelernt hatte, rohe und lästerliche Worte, die er als Gymnasiast vor seiner Bekehrung gebraucht hatte, und krankhaft sinnliche Bilder, die noch heute seine Phantasie heimsuchen konnten. Von der Eitelkeit und der Besorgtheit um den guten Ruf, die seine Seele noch bis zum Rande füllten, gar nicht zu reden. Wenn nun all das im Augenblick des Todes hervorbrechen würde – und Frau Hollemann unter Tränen im Bethaus erzählen würde, daß der Pastor, von dem sie so viel gehalten hatte, gestorben war wie ein fluchender Bierkutscher und wie ein Lüstling.

»Und nun denkst du ja doch nur an deine eigene Ehre!«

Die Anklage traf ihn wie ein Hieb. So gänzlich war er also auf Ehre und Erfolg in diesem Leben eingestellt, daß ein Tod in Sünde ihn nur wegen des schlechten Nachruhms schreckte. War er tot, so konnte es ihm ja gleich sein, was an seinem Grabe gesagt wurde. Aber was würde dann aus seiner Seele werden? Und was würde aus den Seelen werden, denen er das Evangelium gepredigt hatte? Mußten sie nicht das ganze Christentum für reine Heuchelei halten?

Ja – war es eigentlich etwas anderes als Heuchelei? Hier saß er und sollte trösten, und war selber so randvoll von Sünde wie dieser sterbende Alte. Der einzige Unterschied war, daß er noch bei vollem Bewußtsein war und aus Rücksicht auf seinen guten Namen und Ruf den Deckel über der inneren Unreinheit geschlossen zu halten wußte. Dem armen Alten war der Deckel herabgefallen, und alles lag bloß. Aber für Gott lag ja doch alles bloß – ständig!

Der alte Franz hatte angefangen zu röcheln. Der Unterkiefer hing schlaff herab, und der Mund stand offen. Drüben auf dem Sofa war das Kind, das die Frau mitgebracht hatte, aufgewacht und hatte angefangen zu schreien. Die Mutter warf einen hilflosen Blick auf den Sterbenden und ging das Kind beschwichtigen. Aber der Junge, der vielleicht sechs oder acht Monate alt sein mochte, hatte sich sichtlich in den Kopf gesetzt, daß er aufgenommen werden wollte, und ließ nicht mit sich reden. Die Frau nahm ihn auf den Schoß, lullte ihn ein, plauderte mit ihm und legte ihn dann wieder hin. Sie wollte ja frei sein, um sich dem Alten zu widmen. Viel Zeit blieb ihm wohl kaum mehr. Aber der Junge wurde wild vor Zorn, als er seinen Willen nicht bekam. Er versuchte sich aus den Kissen zu rollen, und sein ergrimmtes und despotisches Geschrei schnitt in die Ohren. Es war, als hätte sich eine böse Macht mit sinnloser Grausamkeit vorgenommen, den Frieden beim Hingang des alten Mannes zu stören.

Der Pastor hielt es nicht aus. Er beschloß, den Jungen hinauszutragen und der Qual wenn möglich ein Ende zu machen. Die Frau sollte geschont und es mußte um jeden Preis still in der Stube werden. Es war nervenaufreibend genug, das Röcheln des Alten zu hören. So stand er auf und trat an das Sofa. »Lena, Ihr müßt hier bei Eurem Vater bleiben«, sagte er, während er das Kind hochnahm.

So kam es, daß der junge Erweckungsprediger sich plötzlich mit einem wie wild schreienden Kinde auf seinen ungeschickten Armen in dem Blaubeergestrüpp vor dem Seehaus fand. Der Kleine zeigte auf alle erdenkliche Weise seine Wut, verkrampfte sich und übertönte alle kläglichen Versuche Fridfeldts, zu ihm zu reden, völlig. Der Pastor wurde schier von Zorn gegen dieses halsstarrige und eigensüchtige Wesen ergriffen, das noch nicht ein Jahr alt war und doch so deutlich ganz denselben Eigenwillen und dieselbe grausame Herrschsucht zeigte wie die Erwachsenen. Jeder sich selbst der Nächste, alle darauf eingestellt, ihren Willen durchzusetzen und andere auszunutzen, das war die menschliche Natur, von der Wiege bis zum Grabe!

Glücklicherweise kamen jetzt die Schneidersleute. Fridfeldt übergab ihnen den Jungen und bat sie, draußen zu warten. Er dachte an die Phantasien des Alten. Er selbst ging wieder hinein.

Die Frau war auf die Knie gesunken. Sie hielt die gelähmten Hände des Alten in den ihren und lehnte die Stirn dagegen. Auch Fridfeldt kniete bei dem Bett nieder. Leise betete er zu dem, der das zerstoßene Rohr nicht zerbricht und den glimmenden Docht nicht auslöscht.

Es rasselte noch ein paarmal hart in der Brust des Alten. Dann wurde es still.

Der Pastor rief die draußen Wartenden herein. Sanft legte er dem Toten die Hand auf die Stirn und sprach den Segen. Der Junge brüllte immer noch. Die Frau, die nach wie vor kniete, sah mit einem langen, angstvollen Blick auf.

»Sagt mir, Herr Pastor . . . glaubt Ihr, daß er selig gestorben ist?«

Die Frage schnitt ihm wie ein Dolch durchs Herz. Was sollte er antworten? Er hätte ja selber das Gleiche fragen mögen!

»Gott ist sehr gut«, antwortete er ausweichend, mit einer Stimme, die er aus Mitleid so fest wie möglich zu machen suchte.

Dann sah er auf die Uhr. Gleich halb zehn . . . Um zehn begann der Gottesdienst. Es war also hohe Zeit, aufzubrechen.

Er verabschiedete sich scheu und wanderte bald wieder mit langen Schritten über die Weide. Der Behälter mit den unbenutzten Abendmahlsgeräten baumelte am Riemen über seiner Schulter.

Der Gottesdienst! In einer halben Stunde hatte er ja zu predigen. Noch hatte er keine Ahnung, was er sagen sollte. Es war also der Tag der Verklärung Christi. Er selber war so weit entfernt vom Berge der Verklärung, wie ein Mensch nur sein konnte. Obwohl er an seine Predigt hätte denken sollen, kamen die Gedanken nicht los von dem Toten. So seltsam konnte also der Tod eines gläubigen Menschen sein! So viel war noch von dem alten Menschen übrig! Wenn ein solcher Mensch selig werden konnte, auf welchem Grunde konnte er es dann? Dem des Glaubens? Aber der war ja in demselben Augenblick dahin, als sich das Bewußtsein umnachtete, und dahinter gärte die Sünde bis zuletzt! Dem der Bekehrung? Noch viel weniger! Sie schien ja fortgespült wie ein locker aufgeklebter Zettel, sobald der Wille von der Krankheit gelähmt wurde.

Und wie war das mit dem Kind? So ein schreiendes, eingensinniges Bündel, randvoll selbstischen Willens, konnte das selig werden? Es konnte ja überhaupt nicht glauben! Aber die böse Natur trug es in sich, dieselbe böse Natur, die sich bei dem alten Mann bis zuletzt geregt hatte.

Und endlich er selbst! Hatte er nicht genau dieselbe verderbte Natur wie das Kind und der Greis? War nicht der einzige Unterschied, daß bei ihm im Augenblick Wille und Gedanke ein dünnes, dünnes Häutchen bewußten Glaubens und eigener Entscheidung über die finsteren Abgründe spannten? Solange das dünne, bebende Häutchen nicht zerriß, war er also ein gläubiger Mensch. Aber wenn der Wille keine Entscheidung mehr zuwege brachte? Wenn der Gedanke zerbrach und die dünne Schale des Glaubens zerriß? Wenn sein Ende Verkalkung war, Willenlosigkeit und Unfähigkeit, sich selbst zu beherrschen?

Er sah wieder auf die Uhr. Acht Minuten nach halb zehn . . . Er bog gerade auf den Weg hinter dem Schweinestall ein. Nun waren es noch zehn Minuten zu gehen bis zur Kirche. Also hatte er eine knappe Viertelstunde zur Vorbereitung.

Auf der Pfarrhaustreppe stand nervös und eifrig Frau Hollemann. Trotz ihrer Beschwörungen, Bitten und Vorwürfe lehnte er es ab, etwas zu essen und schickte sie statt dessen mit einer Bestellung zum Hauptpastor, der sich seiner kranken Beine wegen rechtzeitig auf den Weg zur Sakristei gemacht hatte: er bäte ihn um die

Freundlichkeit, Lieder auszusuchen; dann brauchte der Hauptpastor nur in Ruhe zu warten; wenn es zusammenläutete, würde er kommen.

Oben in seinem Zimmer sank der Hilfsprediger nieder. Wie es bei den Erweckten üblich war, kniete er vor einem Stuhl, die Ellenbogen auf dem Sitz. Jetzt bedurfte er der Stütze wirklich. Dunkelheit, Zweifel, unbeantwortete Fragen – und eine völlig unvorbereitete Predigt. Welch ein Verklärungstag!

Als er nachher die Agende vom Schreibtisch nahm, fielen seine Augen zufällig auf ein Bändchen, das aufgeschlagen dalag. Es waren Schartaus »Fünfzehn Predigten«, die der Hauptpastor ihm vor langer Zeit einmal mit heraufgegeben hatte. Er hatte sie natürlich nicht gelesen – was konnte es nützen, im Totengebein zu wühlen? – Aber gestern, als er ein Thema für die Predigt suchte, hatte er sie aufgeschlagen und gesehen, daß richtig eine Predigt auf den Verklärungstag dabei war. Nun fiel sein Blick wieder auf das Motto: Da sie aber ihre Augen aufhoben, sahen sie niemand denn Jesum allein.

Das war ja gerade die Summa des Evangeliums, über das er heute predigen mußte! Er blätterte die ersten Seiten durch. Das sah gar nicht so dumm aus. Da standen jedenfalls verschiedene fettgedruckte Bibelsprüche. Wenn er die auf der Kanzel vor sich hatte, würden ihm sicher einige Gedanken und Ideen kommen.

Er eilte die Treppen hinunter und halb laufend die Pfarrhausstraße entlang. Die Luft stand zitternd vor Hitze zwischen den rotgestrichenen Holzhäusern. Er fühlte sich matt. Kein Wunder – er hatte ja den ganzen Morgen gefastet! Unten an der Steinbrücke, die über den Bach führte, verlangsamte er den Schritt. Da unten rechts lag die Kirche, geräumig und weiß, und leuchtete im Grün. Er wich vom Weg ab und folgte dem Pfad am Bach entlang und durch die Kornfelder, die schon ein wenig ins Gelbe spielten. Dann ging er langsam den Hügel zur Kirche hinauf.

Auf dem Kirchplatz standen in schwarzen Scharen die Menschen und grüßten ehrfürchtig. Ein paar späte Wagen rumpelten auf die Kirchställe zu. Oben im Turm verschwanden die Glöckner, die über die Brüstung geschaut und sichtlich nur auf den Pastor gewartet hatten. Nun begannen die Glocken zu läuten.

Fridfeldt schritt schon unter dem breiten, hölzernen Tonnengewölbe mit den üppigen, in Rosa und Grau gehaltenen Malereien aus dem 18. Jahrhundert den Mittelgang entlang. Die Kirche war wie gewöhnlich gut besucht. O Gott, dachte er, gib mir etwas, das ich ihnen sagen kann!

In der Sakristei standen der Hauptpastor, der Organist und die Kirchenältesten in stiller und feierlicher Erwartung. Mit kurzem Flüstern wurde das Nötige geklärt, und ehe Fridfeldt noch recht wußte, wie es zugegangen war, kniete er auf dem plüschbezogenen Kissen vor dem Altar.

Er hatte eigentlich den Altardienst nie sehr geliebt. Es quälte ihn, an ein festes Ritual gebunden zu sein. Er pflegte ständig kleine Änderungen und Zusätze zu machen und legte alles Gefühl, dessen er fähig war, in die Worte, um sie persönlicher zu gestalten. Heute konnte er das nicht. Er empfand es seltsamerweise als eine Wohltat, ablesen zu dürfen – alte, heiligkeitsgesättigte Worte, die ihm wie schwere, lebenspendende Tropfen aufs Herz fielen.

Dann kam der gefürchtete Augenblick. Er stand auf der Kanzel. Das Eingangsgebet war zu Ende. Vor sich hatte er das kleine Buch von Schartau. In der Sakristei hatte er noch die Einleitung durchsehen können und war von ihrer Kraft und männlichen Herbheit überwältigt gewesen. Er beschloß, sie einfach abzulesen, ohne Zusätze oder Abweichungen.

So kam es, daß der Stadtdiakonus von Lund an diesem Sonntag, fünfundfünfzig Jahre nach seinem Tode, in der Kirche von Ödesee predigte. Zuerst malte er das Bild der Verklärung, die damit geendet hatte, daß die drei Jünger wieder wagten, ihre geblendeten Augen aufzuheben, und niemand sahen als Jesum allein. Dann ging er dazu über, zu schildern, wie dies Aufschlagen der Augen oder Niederschlagen auch den Zustand der Seele in verschiedenen Stadien des Heilsweges kennzeichnet. Wenn dem Sünder zuerst die Augen des Verständnisses aufgehen, sind sie nach unten gerichtet, auf seinen unseligen und verlorenen Zustand. Beschämung und ein verzagtes Gemüt bringen mit sich, daß der Blick gesenkt wird. So wird auch bei Esra die Niedergeschlagenheit einer erweckten

Seele geschildert: Mein Gott, ich schäme mich und scheue mich, meine Augen aufzuheben zu dir . . . Das Gesetz hält den Menschen an, vor allem auf sich selbst zu sehen, und treibt ihn, seine Verderbtheit mit Gottes Heiligkeit und seine Schuld mit Gottes Gerechtigkeit zu vergleichen.

»Das handelt ja von mir!« dachte Fridfeldt. Er las weiter:

Aber dann richtet der Heilige Geist die Augen des Verständnisses empor auf Jesum allein. Christi Klarheit, die aus den Worten des Evangeliums in das Herz des Menschen hineinleuchtet, zieht seine Gedanken auf Jesus, und Gottes Liebe in den Verheißungen richtet das erschrockene Herz auf, so daß es wagt, sich zu Jesus zu wenden. Es ist ein köstlich Ding, wenn eine gläubige Seele im Wort auf Jesum allein sieht.

»Das habe ich nicht getan«, dachte Fridfeldt. »Ich habe auf meine Besserung gesehen, ich habe nach Bedingungen für die Seligkeit gesucht, ich habe meine Taten geprüft, aber Jesus habe ich über all dem Elend bestimmt verloren.«

Er merkte, daß er las, ohne zu wissen, was. Rasch richtete er die Aufmerksamkeit wieder auf die Worte, die er vor sich hatte.

Es ist ein köstlich Ding, wenn die gläubige Seele im Gebet ihre erhobenen Glaubensaugen auf Jesum allein richtet, wenn sie nicht um sich sieht auf ihre zerstreuten Gedanken, nicht hinter sich auf den Satan, der ihr droht, das Gebet sei vergeblich, nicht in sich auf ihre Trägheit und mangelnde Andacht, sondern empor, über sich, auf Jesum, welcher ist zur Rechten Gottes und vertritt uns.

»Das war für mich«, dachte Fridfeldt. »Daß ich es nicht längst begriffen habe!« Mit wirklicher Verkündigerfreude, wie ein Entdecker, der vorwärtsschreitet, hingerissen von neuen Ausblicken, las er weiter:

Wie Jesus allein der Hauptgegenstand der Predigt des Paulus war, so daß er sich nicht dafür hielt, etwas zu wissen, ohne allein Jesum Christum, den Gekreuzigten, so soll auch mein Hauptgegenstand sein: Jesus allein.

Jesus allein gebe uns nun Licht im Wort, Kraft aus dem Wort, Seligkeit durch das Wort; darum wollen wir beten um Jesu willen allein: Vater unser . . .

Niemals sonst betete er während der Predigt das Vaterunser. Nun tat er es mit freimütiger Kraft. Den Kopf hatte er gegen das Brett geneigt, auf dem die Bibel lag. Als er wieder aufsah, merkte er, daß die Gemeinde sich rasch in das Ungewohnte gefunden hatte, seinem Beispiel gefolgt war und nun wieder die Häupter hob. All die dunklen Kopftücher auf der Frauenseite wogten wie ein Meer. Es war totenstill, und aller Augen richteten sich auf den Prediger.

Er holte tief Atem und trank die warme Luft in sich hinein, die mit dem Duft nach Stall und Kirchensträußchen und nach den Lavendelzweigen untermischt war, welche die Frauen in ihren Gesangbüchern liegen hatten. Dann fuhr er fort:

»Das Thema unserer Betrachtung ist also

Jesus allein.

Von Jesus allein wollen wir sprechen
erstens: in der Erweckung, als ihrem Ziel,
zweitens: in der Rechtfertigung und Wiedergeburt, als ihrem Grund,
und
drittens: in der Heiligung, als ihrer Kraft.«

Bei dem Wort Kraft merkte er, wie er hart mit der Hand auf den Rand der Kanzel schlug. Er fühlte etwas hinter sich, das Freimut gab.

Dann kam der erste Teil. Hier wurde entwickelt, wie es das Ziel der Erweckung ist, die Seele zu Jesus allein zu führen. Das Gesetz ist der Zuchtmeister auf Christum. Christus ist des Gesetzes Ende, wer an den glaubt, der ist gerecht. Er sah es fast wie ein Bild vor sich. Da lief der endlose Weg des Gesetzes, eingefaßt von nackten Bäumen, mit herunterhängenden biegsamen Zweigen, die Geißeln glichen. Steiler und steiler stieg er zum Himmel an. Auf den Steinen waren Blutspuren von wunden Füßen. Da schritt er selbst als Büßer in härenem Gewande. Aber plötzlich stand mitten im Wege Jesus Christus. Ihm drehte sich alles . . . Jesus allein . . .

Wer an den glaubt, der ist gerecht . . . Der Weg hatte ein Ende!

»Den Weg des Gehorsams bis zum Ende . . .« Er hatte sich plötzlich von dem Buche gelöst und redete frei: das Gewissen, unsere Angst und alle Knechte des Gesetzes auf Erden gebieten uns, den Weg des Gehorsams bis zum Ende zu gehen, um Frieden mit Gott zu finden. Aber der Weg des Gehorsams hat kein Ende! Unabsehbar liegt er vor dir mit immer verschärften Forderungen und immer neuen Pflichten, und suchst du Frieden auf diesem Wege, du findest nicht Frieden, sondern die Schuld der zehntausend Pfund. Aber nun ist Christus des Gesetzes Ende, zu seinen Füßen hört der Weg auf, und hier wird seine Gerechtigkeit dem zuteil, der da glaubt. Und dorthin, zu Jesus allein, wollte Gott dich treiben mit all deiner Unruhe und Angst.

Er kehrte wieder zu dem Buch zurück:

So höre denn, o Mensch, daß das Gesetz darum Betrübnis wirkt, auf daß du mit Verlangen die Erquickung empfangest, die dir im Evangelium verkündigt wird, daß Jesus bezahlt hat für alle deine Sünden . . .

Wieder drehte sich ihm alles. Wie viele Male hatte er Ähnliches bei Rosenius gehört! Aber immer war er auf diesem Ohr taub gewesen und hatte gesagt, das Wichtigste sei doch die Entscheidung und die Heiligung. Erst heute strahlte klares Licht auf das, was Versöhnung hieß.

Es folgte der zweite Teil. Wie Hammerschläge, mit unfehlbarer Sicherheit den Nagel auf den Kopf treffend, kehrten die Worte Jesus allein ständig wieder und gruben sich dem Bewußtsein immer tiefer ein. Jesus allein war der Grund des Glaubens, indem der Mensch nichts anderes sieht, an nichts anderes glaubt und auf nichts anderes seine Hoffnung setzt, wenn ihm in der Erweckung die Augen aufgegangen sind und er seine Verderbnis sieht.

Nicht anders als durch das Evangelium kann ein Mensch zum Glauben kommen, denn das Evangelium handelt von Jesus, ja, von Jesus allein; wenn also irgendeine Lehre auftaucht, die nicht von Jesus handelt, so mag sie handeln, von welcher Erfahrung und Herrlichkeit sie will – Evangelium ist sie nicht . . .

»Und die ganze Tauflehre, mit der wir uns den Kopf zerbrochen haben«, dachte Fridfeldt, »wovon hat sie gehandelt? Von Glauben, Bekenntnis und Hingabe, von uns und unseren Werken – aber nicht von Jesus!«

Jesus ist auch allein der, an den der Glaube sich hält und den der Glaube umfaßt. Wenn ein Mensch den Abgrund seines Elends gesehen und dann Jesus recht zu Gesicht bekommen hat, so kann er die Gedanken nicht von ihm wenden. Jesus ist sein Alles, und alles andere achtet er für nichts, für Schaden und Kot. Jesus sucht er, zu ihm kommt er, nach seiner Gerechtigkeit trachtet er, in seinem Namen betet er, und auf ihn hofft er. Er jagt auch danach, daß er ihn noch fester fassen, noch gewisser auf ihn hoffen und noch freudiger auf ihn vertrauen möchte.

»Amen! Das ist mein Zukunftsweg«, dachte Fridfeldt.

Jesus allein als Grund unserer Rechtfertigung – das war der nächste Hammerschlag. Wie der Mensch, wenn der Glaube erwacht, aufhört auf sich selber zu sehen und nichts sieht als Jesum allein, so sieht auch Gott nicht auf den Menschen, der glaubt, sieht nicht die in ihm wohnende Verderbnis und seine Sünden, denn sie sind von Jesus gesühnt.

In Gnaden rechnet Gott auch nicht mit den guten Werken des Menschen, denn Gott sieht nur auf seinen lieben Sohn und will nicht auf den Menschen und seine guten Werke sehen, damit er nicht auch die Sünden zu sehen und anzurechnen braucht, mit denen die guten Werke des Menschen untermengt sind, und so gezwungen wird, sie um seiner Gerechtigkeit willen zu strafen.

Wieder leuchtete ein verklärtes Licht vor den Augen des Predigers. Dies war also die Lösung: die Sünde immer noch da, aber immer versöhnt! Vielleicht gab es doch auch für Franz im Seehaus Seligkeit? Ja – wieder sah er ein Bild vor sich: ein großes Kreuz war zum Himmel aufgerichtet und überschattete das ganze Land von den Hedingsbergen bis nach Sunnerbostätt. Eine ewig gültige Versöhnung, die Vollmacht hatte, das Gericht aufzuheben, eine erbarmende Liebe, die ihre Arme über alle diese bösen Herzen breitete, in denen die Sünde sich noch regte wie schillernde Reptile in einem Schlangennest. Jesus allein!

Daß die Sünden vergeben werden, geschieht nur darum, weil Jesus mit seiner blutigen, durchbohrten Hand die Handschrift ausgetilgt hat; und um seines kindlichen Gehorsams willen wird der, welcher an ihn glaubt, von Gott zum Kinde angenommen. Um Jesu willen wird er angesehen wie Jesus selbst, und bei seiner Rechtfertigung werden im Himmel die gleichen Worte über ihm laut, die bei Jesu Verklärung vom Himmel her über ihm gehört wurden: dies ist mein lieber Sohn, dies ist meine liebe Tochter, an welchen ich Wohlgefallen habe . . .

Er schöpfte Atem. An der südlichen Längswand tickte die Wanduhr, sonst war alles totenstill. Er spürte, wie hundert und aberhundert große Augen an seinen Lippen hingen. War es Einbildung – oder lebte hier nicht etwas von der Ergriffenheit des Heiligen Geistes vom letzten Frühling – nur reiner, von Sonnenlicht umflossen, emporgehoben in einen Raum von taghellem Verstand und nüchternem Willen?

Der nächste Hammerschlag: Jesus allein ist der Grund der Wiedergeburt. Nur der Glaube an Jesus, nur das Festhalten des hungernden Herzens an ihm, die Aufmerksamkeit, die auf seine Heiligkeit gerichtet worden ist, bringt Licht in das Wort, eine klare Einsicht, so daß die Sonne der Gerechtigkeit im Herzen aufgehen und Gott seine Wohnung in der Seele nehmen kann.

Einen Augenblick fragte sich Fridfeldt selbst nach dem Sinn dessen, was er las: sollte etwa doch ein verwandeltes Wesen ohne Sünde auf den Glauben folgen? Nein – im nächsten Augenblick schleuderte er es hinaus als eine frohe Botschaft für sein eigenes Herz:

. . . Jesu Sinnen wird ihr Sinnen, Jesu Wille ihr Wille, so daß sie eins immer will und manchmal auch kann: demütig sein wie Jesus, sanftmütig wie Jesus, gehorsam wie Jesus und reinen Herzens wie Jesus . . .

In einer schier aufgeräumten Freude las er nun den dritten Teil, von Jesus allein in der Heiligung, als ihrer Kraft, vom Kampf gegen die Verderbnis im Herzen, gegen böse Gedanken, Lüste und sündige Gewohnheiten, für die es keine Heilung im Himmel und auf Erden gibt außer bei Jesus allein. Er sah wieder helles Sonnenlicht über seinem Leben, als er die Worte las: das, was dir in der

Rechtfertigung auf einmal und sogleich zugerechnet wird, wird in der Heiligung allmählich in dir gewirkt . . . Allmählich! Er hatte es alles am Beginn des Weges verwirklicht sehen wollen, dann wollte er wagen, zu glauben. Nun durfte er statt dessen alles glauben, das ganze unendliche Erbe am Beginn des Weges empfangen, um es dann lange Jahre hindurch abzuheben und es in die Wirklichkeit des Alltags umzusetzen.

Er schloß: Begehre nicht, wie der oder der zu sein, aber bete, daß du Jesus gleichen möchtest. Bemühe dich nicht, die Gaben anderer nachzuäffen oder ihr Gnadenmaß nachzuahmen (auch nicht Konrads! dachte er), aber folge den Fußstapfen deines Heilands. Auf diesem Wege wirst du immer mehr das erreichen, wozu du nach deiner Erwählung verordnet bist, nämlich das Ebenbild des Sohnes Gottes zu sein, ihm gleich.

Nun fehlte noch die Anwendung. So kühne Worte hatte er niemals selber von dieser Kanzel zu sicheren Sündern zu sagen gewagt. Aber nun ließ er sie freimütig niederhageln, in dem Gefühl, einen rechten Lehrer der Kirche mit aller Kraft des Wortes und der Fülle der Barmherzigkeit hinter sich zu haben. Die Mahnung an die bekümmerten Seelen nahm er selber Wort für Wort zu Herzen:

»Sucht nun nicht nach größerer Reue oder danach, sogleich zur Besserung des Wandels zu gelangen, sondern sucht nach Jesus allein . . . Wenn es euch denn einmal widerfahren sollte, daß ihr als Jesu Jünger im Geiste etwas von seiner Herrlichkeit sehen und die Kraft der zukünftigen Welt schmecken dürft, diese Herrlichkeit dann aber wieder verschwindet, so haltet weder nach Moses noch nach Elias Ausschau, sondern laßt euch an der Gnade genügen, daß es euch so geht, wie es von Jesu Jüngern geschrieben steht: Da sie aber ihre Augen aufhoben, sahen sie niemand denn Jesum allein. Wenn dann Jesu Friede eure Erquickung und seine Verheißungen eure Gnadenzusicherung gewesen sind, dann soll es auch beim Herannahen des Todes geschehen, wenn eure gebrochenen Augen die Dinge dieser Welt nicht mehr sehen können, daß die Augen eurer Seele aufgetan und mit himmlischer Klarheit gesegnet werden, auf daß ihr in der großen, unendlichen Herrlichkeit von Angesicht zu Angesicht schauet: Jesum allein. Amen.«

Das war ohne Zweifel die kürzeste Predigt, die er je gehalten hatte. Aber er hatte das Gefühl, daß mehr vom Worte Gottes darin gewesen sei, als in allem, was er bisher in Ödesee gesagt hatte. Still, in einer Art ruhiger Mattigkeit, sprach er die Abkündigungen, das allgemeine Kirchengebet und das Vaterunser. Darauf ging er geradewegs zum Altar und beendete den Gottesdienst.

Dann war alles vorüber. Die Orgel spielte das Nachspiel, die Bänke knarrten, als die Leute aufstanden, und die Banktüren quietschten. Der Hauptpastor kam in die Sakristei gehumpelt.

»Danke, Fridfeldt, danke! Heute warst du uns ein gewaltiger Prediger.«

Der Pastor wurde ganz rot.

»Nicht ich, Onkel . . .«

»Nein, nein, das weiß ich wohl, mein Junge. Hinter dir stand Schartau, und hinter Schartau stand Jesus allein. Ein guter Prediger muß immer jemanden hinter sich haben. Von ihm soll alles kommen. Kann es dann noch den Weg durch das Herz des Predigers nehmen, so ist es um so besser. Und das hier ging durchs Herz.«

»Und zum Herzen«, sagte bedächtig der Kirchenälteste Pehrsson. Fridfeldt sah ihn verwundert an. Der derbe, nüchterne Mann schaute mit offenem und dankbarem Blick auf. Aber er sagte nichts mehr.

Gerade als Fridfeldt den Hut nahm und zu einem letzten Gebet den Kopf neigen wollte, zupfte ihn Kirchenältester Olsson leise am Ärmel und streckte ihm ein paar alte Nummer des »Pietisten« zu.

»Ihr solltet das hier lesen, Herr Pastor«, sagte er. »Rosenius selber hat hier von der Taufe geschrieben . . . Ich habe gehört, daß heute abend wieder Gesprächskreis sein soll«, fügte er erklärend hinzu.

Fridfeldt verstand. Dieser Olsson hatte einen scharfen Blick. Er spürte wohl, daß sein Pastor in der Frage der Taufe schwankend war.

»Wollt Ihr nicht heute abend selber mitkommen?« fragte er.

Olsson sah ein wenig unsicher aus.

»Ihr dürft nicht traurig sein, Herr Pastor . . . aber ich würde es als Unrecht gegen Gott ansehen, meine Taufe in Frage zu stellen. Wort und Sakrament des Herrn nehme ich in Ehrfurcht entgegen, aber ich bin kein Richter darüber.«

Fridfeldt schwieg. Die Zurechtweisung ging ihm nahe, aber er hatte sie vielleicht nötig. Er betete das Schlußgebet und brach mit dem Hauptpastor auf.

Die Sonne stand schon tiefer, aber es war sehr warm. Der Pastor wanderte zum Dorf hinunter. Der feine weiße Lehmstaub machte seine Schuhe mehlig und puderte die schwarzen Hosen. Der Lutherrock war aufgeknöpft. Sonst pflegte er den Anzug zu wechseln und gewöhnliche Kleidung anzuziehen, wenn er zu den Nachmittagsversammlungen ging, aber heute hatte er die Amtstracht anbehalten, ohne eigentlich darüber nachzudenken.

Nach dem Mittagessen hatte er sich eine Weile ausgeruht. Dann hatte er die beiden Artikel von Rosenius über die Taufe gelesen. Er war sich selbst noch nicht richtig klar. Dieser Tag war zu überreich an Eindrücken gewesen. Obendrein hatte Frau Hollemann seine Predigt kritisiert. Sie war heute nicht so angenehm zu hören gewesen wie sonst. Der Pastor hatte keine Beispiele oder Erlebnisse erzählt, und sie hatte sich unmöglich gerührt fühlen können. Fridfeldt gestand natürlich die ganze Geschichte mit Schartau und büßte einen weiteren Teil ihres Vertrauens ein. So etwas hätte sie einem geisterfüllten Prediger nie zugetraut! Er seinerseits fühlte mit peinlicher Deutlichkeit, daß diese fromme Seele eigentlich nicht das reine Gotteswort schätzte, sondern statt dessen rührende Geschichten hören wollte. Er fühlte sich ziemlich schuldig, denn er sah ein, daß seine Predigtweise Menschen hatte gewöhnen können, die Predigt als ein Stück geistlicher Unterhaltung zu betrachten.

Der Gesprächskreis sollte heute abend auf dem Ahlberghof im Ödeseer Kirchdorf gehalten werden. Ahlberg selber war überzeugter Baptist, der einzige richtige Pietist hier so dicht an der Kirche. Er war einfach ein Prachtmensch, sein Haus stand sowohl den Kindern Gottes wie den Kindern der Welt offen, und er hatte vielen in geistlichen Fragen zur Klarheit geholfen. Bei ihm wollte man sich nun gesondert zum Gebet und zu Gesprächen über die Tauffrage treffen.

Als der Pastor in die große Stube kam, saßen die meisten der Teilnehmer schon an den Wänden entlang aufgereiht. Außer Ahlberg und seiner Frau, einem kleinen blassen, runzligen Wesen, war da Kaufmann Isaksson von Hyltamo, ein kurzgewachsener Mann mit wachen Augen, und noch ein paar aus seiner Gegend. Außerdem die Freunde aus der Salebyer Ecke, unter ihnen Erik Svensson, der seit der Geschichte mit Daniel von Vänneberga dem Pastor ziemlich nahegekommen war. Schließlich noch ein paar, die sonst nicht dabei zu sein pflegten. Zwei von ihnen erkannte Fridfeldt: es waren Bauern aus dem Süddorf. Der dritte wurde von Ahlberg vorgestellt: es war Lars Persson, der neue Bauer von Hyltamalen in Näs. Er hatte kürzlich den westlichsten Hof des Dorfes erworben, der aus irgendeinem unbekannten Grunde Petrushof genannt wurde.

Fridfeldt merkte sofort, als er hereinkam, daß sie von ihm gesprochen hatten. Anders-Johann vom Westhof wagte sich mit der eben erörterten Frage hervor:

»Hattet Ihr heute aufgeschrieben, Herr Pastor?«

»Nein, ich hatte nichts Aufgeschriebenes. Ich habe eine gedruckte Predigt aus einem Buch vorgelesen. Ich kam direkt von Franz aus dem Seehaus zum Gottesdienst und wollte nicht unvorbereitet sprechen. So nahm ich statt dessen eine gedruckte Predigt.«

Er sah sich forschend um. Einige guckten auf den Fußboden, andere blickten einander an. Es war zu merken, daß das allgemeine Urteil sich noch nicht gefestigt hatte.

»Wir meinen gewissermaßen, daß es ebensogut gewesen wäre, wenn Ihr nach der Eingebung des Geistes gesprochen hättet, Herr Pastor«, sagte der Kaufmann.

»Nein, Isaksson, eine solche Predigt wie diese hätte ich niemals halten können.«

Nun mußte die Frau vom Bäckafallhof etwas sagen.

»Unser Pastor ist viel zu demütig! Haben wir ihn nicht das teure

Gotteswort predigen hören, daß unsere Herzen schmelzen wollten! Er sollte nur kühnlich mehr an die Freiheit der Gnadenkinder glauben und sich vor dem kirchlichen Sauerteig hüten.«

Fridfeldt schlug die Augen nieder. Vor zielbewußten und willensstarken Menschen kam er so leicht aus der Fassung. Wie ein blasser und magerer kleiner Schuljunge saß er vor all diesen breiten und sicheren Gestalten. Glücklicherweise kam einer der Kräftigsten ihm zu Hilfe. Es war einer der Männer aus dem Süddorf.

»Wir finden, wir haben heute eine gute und geisterfüllte Predigt gehört. Wenn Ihr mehr von der Art habt, Herr Pastor, so würden wir uns freuen, wenn Ihr zu uns kommen und uns bei den Versammlungen im Süddorf ein bißchen vorlesen würdet. Es kommt mehr darauf an, was gepredigt wird, als wer predigt. Und was wir heute gehört haben, das tat gut. Das war ein rechtes Evangelium.«

»Aber der Geist muß dabeisein! Und der Geist flieht, wenn man sich an den Buchstaben hält. Der Geist ist Freiheit, aber geschriebene Predigten und Zeremonien, das ist der Buchstabe, der tötet!«

Es war wieder der Kaufmann, der für die Geistesfreiheit eintrat. »Der Buchstabe, der tötet, ist das Gesetz«, sagte Fridfeldt, »so ist die deutliche Meinung der Schrift. Das Gesetz tötet, indem es zum Tode verurteilt. Aber gedruckte Buchstaben töten nicht. Die ganze Bibel ist voller gedruckter Buchstaben – und doch ist sie voller Geist und Leben! Wenn nun jemand eine Predigt nach der Schrift vorbereitet und die heiligen Worte auf ein Papier schreibt, so wäre es schon merkwürdig, wenn der Geist davor fliehen würde. Und wenn man gute Worte aus der Schrift aussucht und sie am Altar als Gebete oder Texte liest, so kann wohl der Geist auch da dabei sein.«

Er merkte plötzlich, daß er das kirchliche Ritual verteidigte. Das war noch nie geschehen. Aber er ahnte eine neue Formknechtschaft, die emporwachsen und das Geistesleben in eine willkürlich zugeschnittene Zwangsjacke pressen wollte, schlechter und steifer als die von den Vätern ererbte. Er fuhr fort:

»Und da Ihr, Isaksson, so fest an das Zeugnis des Geistes im Herzen glaubt, so kann ich euch hier selbst bezeugen, meine Freunde, daß Gottes Geist, als ich heute in der Kirche die Predigt vorlas, mein Herz mit einem Licht und einer Klarheit erfüllte, daß ich Wahrheiten im Wort sah, die mir lange ganz verborgen geblieben waren.«

Der andere Bauer aus dem Süddorf – Fridfeldt versuchte vergebens, sich seinen Namen wieder ins Gedächtnis zu rufen – fingerte an seiner groben Uhrkette und sagte:

»Mir ging es nicht viel anders. Das mit der Gnade und der Sündenverderbnis habe ich früher nie so klar gesehen. Man ringt mit dem Fleisch und kriegt es doch nie tot. Dann fragt man sich, ob vielleicht die Bekehrung falsch war oder ob die Gnade an ihre Grenze gekommen ist. Aber heute habe ich verstanden, daß der feste Grund nicht hier liegt (er schlug sich auf den Friesrock), sondern bei Jesus allein. Wenn er meine Sündenverderbnis versöhnt hat, kann ich auf dem schmalen Wege weitergehen, ohne zu verzweifeln.«

»Aber ein wahrer Christ muß doch wohl ein reines Herz haben!« sagte die Frau vom Westhof.

Der Bauer sah sie an, lange und fragend.

»Habt Ihr denn ein reines Herz, Mutter?«

Die Frau wurde rot.

»Wenn man Gott richtig um ein reines Herz bittet, so ist es klar, daß man es bekommt!«

»Habt Ihr Gott um ein reines Herz gebeten, Mutter?«

Die Frau wich seinem Blick aus und wand sich ein bißchen.

»Gott ist allmächtig«, sagte sie, »und er erfüllt unsere Bitten. Wenn man Gott richtig um ein reines Herz bittet, so muß man es bekommen.«

»Wann wurdet Ihr gerettet, Mutter?« fragte der Bauer.

»Vor fünfzehn Jahren!« antwortete die Frau ein wenig ärgerlich. Wollte jemand in Frage stellen, daß sie ein Gotteskind war?

»Dann glaube ich, daß Ihr Gott fünfzehn Jahre lang um ein reines Herz gebeten habt – aber Ihr habt es nicht bekommen«, sagte der Bauer ruhig. – »Mir geht es ebenso. Aber heute habe ich begriffen, daß auch mein unreines Herz um Jesu willen unter der Gnade stehen kann. So werde ich als Sünder erlöst, und Jesus allein gebührt die Ehre.«

»Sünder werden nicht erlöst«, sagte die Frau scharf, »sondern wer sich bekehrt und glaubt.«

»Ja«, sagte der Bauer, »aber sich bekehren heißt zur Gnade fliehen, und glauben heißt an Jesus allein glauben. Das ist Erlösung für Sünder. Eine andere Erlösung gibt es nicht.«

»Leugnet Ihr dann, daß Gott ein böses Herz umschaffen kann, so daß es rein wird?«

Der Kaufmann hatte gefragt. Er sah die Süddorfleute scharf und mißtrauisch an.

»Das zu leugnen wäre gottlos«, beeilte sich Fridfeldt zu antworten. »Gott kann tun, was er will. Aber es ist weder so, daß Gott dem Menschen ein reines Herz geben muß, noch so, daß der Mensch ein reines Herz haben muß, ehe er ein Kind Gottes sein darf. Gott erlöst uns aus Gnade – auch mit unseren unreinen Herzen. Der Grund des Gnadenstandes ist nicht unser Herz, weder rein noch unrein, sondern Jesu Gerechtigkeit und Verdienst.«

Der neue Bauer von Hyltamalen, der schweigend dagesessen hatte, erhob ein paar flinke und pfiffige Augen und sah den Geistlichen an.

»Aber, Herr Pastor . . . wenn man ein unreines Herz hat, ist man ja ein Sünder. Gott kann doch wohl nicht Sünder zu Kindern haben?«

Nun war die Frage auf die Spitze getrieben. Alle andern lauschten mit gespannter Aufmerksamkeit. Geübt in dogmatischen Debatten wie sie waren, hatten sie gemerkt, daß die Fackel immer näher an die Pulverkammer gekommen war, die alle explosiven Konfliktstoffe der letzten fünf Jahre barg. Auch der Pastor überlegte einen Augenblick. Er fühlte, daß er an einer Wegscheide stand.

»Nein«, sagte er schließlich, »der Sünder wird nicht ohne weiteres Gottes Kind, aber der Sünder wird um Jesu willen als gerecht gezählt.«

»Aber Gott kann doch wohl nicht das, was Sünde ist, Gerechtigkeit nennen? Dann kann ja selbst Satan in den Himmel kommen?«

»Darum mußte ja Gott die Sünde versöhnen. Jesus hat das Gesetz für uns erfüllt und an unserer Statt die Strafe erlitten. Das Gesetz ist nicht aufgehoben, sondern erfüllt. So hat Gott gezeigt, daß er gerecht ist, und daß Sünde jetzt ebensosehr Sünde ist wie vorher. Der Teufel kommt schon nicht in den Himmel.«

»Gottes Gerechtigkeit zeigt sich darin, daß er die Sünden um seines eigenen Namens willen vergibt«, sagte der Bauer ziemlich scharf.

»Steht das so da?« fragte Fridfeldt. Er nahm die Bibel, die auf dem Tisch lag. – »Wie heißt es an der Stelle in Römer 3 von Jesus als dem Versöhnungsopfer . . . sie sind allzumal Sünder und mangeln des Ruhmes, den sie bei Gott haben sollten, und werden ohne Verdienst gerecht aus seiner Gnade durch die Erlösung, so durch Jesum Christum geschehen ist, welchen Gott hat vorgestellt zu einem Versöhnungsopfer durch den Glauben in seinem Blut, damit er seine Gerechtigkeit darbiete in dem, daß er Sünde vergibt, welche bisher geblieben war unter göttlicher Geduld, auf daß er in diesen Zeiten darböte seine Gerechtigkeit, auf daß er allein gerecht sei und gerecht mache den, der da ist des Glaubens an Jesum . . . Heißt es nicht deutlich, daß Gott nicht einfach bloß mit der Sünde ein Nachsehen haben kann? Er muß auch seine Gerechtigkeit darbieten, und das hat er getan, indem er den Sohn als ein Versöhnungsopfer leiden ließ. Durch dies Opfer ist der Grund für die Vergebung gelegt, und Gott kann den Sünder gerecht machen, ohne der Bosheit nachzugeben.«

»Aber dann ist ja die Versöhnung außer uns geschehen? Geschieht die Versöhnung nicht in unserm Herzen?«

Fridfeldt dachte einen Augenblick nach. Nun ging er doch sicher neue Wege – nein, er war nur auf den alten Weg gekommen. Dessen schämte er sich nicht.

»Doch«, sagte er fest, »die Versöhnung ist wirklich außer uns geschehen. Sonst wäre es keine Versöhnung. Jesus hat für unsere Sünden bezahlt, den Tod an unserer Statt erlitten, das Gesetz erfüllt und Versöhnung gebracht auch für die Verderbnis, die in unseren Herzen ist. Hätte er das nicht getan, so könnte keiner von uns hier selig werden. Würde die Versöhnung nur in uns geschehen, so müßte das ja bedeuten, daß wir Christen werden und vor Gott bestehen könnten durch die Verwandlung unsrer Herzen. Liebe Freunde, gibt es einen unter euch hier, der zu sagen wagte, sein Herz wäre so verändert, daß er aus diesem Grunde meint, vor Gott bestehen zu können?

Er schwieg einen Augenblick und sah sich um. Die andern schwiegen auch.

»Aber wenn wir alle immer noch Sünde haben, so ist es doch wohl geradezu Lästerung, zu glauben, daß Gott uns zu seinen Kindern haben will – wenn Gott es nicht selbst gesagt und es durch etwas möglich gemacht hätte, was außer uns geschehen ist?«

Er dachte einen Augenblick nach.

»Vorher fand ich wohl, die neue Lehre wäre so viel einfacher und klarer. Aber da meinte ich die ganze Zeit, daß man die Sünde wirklich ablegen könnte. Wenn man zum Glauben käme, erhielte man Vergebung für alle seine Sünden, und dann lebte man als ein Gotteskind und nicht als ein Sünder. Die Erlösung bestände eben darin, daß man Jesus sein Herz auftäte und aufhörte zu sündigen. Aber das mit der Sündenverderbnis ändert alles. Hat man einmal verstanden, daß man zutiefst ein Sünder ist, jeden Tag und jeden Augenblick, dann begreift man auch, daß es überhaupt keine Rettung gibt, wenn wir nicht um Jesu willen Gottes Kinder sein dürfen, obwohl wir an uns selbst Sünder sind. Daß wir es sein dürfen, ohne daß Gott alle seine Heiligkeit wegwirft und alles Recht aufhebt, beruht darauf, daß Jesus ein vollgültiges Versöhnungsopfer für alle Sünden der Welt gebracht hat. Ich habe vorher nie verstanden, wenn Paulus sagt, daß wir Gott versöhnt sind, als wir noch Sünder und seine Feinde waren, aber nun, glaube ich, verstehe ich es.«

Es ging eine Bewegung durch den Raum. Ein paar von den Freunden aus Hyltamo steckten die Köpfe zusammen und tuschelten. Isaksson sah bestürzt aus. Ahlberg hatte die Stirn in bedenkliche Falten gelegt, aber die beiden Männer aus dem Süddorf wechselten einen langen Blick miteinander und schienen sich beinahe anzulächeln. Lars vom Petrushof war der erste, der etwas sagte. Er sprach in ziemlich scharfem Ton.

»Nun sitzt Ihr doch in dem alten Sauerteig und der alten Lehre fest. Ihr solltet die Fesseln abwerfen, den alten Rock da ablegen und aus der toten Kirche austreten, ehe Ihr selber darin erstickt . . .«

»Ist das so ganz sicher, daß die Kirche ein Haus des Todes ist?« fragte Fridfeldt ruhig. Er dachte an Schartau. Der Bauer entgegnete schnell:

»Ich will Euch was sagen, Herr Pastor: hier ist viele hundert Jahre lang der reine geistliche Tod gewesen, bis die Erweckung kam. In dem Hof, wo ich jetzt wohne, hat niemals ein Gotteskind gelebt, bis zum 14. März dieses Jahres, als ich und meine Frau dort einzogen.«

Diesem Argument hatte ja Fridfeldt nichts entgegenzusetzen. So schwieg er und schlug etwas verwirrt die Augen nieder. Im selben Augenblick hörte man schwere Schritte draußen im Vorraum. Ein paar gläubige Freunde aus den Dörfern im Jämshögbezirk traten ein. Man war vollzählig.

Ahlberg selbst übernahm nun die Leitung und las ein Schriftwort. Dann kniete man nieder, jeder bei seinem Stuhl, die Rücken zueinandergekehrt. Ahlberg betete zuerst.

»Ja, wir danken Dir, lieber Herr Jesus, daß Du uns in Deiner großen Gnade in Deinem Namen hier zusammenkommen läßt. Hab Dank, daß Du versprochen hast, bei uns zu sein alle Tage. Hab Dank, daß Du uns vollkommen machen willst in einem neuen Testament, nicht des Buchstabens, sondern des Geistes. Hab Dank, daß Du Dein Gesetz in unsern Sinn geben willst und uns erlösen mit einer vollkommenen Erlösung, Dir zu dienen unbefleckt . . .«

Ahlberg betete lange. Fridfeldt fiel es schwer, andächtig zu bleiben. Er spürte, daß eine heimliche Zwietracht in der Luft lag, die diese ganze Gebetsgemeinschaft unecht machte. Er merkte, wie die Uneinigkeit auch durch Ahlbergs Gebet hindurchblickte, das zu einem kleinen Kompendium seiner eigenen Heiligungslehre wurde. Auch seine Ansicht über die Taufe wurde am Rande erwähnt.

Plötzlich fiel es Fridfeldt ein, daß er nach der üblichen Ordnung als nächster zu beten hatte. Das quälte ihn. Es würde ihm schwerfallen, von Herzen zu beten, wenn er fühlte, wie die anderen seine Worte auf die Waage der Kritik legten. Er fühlte all die einander widerstreitenden Willen und die neugierigen Erwartungen, die in der Luft lagen. Als Ahlberg endlich sein Amen gesprochen hatte, von dem der übrigen begleitet, betete er darum nur ein schlichtes Vaterunser. Bei »Dein Wille geschehe« fügte er ein paar eigene Worte ein. Die fünfte Bitte betete er zweimal. Als er geschlossen hatte, spürte er gleichwohl in der Luft, daß er etwas getan hatte, das nicht herkömmlich war. Während des übrigen Teiles der Gebetsgemeinschaft betete er still für sich um Frieden des Herzens und Klarheit der Gedanken.

Ahlberg erhob sich und setzte sich an den Tisch, zum Zeichen, daß das Gebet zu Ende war. Mit seinen dunklen und klugen Augen blickte er den Pastor an.

»Jetzt wünschen wir uns von Gott einen Geist des Friedens und der Eintracht. Und nun bitten wir unsern lieben Herrn Pastor, uns zu fragen, ob er in der Sache, zu der wir uns zusammengefunden haben, ein Zeugnis abzulegen hat.«

Ohne von seinem Stuhl aufzustehen, sagte Fridfeldt:

»Ich verrate wohl kein Geheimnis, wenn ich euch sage, meine Freunde, daß mich diese unsre Gespräche der Erwachsenentaufe immer nähergebracht haben. Ich habe gelernt, die Menschen zu verstehen, die sich wiedertaufen lassen. Heute früh bat ich Gott in großer Angst um Führung in dieser Sache. Ich glaube, Gott hat mein Gebet erhört.«

Keiner wagte zu atmen. Ahlberg hatte den Kopf in die Hand geneigt, als wagte er den Pastor nicht anzusehen, um nicht vor Spannung zu zerspringen.

»Die Antwort, die ich von Gott bekommen zu haben meine«, fuhr der Geistliche fort, »liegt eigentlich in einer Frage, die Gott mich heute morgen durch eine besondere Fügung aufzugreifen zwang. Diese Frage will ich euch jetzt vorlegen. Sie lautet . . .«

Alle sahen ihn gespannt an, auch Ahlberg.

»Kann ein kleines Kind selig werden – und wenn ja: woraufhin?«

Die Antwort kam von mehreren Seiten zugleich: »Ja – Solcher ist das Reich Gottes – Lasset die Kindlein zu mir kommen . . .«

Der Pastor nickte:

»Also, das ist gewiß . . . aber woraufhin?«

Die anderen machten etwas fragende Gesichter.

»Ich meine . . . sind die Kinder fähig, in das Reich Gottes einzugehen, wie sie sind, oder müssen auch sie an der Erlösung in Christus Anteil bekommen?«

»Sie müssen von Jesus erlöst werden«, sagte einer der Süddorfbauern. »Steht nicht geschrieben: Was vom Fleisch geboren wird, das ist Fleisch? Und: Es sei denn, daß jemand geboren werde aus Wasser und Geist, so kann er nicht in das Reich Gottes kommen?«

»So heißt es allerdings«, sagte Fridfeldt, »und ohne Zweifel will die Schrift sagen, daß die ganze Menschheit seit Adam der Sünde und dem Tode unterworfen ist. Da ist nicht einer, der gerecht sei, und alles ist unter das Gericht beschlossen. Aber alles kann in Christus erlöst werden. – Nun habe ich erst heute bedacht, daß das auch für die Kinder gelten muß. Die Sündenverderbnis, von der wir eben sprachen, die sitzt ja auch in den Kindern. Das war es, was ich heute morgen gesehen habe. Und ich denke, das seht ihr alle.«

»Das muß man sagen«, antwortete eine Bauernfrau aus dem Hochwald. »Neun Kinder hab ich großgezogen. Manche waren weicher veranlagt und mache rauher, aber neidisch sein und sich zanken und hinter dem Syrupbrot des andern her sein, das konnten sie schon längst, ehe sie richtig sprechen lernten. Sowas ist angeboren.«

Ein Lächeln ging durch die Versammlung. Mutter Ahlberg öffnete ein Fenster nach dem Hof. Es war sehr warm.

»Ja, das ist angeboren«, sagte Fridfeldt. »Die Sündenverderbnis haben wir schon in der Wiege. Vom ersten Tage unseres Lebens an gehören wir zu dem Geschlecht, das unter dem Gericht steht und erlöst werden muß.«

Ahlberg fing an zu verstehen, wo das hinauswollte. »Aber steht nicht geschrieben«, sagte er nachdenklich, »daß die Kinder zum Reich Gottes gehören?«

»Nein, es steht geschrieben, daß solchen das Reich Gottes gehört. Das ist genau das Gegenteil. Die Kinder mußten zu Jesus kommen, um am Reich Gottes Anteil zu bekommen, ebenso wie Zöllner und Huren und alle andern. Deswegen gerade sollten sie nicht fortgeschickt werden. Jesus hat nicht gesagt: Laßt sie in Frieden spielen, sie sind sowieso selig, sondern er hat gesagt: Lasset die Kindlein zu mir kommen. Und er legte die Hände auf sie und segnete sie und nahm sie auf in sein Reich.«

»Aber er taufte sie doch nicht?«

»Jesus hat auch sonst niemanden getauft. Er nahm die Menschen direkt in sein Reich auf. Aber seiner Gemeinde hat er die Taufe gegeben, damit wir durch diese Pforte in das Reich Gottes geführt würden. Eine andere Pforte hat er uns nicht gegeben. Es sei denn, daß jemand geboren werde aus Wasser und Geist, so kann er nicht in das Reich Gottes kommen.«

»Aber die Kinder können doch nicht glauben?« Ahlberg wurde eifrig. Die andern lauschten. Es war totenstill. »Wer da glaubet und getauft wird, der wird selig werden. Also ist der Glaube zur Taufe nötig!«

»Nein, nicht zur Taufe, sondern zur Seligkeit. Jesus sagt hier nicht, was notwendig ist, um getauft zu werden, sondern was man braucht, um selig zu werden. Und zwar ist das zweierlei: die Taufe und der Glaube. Begreift Ihr nicht, Ahlberg, wie furchtbar es wäre, wenn die Kinder nicht glauben könnten – dann könnten sie ja auch nicht selig werden!«

Fridfeldt stutzte über diesen Gedanken, der ihm gerade eben gekommen war. War das bloß logische Gedankenspielerei? Aber dann dachte er an den alten Franz und sein Enkelkind und ahnte einen tiefen erbaulichen Zusammenhang.

»Es ist wohl die Frage«, sagte er, »ob wir das mit dem Glauben nicht mißverstanden haben. Der Glaube sitzt nicht in unserm Gehirn und in unsern Gedanken. Der Glaube ist nicht ein Werk, das wir tun, auch nicht ein Geschenk, das wir Gott machen. Daß wir durch den Glauben gerecht werden, bedeutet nicht, daß der Glaube eine Art Bezahlung ist, ebensogut wie Almosen oder gute Werke. Steht nicht geschrieben, daß das Himmelreich den geistlich Armen gehört? Also ist der Glaube eine Armut des Geistes, ein Hunger und Durst, ein armes, leeres Herz, das sich für Gott öffnet, so daß Gott seine Gnade hineingießen kann. Wenn Gott die Gnade in uns hineingießt, werden wir wiedergeboren und bekommen teil an dem neuen Leben.«

Die Bauern aus dem Süddorf nickten. Die Baptisten sahen ihren Sprecher fragend an. Dieser wendete den Blick nicht von dem Pastor. Es war ihm anzumerken, daß ihm dies neu war, daß er sich jedoch ehrlich bemühte, es zu verstehen.

»Aber der Mensch muß doch wohl selber sein Herz öffnen?« sagte er.

»Ja, freilich . . . wenn er es selber verschlossen hat. Aber ich frage mich noch sehr, wie das mit den Kindern ist – ob ihre Herzen wirklich für Gott verschlossen sind. Warum ist es für die Kinder so viel leichter, in das Reich Gottes zu kommen, als für uns Erwachsene? Warum steht geschrieben, wenn wir das Reich Gottes nicht empfangen wie die Kinder, so werden wir nicht hineinkommen? Ja, warum müssen wir Erwachsenen uns umkehren und werden wie die Kinder, um ins Himmelreich zu kommen? Liegt das nicht daran, daß das Herz des Kindes offen ist, so daß Gott die Gnade hineingießen, seinen Geist darüber ausgießen und ihm die Wiedergeburt schenken kann? Wenn wir erwachsen werden, ist die Sache nicht mehr so einfach, denn dann beginnt der Widerstand, dann machen wir Schwierigkeiten und sträuben uns und setzen durch absichtliche Sünden einen Deckel auf das Herz. Erst wenn dieser Deckel in der Bekehrung heruntergenommen wird, sind wir geworden wie die Kinder – und dann können wir wieder ins Himmelreich kommen.«

Er schwieg, selbst verwundert über seinen Redestrom. Aber er hatte etwas geschaut, er jagte einer Lösung nach. Um sie nicht zu verlieren, fing er gleich wieder an:

»Wie steht es nun, Freunde? Wenn Glaube bedeutet, Gottes Gnade in seinem Herzen zu empfangen, und wenn das Kinderherz immer für Gott offensteht – dann kann das Kind doch glauben? Dann kann es doch die Gnade empfangen? Wenn der Glaube im Kopf und in den Gedanken und in den klaren Begriffen säße, dann ginge es nicht. Aber wenn er eine Armut des Herzens ist, dann geht es. Wenn wir also ein kleines Kind mit seinem verderbten Herzen zur Taufe bringen, was hindert Gott, es zu begnadigen, es in Christi Reich aufzunehmen und ihm die Vergebung der Sünden zu schenken? Sieh«, er hob beide Hände und formte eine Schale,

»das ist dein Herz . . . eine Schale voll verdorbenen Inhalts, geboren aus der sündigen Natur und mit allen bösen Begierden am Grunde. Als du zur Welt geboren wurdest, war die Schale offen für Gott. Du warst darum noch nicht Gottes Kind, denn die Schale war nicht das Herz eines Engels, sondern ein Stück verderbtes Menschenfleisch. Dann wurdest du getauft. Da goß Gott seinen Geist als einen heiligen Gnadenstrom in die Schale. Die Schale war immer noch verderbt, auf ihrem Grunde lagen böse Triebe, aber alles war in Vergebung gehüllt, und darüber lag ein weißes Tuch, das heißt Jesu Gerechtigkeit und Versöhnung. Da warst du Gottes Kind – um Jesu willen. Dann wuchsest du auf. Vielleicht sündigtest du vorsätzlich und lebtest im Unglauben. Da kam wieder der Deckel auf die Schale. (Er senkte die eine Hand wie eine Glocke über die andere.) Nun stand es schlimm. Aber du weißt, daß Gott dich wieder ergriff; die Reue kam und das Bekenntnis und der Glaube . . . (Die obere Schale wurde wieder abgenommen und die Hände bildeten wieder ein offenes Gefäß.) Da sitzt du nun: die Verderbnis hast du behalten, der Heiligungskampf geht weiter, einige Schalen werden in diesem Leben beinahe völlig gereinigt, andere bewahren so viel von der schwarzen Neige, daß es der äußersten Achtsamkeit bedarf, damit sie nicht überfließt und als vorsätzliche Sünde hervorquillt – aber über uns allen leuchtet die Versöhnung, und wir haben alle gleichermaßen teil an dem, was Grund und Inhalt der Seligkeit ist: Jesus allein.

Und wenn du einmal stirbst . . . (er hielt die Hände immer noch vor sich hin) – und dein Bewußtsein sich verdunkelt, dann legst du deine zersprungene Schale mit aller Finsternis, die noch darin ist, vor dem Gnadenstuhl nieder und sagst: Ich weiß, an wen ich glaube – und dann erlischt dein Denken. Da unten im Herzen brodelt noch die Bosheit, böse Triebe steigen auf, deine Lippen formen vielleicht noch böse Worte . . . Was tut's? Das ist nur der alte Mensch, der zerfällt, so daß der schwarze Inhalt herausrinnt. Der neue ruht schon sicher auf dem Seligkeitsfelsen Jesus.«

Seine Hände sanken herab. Er sah die ganze Zeit den alten Franz vor sich. Nun hatte er auch auf diese Frage eine Antwort. Am liebsten wäre er geradewegs zum Seehaus gegangen.

Es war lange still in Ahlbergs Großstube. Schließlich sagte der Vetter des Kirchenältesten mit einer Stimme, die ein wenig belegt wirkte:

»Nun hat uns der Herr Pastor heute doch noch eine eigene Predigt gehalten, die wir lange nicht vergessen werden. Nun getröste ich mich meiner ersten Taufe und brauche keine andere. Und jetzt, finde ich, sollten wir ein Lied singen und nach Hause gehen . . .«

Ahlberg nahm schnell das Wort, als die anderen Beifall nickten. Er hatte keine rechte Lust, die Versammlung in diesem Stadium aufzulösen.

»Sie ist mir so neu, diese Art, den Glauben aufzufassen«, sagte er, »und ich weiß nicht recht, was ich dazu sagen soll. Ihr habt uns vorhin eine Frage gestellt, Herr Pastor. Darf ich Euch jetzt auch etwas fragen?«

Fridfeldt nickte.

»Könnt Ihr uns ein Schriftwort sagen, aus dem hervorgeht, daß ein kleines Kind wirklich wiedergeboren werden kann?«

Fridfeldt senkte einen Augenblick die Stirn in die Hand.

»Nicht eins – sondern gleich zwei«, sagte er. »Wir haben sie schon gehört. Das eine ist dieses: Es sei denn, daß jemand geboren werde aus Wasser und Geist, so kann er nicht in das Reich Gottes kommen. Das andere lautet: Wer das Reich Gottes nicht empfängt als ein Kindlein, der wird nicht hineinkommen . . . Versteht Ihr, was ich meine, Ahlberg? Der erste Spruch sagt also, daß Gottes Reich durch die Wiedergeburt in der Taufe empfangen wird. Der andere sagt, daß Kinder das Reich Gottes empfangen können, und daß gerade sie es auf die rechte Weise empfangen. Wenn es nun die Kinder sind, die den rechten Weg in das Reich Gottes gehen, und wenn dieser Weg ›wiedergeboren werden‹ heißt, so ist es doch wohl auch klar, daß die Kinder wirklich wiedergeboren werden können? Und daß wir alle das Reich Gottes empfangen haben, da wir als Kinder getauft wurden?«

Ahlberg sah gedankenvoll vor sich hin. Er saß weit vorgebeugt, die Ellenbogen auf dem Tisch, der Blick heftete sich an die Deckenleiste. Zwischen den Augenbrauen stand eine scharfe Falte.

Die klugen Augen kehrten wieder zu dem Pastor zurück und

blickten ihn prüfend an.

»Ihr wollt doch wohl nicht sagen, daß es unrecht sein könnte, sich wiedertaufen zu lassen?«

»Unrecht?« Fridfeldt war überrascht von der Frage. Daran hatte er nie gedacht.

»Unrecht . . . Ich wage nur zu sagen, wie es mir selber geht. Wenn ich mich hätte wiedertaufen lassen, so wäre das ein Versuch gewesen, Gott mit noch einem Gesetzeswerk zu besänftigen und auf dem Wege des Gehorsams zum Himmel hinaufzuklimmen. Aber heute habe ich gesehen, daß dieser Weg niemals zum Ziel führt. Durch Werke des Gesetzes mag kein Fleisch vor ihm gerecht sein . . . Wenn das Herz vom Gesetz gequält wird, sucht es sich mit ständig neuen Opfern zu sichern. Ich habe versucht, mich von allem Weltwesen loszusagen und vor Gott bis auf das letzte Scherflein recht zu tun. Ich habe alle Kleider geopfert, bei denen ich eine einzige Spur von Eitelkeit witterte, und alle Speisen und Getränke, an denen ich einen Genuß fand. Und nun hat mich die neue Taufe gelockt, weil sie ein großes und schweres Gehorsamsopfer zu sein schien. Aber jetzt erkenne ich, daß das eine Versuchung war, vor Gottes Gericht zu fliehen und durch meinen eigenen Gehorsam gerecht zu werden. Heute habe ich verstanden: das Opfer, das Gott gefällt, ist ein geängstet und zerschlagen Herz, das seine Verderbnis kennt und seine Sünde sieht und zu dem Glauben an Jesus allein seine Zuflucht nimmt. Nun will ich ebensosehr ganz und völlig aus Gnaden selig werden, wie da ich als Kind getauft wurde. Wenn ich mich nun taufen ließe, würde es aus Unglauben geschehen. Es würde bedeuten, daß ich das geringschätze, was Gott allein getan hat, und an seine Stelle etwas Besseres zu setzen suchte, bei dem ich selber mitgeholfen habe. Es würde bedeuten, daß ich doch nicht wagte, an die Gnade allein zu glauben, sondern durchaus mit einem Werk der Gerechtigkeit auftreten wollte, das ich selber zustandegebracht hätte. Aber heißt das nicht, Gott mißtrauen?«

Ahlberg sah sehr ernst aus. Es war, als wolle er sich gegen eine Anklage verteidigen.

»Ich hoffe, Ihr glaubt nicht, Herr Pastor, daß wir Baptisten die reine Gnade zunichte machen wollen. Das lehrt uns Gott schon mit den Jahren, daß es keinen anderen Grund gibt als den Felsen der Versöhnung. Auf dem Grunde will auch ich leben und sterben. Unser Eigenes ist doch bloß Stückwerk und Plunder. Aber damit habe ich nicht gesagt, daß ich in der Tauffrage jetzt anders denke als vorher . . . Und so können wir im Frieden auseinandergehen. Wollt Ihr noch mit uns beten, Herr Pastor?«

Alle standen wieder auf und machten kehrt, es wurde mit den Stühlen gescharrt, mühsam kamen die schweren Leiber in ihre kniende Stellung. Während Fridfeldt einen Augenblick schwieg und auf die langsameren Alten wartete, stieg in ihm eine rechte Dankbarkeit für den Ausgang des Gespräches auf. Er empfand große Hochachtung vor Ahlberg. Er ahnte, daß sie zutiefst doch von demselben Glauben lebten. Ahlbergs letzte Worte hatten erkennen lassen, daß auch er nach seiner Bekehrung etwas gelernt hatte. Vielleicht mußten schließlich alle ehrlichen Christen nach allen Irrwegen zum Felsen der Versöhnung zurückkehren. Aber wozu dann all die Zersplitterung? Hätte Ahlberg vor zehn Jahren so über die Gnade gedacht, wie er es heute tat, er wäre wohl niemals Baptist geworden.

Fridfeldt betete schlicht und sehr kurz um drei Dinge: um die Eintracht aller Christen und ihre Vereinigung auf dem rechten Grunde, um Bereitschaft, eigene Fehler zu erkennen und fremde zu vergeben, und um Gnade, Tag für Tag in der Armut des Geistes zu verharren, die Jesus allein groß und unentbehrlich machte. Zum Schluß betete er den Vers »Nun lob, mein Seel, den Herren . . .« Es geschah zum erstenmal, daß er bei einer Gebetsversammlung einen Gesangbuchvers betete. Dann stand er rasch auf. Er wollte heute kein Gebetsduell riskieren. Statt dessen schlug er das Lied vor: Felsen, der für mich zerbrach.

Der Aufbruch geschah ziemlich tumultuarisch. Ahlbergs Gesinnungsgenossen waren nicht recht zufrieden mit ihrem Leiter, und die Freunde aus Hyltamo schienen unter sich durch eine unsichtbare Mauer getrennt zu sein. Einige von ihnen drückten dem Pastor warm die Hand, ohne etwas zu sagen, andere schauten verlegen zur Seite und zogen die Hand schnell zurück, als sie »auf Wiedersehen« gesagt hatten. Aber erst draußen zwischen den

Häusern des Dorfes kam der Wortwechsel in Gang.

Fridfeldt selbst blieb noch einen Augenblick zurück und plauderte mit den beiden Männern aus dem Süddorf. Er hätte gern ein wenig mehr über ihre innersten Gedanken gewußt. Aber sie waren sehr einsilbig, verabschiedeten sich bald und gingen in Ahlbergs Stall, um das Pferd zu holen.

Auf der langen Steigung, die zum Pfarrhaus hinaufführte, blieb er stehen. Die Sonne stand schon sehr tief, der Pfarrhügel mit den alten Bäumen warf einen breiten Schlagschatten über die Äcker an seinem Fuß. Dahinter erhob sich die Kirche, die Fassade des Turmes war vom Glanz der Sonne vergoldet, und die feinen Einzelheiten der Holzkonstruktion traten auf dem dunklen Hintergrund der Hedingsberge klar hervor. Die weißen Haufenwolken des Sommertages hatten sich im Osten zu Gebirgen von Schnee und Baumwolle zusammengedrängt. Darüber stand nur eine unendliche Klarheit, durchkreuzt von den schnellen Pfeilschüssen der Schwalben.

Einen Augenblick hatte Fridfeldt den Gedanken, nach links abzubiegen und zum Seehaus hinunterzugehen. Aber dann fiel ihm ein, daß im Pfarrhaus jeden Augenblick das Abendbrot auf dem Tisch stehen konnte. Er mußte die Zeit einhalten.

Während er bergauf wanderte, erfüllte ihn eine Liebe zu der Kirche da unten, die ihm völlig neu war. Kam das vielleicht daher, daß ihm heute so viel unreife und ungerechte Verachtung für sie vor Augen gekommen war? Man soll arme Eltern nicht verachten, dachte er. Sie ist doch unser aller Mutter, da sie die Taufe verwaltet hat, durch die jeder einzelne von uns Christ geworden ist.

Christ? Ja – so mußte es wirklich heißen. Was ihm heute über Sündenverderbnis und Versöhnung, über Glaube und Taufe klargeworden war, das zeigte schließlich doch, daß der alte Pfarrer recht hatte, wenn er seine Gemeindeglieder als Christen behandelte und die christliche Forderung an sie richtete, als sei das das natürlichste von der Welt. Er hatte wirklich recht – so wahr Gott in der Berufung der Taufe recht hatte.

Am Tor des Pfarrhofes standen ein paar alte Linden, die heute abend mit dem Brummen der Hummeln tönenden Orgelbässen glichen. Der Pastor blieb ein wenig stehen und lauschte. Während ihn der Duft und das Orgelgetön umgaben, verirrte sich sein Blick zwischen den Stämmen und den Phloxhecken hindurch auf den Hof. Dort leuchteten die Sonnenkringel auf dem roten Giebel des Pfarrhauses, ein paar helle Streifen zogen sich über den Sandplatz zum Flieder hin, und gegenüber der Haustreppe lag der alte Flügel im hellen Sonnenlicht. Er sollte da gelegen haben, längst ehe das jetzige Pfarrhaus gebaut worden war. Sein Mansardendach reichte fast bis zu den quadratischen Fenstern hinunter. Neben der Treppe wuchsen Kletterrosen, uralt und beinahe eingegangen, aber zwischen all den dürren und stacheligen Gewinden leuchteten noch einzelne rote Blüten. Auf der Treppe saß der alte Pfarrer und wärmte sich an der Sonne, friedlich gegen die breite Türfüllung gelehnt, die Hände über den Knien gefaltet.

Der Pastor fühlte sich plötzlich durch eine Welle von Sympathie und Verehrung mit ihm verbunden. Sachte ging er hin und setzte sich eine Treppenstufe tiefer. Lange sagte niemand etwas.

Dann begann der alte Herr bedächtig:

»Ja, ja, es ist seltsam zu denken: über diese grauen Eichenplanken, auf denen wir jetzt sitzen, ging noch vor sechzig Jahren der alte Propst Faltin. Und wenn ich nicht irre, hat auch der selige Savonius seinen Fuß daraufgesetzt. Von Savonius habe ich zu Anfang meiner Amtstätigkeit viel gehört. In dem Mann war Feuer von oben, sagten die Alten. Er starb dann an den Blattern . . . Zwei Jahre soll er hier gewirkt haben, aber sein Werk war noch zu spüren, als ich herkam, besonders im südlichen Teil der Gemeinde. Als dann der Neupietismus anfing, bekam er dort unten eine besondere Tiefe. Man merkt es den Süddörflern heute noch an . . . Ja, ja, wir sind alle Erben, und es ist vieles vor uns geschehen.«

»Ja, es ist viel vor uns geschehen. Es ist groß, Erbe sein zu dürfen.«

Der alte Herr bewegte sich ein wenig, als hätte er aufgeblickt. Fridfeldt tat, als merke er es nicht.

»Es ist groß, Erbe sein zu dürfen«, sagte er still. »Ich fange an zu begreifen, daß nicht alles mit der Erweckung angefangen hat. Hinter Waldenström stand Rosenius - und Rosenius hat wohl tiefer gesehen. Und hinter Rosenius stehen Schartau und Sellergren – und sicher noch mancher andere. Ja, es ist viel vor uns geschehen . . . Es ist so seltsam, auf derselben Kanzel stehen zu dürfen, von ihnen zu lernen und zu versuchen, das Werk weiterzuführen. – Onkel«, sagte er plötzlich, ohne sich umzuwenden, »gibt es etwas Größeres als Pfarrer sein zu dürfen?«

Der alte Herr streckte seine magere Hand aus, legte sie dem Hilfsprediger von hintenher fest auf die Schulter und drückte sie nieder.

»Fridfeldt, Fridfeldt«, sagte er, »heute bist du meine Herzensfreude geworden.«

Gegenüber trat Frau Hollemann auf die Treppe hinaus und rief zum Abendbrot. Schweigend erhoben sich die Männer, der alte mit den von der Gicht steifen Beinen und der junge mit knabenhaft ungeschickten Bewegungen. Beide hatten verdrückte Hosen, und bei beiden stand der Kragen des Lutherrocks im Nacken ein wenig ab.

Nach dem Essen wollte Frau Hollemann eine Tasse Kaffe bringen wie es am Sonntagabend üblich war. Der alte Pfarrer lehnte wie gewöhnlich dankend ab und zündete sich statt dessen eine Pfeife an. Das Kaffeetablett kam mit nur einer Tasse herein. Um die Lippen des Hilfspredigers spielte ein kleines Lächeln, das sich sonst nicht dort fand.

»Heute können Sie mir auch eine Tasse bringen, wenn der Kaffee reicht«, sagte er.

Frau Hollemann schlug die Hände zusammen.

»Gott sei Dank! Nein, daß Sie diese Grillen doch noch losgeworden sind!«

»Ob es Grillen waren, weiß ich nicht«, sagte Fridfeldt nachdenklich. »Sagen Sie lieber: ein Fluch.«

»Ein Fluch?«

»Ja . . . der Fluch des Gesetzes. Von dem hat mich Gott nun befreit.«

Frau Hollemann blieb erstaunt vor der Anrichte stehen. Die

Tasse, die sie herausgenommen hatte, hielt sie noch am Henkel.

»Des Gesetzes? Sie wollen doch nicht sagen, daß Gottes Gesetz uns verbieten könnte, Kaffee zu trinken, wie es die sündigen Genüsse verbietet?«

»Gottes Gesetz verbietet alle Begierden und alle Eigensucht in Gedanken, Worten und Werken, Frau Hollemann. Und dies Gesetz trifft alles Menschenwerk, wenn man der Sache auf den Grund sieht. Ich wage weder aus der Tasse da zu trinken noch dies Gespräch fortzusetzen, wenn ich versuchen soll, ohne Sünde zu leben. Aber es gibt einen anderen Weg: denn was ich jetzt lebe im Fleisch, das lebe ich in dem Glauben des Sohnes Gottes, der mich geliebt hat und sich selbst für mich hergegeben. Auf diesem Grunde gedenke ich künftig wieder Kaffee zu trinken. Und vielleicht kommt auch der Tag, an dem ich in der Nachfolge meines Heilands wage, mich unter die Sünder zu setzen und ein Glas Wein mit ihnen zu trinken.«

»Pfui«, sagte Frau Hollemann, »nun fangen Sie fast an zu reden wie der Herr Pfarrer.«

»Das hoffe ich«, sagte Fridfeldt ruhig.

Es wurde sehr still. Der Hilfsprediger trank seinen Kaffee aus, erhob sich, dankte und bat um Entschuldigung. Er wollte zum Seehaus hinunter, ehe es dunkel wurde.

So wanderte er wieder zwischen den Linden hinaus. Es hing noch ein Streifen von dem warmen Glanze des Tages in ihren Wipfeln. Er selbst trug in sich ein großes Licht und eine frohe Botschaft, das auch für zwei angstdunkle Augen da unten im Häuschen am Hag angezündet werden und leuchten sollte, ehe dieser gesegnete Verklärungstag zu Ende ging.

Drittes Buch

Auf diesem Felsen

Neues Leben

Durch die herzliche Barmherzigkeit unsers Gottes,
durch welche uns besucht hat der Aufgang aus der Höhe,
auf daß er erscheine denen, die da sitzen in Finsternis und Schatten des Todes,
und richte unsere Füße auf den Weg des Friedens.
Ehre sei dem Vater und dem Sohne
und dem Heiligen Geiste,
wie es war im Anfang, jetzt und immerdar
und von Ewigkeit zu Ewigkeit. Amen.
Wir werden trunken von den reichen Gütern deines Hauses,
und du tränkest uns mit Wonne als mit einem Strom . . .

Prächtig klang die tiefe Baßstimme in dem leeren Raum, der von ihrem eintönigen Gemurmel erfüllt war wie von dem Brausen eines fernen Meeresufers. Beim Gloria stieg der Ton ein wenig, als erhöbe er sich zu einem Lobgesang, bei der Antiphon sank er nachdenklich wieder in seine alte Lage zurück.

Die Aprilsonne flutete zu beiden Fenstern des Saales herein und malte große goldene Scheiben auf den abgenutzten Holzfußboden. Die Gardinen waren entfernt, sogar die Haken waren ausgeschraubt. Der ganze Saal war völlig leer, die dunkelbraunen Tapeten mit den klassizistischen Mustern in Schwarz und Gold waren stellenweise stark verblaßt und ließen deutlich erkennen, wo in einer vergangenen Zeit die Bilder gehangen und die Anrichte ihren Platz gehabt hatte. Mitten an der Decke hing der Leitungsdraht abgeschnitten unter der schmutzigen Gipsplatte.

An der Außenwand zwischen den Fenstern stand der einzige Einrichtungsgegenstand des Raumes, ein Miniaturaltar mit zwei

Messingleuchtern, und ein kleines Bronzekruzifix hing darüber an der Tapete. Vor dem Altar befand sich in einiger Entfernung eine niedrige Betbank mit weißem Gitter und rotem Plüschpolster, offensichtlich mit dem Zweck, bei Trauungen im Pfarrhaus benutzt zu werden. Hinter der Betbank stand Pastor Torvik, in den Händen das blaue Stundengebetbuch, aus dem er las. Er war groß und grobgewachsen, mit gewaltiger Brust. Die Arme waren lang und hatten unnatürlich schmale Handgelenke. Das Haar war hellblond, die Augenbrauen leuchteten fast weiß in dem frühlingsmäßig sonnverbrannten Gesicht. Die Gesichtszüge waren kantig und häßlich, die Kieferpartie stand zu weit vor, und die Nase hatte in der Mitte eine kleine Senkung, als sei sie einmal einer Mißhandlung ausgesetzt gewesen. Die Stirn war ziemlich hoch, und der gewaltige Kopf lief nach hinten spitz zu; einige flachsgelbe Haarsträhnen strebten an dieser Spitze aus dem sonst mit Wasser glattgekämmten Haar empor.

Pastor Torvik beendete die Laudes, kniete eine Weile in stillem Gebet, schlug das Kreuzzeichen und durchschritt dann nachdenklich den leeren Raum. Der aufgeknöpfte Lutherrock hing ungeschickt auf dem schweren Rumpf. Die Hände steckten tief in den Hosentaschen.

An dem einen der beiden Fenster blieb er leise pfeifend stehen, die Stirn an das oberste Querholz gelehnt. Die Sonne schien verschwenderisch warm, und der Sand war vom Tauwetter dunkel und feucht. Auf dem Rasenplatz lag das vorjährige Gras, das nie gemäht worden war, vergilbt, zerzaust und verfitzt über dem Moos. Eine Wildkatze sprang anmutig nach den großen blauen Fliegen, die zum Leben erwacht waren, und scheuchte die Spatzen aus der ungeschnittenen Fliederhecke. Jenseits sah man die bemoosten, überalterten Apfelbäume. Ein großer Zweig, der im Vorjahr geknickt worden war, hing tot und struppig zwischen den anderen, die schon runde Knospen bekamen.

Der Pastor betrachtete die Verwahrlosung und Verwüstung und dachte: Das ist so recht ein Bild meiner Gemeinde! Die Frommen sind sämtlich alt und bemoost, ihre Tage sind gezählt, und sie halten die Stürme der neuen Zeit nicht mehr aus. Die Jungen sind zerzaustes, verwildertes Gras, mager und ungepflegt, im Begriff, von dem Moos verdrängt zu werden. Der Boden ist wie Lehm im Tauwetter, alle Moralbegriffe lösen sich auf; wohin man seinen Fuß auch setzt, gibt er nach, und man beschmutzt sich die Stiefel.

Er machte auf dem Absatz kehrt und ging mit langsamen Schritten, die Schultern hochgezogen und die Hände in den Hosentaschen, über die breiten abgenutzten Bretter des Fußbodens, wo die Astknorren aus dem Holz ragten wie dunkle Gebirgsflächen aus den niederen Wellen eines Sandmeeres. Sein erstes Amtsjahr war so ganz anders ausgefallen, als er es sich gedacht hatte. Aus einer armen Arbeiterfamilie stammend, hatte er nie im Traum daran gedacht, Pfarrer zu werden, bis er auf einer Sommerfreizeit der Gymnasiastenbewegung für das Christentum gewonnen wurde. In Uppsala war er auf eine natürliche und selbstverständliche Weise in das neue theologische Denken hineingewachsen, hatte sich die historische Bibelbetrachtung, eine undogmatische und freie Einstellung zum Bekenntnis und eine warme Begeisterung für die Kirche der Väter angeeignet. Durch den Einfluß einiger Freunde hatte er auch Interesse für die liturgische Bewegung gefaßt und im letzten Jahr in Uppsala angefangen, öfter zum Abendmahl zu gehen.

Dann war er als Hilfsprediger hierher nach Ödesee gekommen. Schon bei der Ordination hatte er gehört, daß in der Gemeinde nicht alles war, wie es sein sollte. Der Hauptpastor, eine tragische Gestalt, war ganz plötzlich gestorben, einsam, geschieden und in wirtschaftlichen Schwierigkeiten.

Als er im Kirchdorf aus dem Autobus stieg und zum erstenmal den Abhang zum Pfarrhaus hinaufwanderte, war er voller Fragen und Verwunderung. Niemand hatte ihn empfangen, und als er zu dem stattlichen Pächterhaus kam, das jenseits des Weges dem Pfarrhaus gerade gegenüber lag, erhielt er die Erklärung: Durch irgendein Mißverständnis hatte man ihn erst vier Tage später erwartet. Zusammen mit der bestürzten und sehr verlegenen Pächtersfrau war er dann zum Pfarrhaus gegangen.

Ja – welch ein Anblick! Pastor Torvik blieb mitten im Saal stehen. Er erinnerte sich genau, wie es hier ausgesehen hatte, als er zum erstenmal durch die Haustür trat. Das war nun fast ein Jahr her, aber jede Einzelheit hatte sich ihm ins Gedächtnis geätzt. Der Fußboden war von lehmigen Schuhen beschmutzt, so daß der Sand unter den Sohlen knirschte, wohin man auch trat. Zerknülltes Einwickelpapier, zerrissene Notizbücher und ein paar zerlesene Romane lagen in der Ecke. Ein kaputter Gartentisch lehnte an der Schmalwand, und an der Tapete hingen noch einige kleine Bilder: ein Gruppenbild von Kindern in der Tracht der Jahrhundertwende, die Photographie einer alten traurigen Frau mit schlichtgescheiteltem Haar sowie eines glattwangigen Studenten mit Schnurrbart und rundgeschnittenem Kragen. Auf dem Fußboden darunter standen einige Krüge mit längst verwelkten Blumen.

Ebenso war es in den anderen Räumen: hie und da ein Holzstuhl mit gesprungenem Fourniersitz, eine kaputte Gießkanne oder eine Jacke mit zerrissenem Futter, im übrigen Papier, alte Briefe, Gardinenfetzen und ein paar schmutzige Untertassen mit Zigarrenasche. Die Pächtersfrau bat unaufhörlich um Entschuldigung. Der Hauptpastor hatte ja keine Angehörigen, einige entfernte Verwandte hatten die ganze Hinterlassenschaft ein paar Wochen nach dem Begräbnis versteigern lassen – und man hätte reingemacht, bis der Pastor gekommen wäre, obwohl man es noch nicht geschafft hätte, damit anzufangen . . .

Am widerlichsten waren die braunen Spuckflecke auf dem Fußboden mit ihrer schwarzen Schicht von Kautabak. Auch diese hatte Frau Karlsson entschuldigend erklärt: der alte Hauptpastor hatte Tabak gekaut und es sich nie abgewöhnen können, auch im Hause zu spucken.

Der Ekel stieg wieder hoch und würgte Torvik, während er da im Sonnenschein stand. Er öffnete ein Fenster. Dann machte er einen Rundgang durch die Räume, erst nach Westen, in das alte Eßzimmer, das ganz leer stand, mit zerrissenen Tapeten und zersprungenem Kachelofen, und dann in die Küche hinaus. Dort war es, wie immer, ziemlich dunkel, der riesige Herd stieß mit seinem schmutzigen Mantel wie eine Burgmauer in den Raum vor, und die Perlleiste an der Decke war dunkelbraun vor Alter und Ruß. Von der Küche aus ging er quer durch die Diele ins Amtszimmer und öffnete auch dort ein Fenster. Sollte er denn seinen Vorgänger gar nicht aus diesem alten Krähenschloß hinauslüften können? Klebten die dunklen Erinnerungen an den Wänden?

O – er erinnerte sich, wie der Herbst gekommen war, mit langen einsamen Abenden in dem leeren Hause. Die Eulen schrien draußen in den alten Ahornbäumen, und er glaubte Schritte durch den Saal schleichen zu hören. Er sah ihn vor sich, den alten Hauptpastor, so wie sein Bild langsam aus den scheuen Andeutungen der Leute hervorgewachsen war: gezeichnet von der traurigen Geschichte vor zwanzig Jahren, die ihm Scheidung und ein Jahr Suspension eingebracht hatte, verbittert und vergrämt, den schütteren Bart von Tabakspuren befleckt und mit den Augen mißtrauisch an den Wänden entlang tastend. Wenn das Dunkel und die Herbstkälte in die leeren Räume drangen, während der schwermütige Vizepastor im Amtszimmer saß und schrieb, kamen auch Verlassenheit und Angst ins Haus. Kein Außenstehender konnte ahnen, welche Selbstüberwindung es kosten konnte, sich an solchen Abenden mit der Taschenlampe in den Saal hinauszutasten, die Kerzen auf dem Altar anzuzünden und in dem schwachen Lichtschein die Komplet zu lesen, während der Atem in der rauhen Luft dampfte.

Das schlimmste in diesem Hause, schlimmer selbst als die Einsamkeit, waren diese dunklen Erinnerungen, das Schicksal eines Verfluchten, zusammengewoben aus Ehebruch, heiseren, verhärmten Stimmen und den friedlosen Schritten eines alten Mannes. Sie bildeten die Atmosphäre des Hauses, sie durchdrangen noch diesen eingewurzelten Geruch nach feuchten Zwischendekken, Mäuseschmutz und dem angehäuften Staub von Jahrzehnten hinter baufälligen Kachelöfen.

Pastor Torvik setzte sich an den alten Tisch im Amtszimmer, ein unförmiges Gebilde aus Eiche mit geschnitzten Kapitälen und schwülstigen Beschlägen. Er stützte den Kopf in die Hände.

Dies war also die »Kirche der Väter«, wie sie in Wirklichkeit aussah! Zwanzig Jahre lang war hier kein Kommunionbuch geführt und kein Abendmahl gefeiert worden außer bei der Konfirmation. Von einem Krankenabendmahl hatte man wohl seit einem

Jahrzehnt nicht mehr reden hören. Mehrere Male hatte der Hauptpastor den Gottesdienst ausfallen lassen müssen. Es wurde sogar behauptet, er habe mitunter die Leute überredet, nach Hause zu gehen, um nicht für vier oder fünf Gottesdienst halten zu müssen. Die Kollekten hatten selten zehn Kronen im Vierteljahr erreicht, und Taufen kamen in der ganzen Gegend kaum vor, seit man angefangen hatte, alle Kinder in der Klinik zu taufen.

Wie hatte er eigentlich dieses Jahr überstanden?

Zuerst hatte man ihm das Pfarrhaus gescheuert, dann hatte er sich eine Einrichtung für das Amtszimmer gekauft, um notdürftig Gemeindeglieder empfangen zu können. Oben im östlichen Giebelzimmer hatte er sein Bett und den Waschtisch, einen ungestrichenen Tisch, eine Kiefernkommode und drei ungleiche Stühle. Das war die ganze Schlafzimmereinrichtung. Frau Karlsson kam dreimal die Woche zum Aufräumen. Seine Mahlzeiten verzehrte er einsam und allein in der kleinen Kammer bei den Pächtersleuten.

Nur nach einem Jahr war er wenigstens wirtschaftlich ins Gleichgewicht gekommen. Schon einige Wochen nach dem Einzug hatte er gemerkt, daß er sich mit dem Möbelkauf und all den anderen Ausgaben, die mit dem Einzug in dies verlassene Haus unvermeidlich verbunden waren, übernommen hatte. Gleichzeitig kamen die üblichen Abzahlungen auf die Kosten seines Studiums; er hatte niemanden, den er um eine gelegentliche Hilfe hätte angehen können, und so hatte er auf einem geliehenen Rade eine demütigende Fahrt zum Hauptpastor von Ravelunda machen müssen. Der war glücklicherweise ein Prachtmensch, ein bäurischer Herr mit orthodoxen Anschauungen, aber immer hilfsbereit und sehr erfahren in den Dingen dieser Welt. Zu ihm hatte sich Torvik mehr als einmal geflüchtet, wenn er in der Einsamkeit den letzten Funken Lebensmut zu verlieren drohte.

Dann hatte er die Gemeindearbeit in Angriff genommen. Wenn er gehofft hatte, daß es eine dankbare Aufgabe sein würde, einen so vernachlässigten Acker frisch bestellen zu dürfen, so wurde er bald enttäuscht. Nach dem großen Zustrom der ersten drei Sonntage sank die Hörerzahl in der Kirche wieder auf allsonntäglich dreißig bis vierzig. Es schien, als ob alle lebendige Religion in dieser Gegend ihre Heimat im Missionshaus von Svedjefall habe. Zwar, es gab ja auch einen kleinen Kreis, der zur Kirche hielt, und dann die Nordostleute* im Süddorf. Aber mit denen hatte er es gleich zu Anfang verdorben. Bei einem Leichenschmaus dort unten hatte er über die moderne exegetische Betrachtungsweise der Legende von der Jungfrauengeburt berichtet, und seither war es mit dem Vertrauen in jenen Kreisen offenbar aus. Die Nordostleute kamen zwar bisweilen zur Kirche – im Verhältnis zu ihrem langen Kirchweg auffallend oft – aber sie saßen mit schiefem Kopf und wachsamen Augen da, als wollten sie sich vor falschen Lehren hüten.

Das Abendmahl war ihm jedoch die größte Enttäuschung gewesen. Er hatte gepredigt und gemahnt, eingeladen und genötigt, aber ohne Erfolg. Kündigte er Abendmahlsgottesdienst an, so blieben auch die gewöhnlichen Kirchgänger zu Hause, die doch sonst als kirchlich gesinnt galten. Die einzigen, die einigermaßen treu kamen, waren die Nordostleute. Das rechnete er ihnen hoch an, obwohl er nur zu gut sah, daß es in keiner Weise eine Frucht seiner eigenen Anstrengungen war.

Wie würde sich nun die Zukunft gestalten? In reichlich drei Wochen ging das Witwen- und Waisenjahr zu Ende. Dann hätte ja die Stelle eigentlich fest besetzt sein sollen, aber da die Rede davon war, daß die Pfarrei mit Näs zusammengelegt werden und wegen ihrer sinkenden Bevölkerungszahl zur Filialkirche gemacht werden sollte, hatte keine Wahl stattgefunden, sondern die Gemeinde sollte noch ein Jahr lang von einem stellvertretenden Pfarrer verwaltet werden. Dieser sollte das volle Gehalt beziehen dürfen, und auf eine so günstige Vertretung konnte ja Torvik mit seinem einen Dienstjahr nicht gut hoffen. Also mußte er sich gefaßt machen, auf der Postkutsche des Konsistoriums weiterzukutschieren. Darum guckte er jeden Donnerstag mit einer gewissen Spannung nach den Bistumsnachrichten in der Zeitung. Es würde ihm wirk-

* Eine altpietistische Gruppe in der schwedischen Kirche, die besonders die vorlaufende Gnade Gottes betont.

lich keinen Kummer bereiten, Ödesee zu verlassen. Aber er fragte sich etwas ängstlich, welche Abenteuer und Enttäuschungen die nächste Stelle ihm bringen würde.

Es hatte keinen Zweck, zu bestreiten, daß er sich nach Uppsala zurücksehnte. Er hatte einmal ein wenig begonnen, sich auf den Licentiaten vorzubereiten, er war ganz gut beschlagen, besonders in Religionsgeschichte, und in der Einsamkeit dieses letzten Jahres hatte er genügend Zeit zum Arbeiten gehabt. Und da er nun mehr und mehr überzeugt war, nicht zum Gemeindepfarrer zu taugen, war es ja am besten, sich so bald wie möglich eine Lektorenbefähigung zu verschaffen.

Die Gemeindearbeit war wirklich nicht aufmunternd gewesen. Er war zu scheu, mit Menschen zu reden, er saß am liebsten in Ruhe zu Hause und arbeitete und mußte sich zu jedem Kranken- und Gemeindebesuch förmlich peitschen. Er fühlte sich im übrigen nicht gerüstet, mit diesen Menschen zu reden. In den ersten Wochen war eine Pfingstevangelistin erschienen, um ihr Zeugnis zu holen, und sie hatten angefangen, von der Taufe zu reden. Er hatte schlecht abgeschnitten. Er hatte sein Bücherregal durchstöbert, um etwas Zuverlässiges über die Taufe zu finden, aber er hatte weder Angaben über das Alter der Kindertaufe noch über ihre biblische Motivierung finden können. Das einzige, was er fand, war der Gedanke – der ja an und für sich richtig sein mochte – daß die christliche Legitimität der Kindertaufe nicht auf einzelne Bibelworte gegründet zu werden brauchte, sondern auf ihrem ganzen inneren Zusammenhang mit dem zentralsten Inhalt des Christentums beruhte. Aber so etwas konnte man ja einer Pfingstevangelistin nicht gut sagen – und im übrigen auch niemand anderem in dieser Gegend!

Dann war da diese Geschichte mit dem Mädchen, das vom Kreisgericht zu ihm geschickt worden war, um über Gewicht und Bedeutung des Eides unterrichtet zu werden. Es handelte sich wohl um Alimente. Er hatte ein wenig hin- und hergeredet, und da sie ihr Zeugnis gleich haben wollte, hatte er sein Gewissen damit beschwichtigt, daß sie ein gutes Konfirmationszeugnis hatte, und er hatte ihr das Papier ausgeschrieben. Drei Monate später war das

Mädchen ertrunken – oder hatte sich ertränkt, wie es hieß. Seitdem gab es einen schwarzen Schatten mehr, der hinter den Türen des öden Pfarrhauses lauerte.

So konnte er die Reihe der Mißerfolge endlos fortsetzen. Da war an einem windigen Januartage der erste Wehrdienstverweigerer gekommen. Es gab einen ruhmlosen Streit und für ihn einen schimpflichen Rückzug. Und all die Altgläubigen mit ihren lästigen Fragen! Sie versuchten ihm offensichtlich auf den Zahn zu fühlen, sie wollten wissen, was er über die Versöhnung dächte und über die Freiheit der Gläubigen vom Gesetz. Was wußte er davon! Sie ließen sich auch nicht mit frommen Redensarten abspeisen, sie wollten sachlichen Bescheid. Und bibelfest waren sie! Nach ein paar schmählichen Niederlagen hatte er aufgehört, mit ihnen zu diskutieren. Er selber konnte nicht viel Bibelverse auswendig. Er hatte ja immer gelernt, daß dieses Fechten mit einzelnen Bibelworten einer verfehlten theologischen Methode angehöre. Es galt ja statt dessen, alles dem Geist des Evangeliums entsprechend zu beurteilen. Das Dumme war nur, daß es ihm niemals gelang, zu beweisen, warum der Geist des Evangeliums auf eine Frage gerade so antworten sollte, wie er zu antworten gewohnt war. Die anderen hatten immer den Buchstaben für sich, und das machte Eindruck.

Pastor Torvik zuckte unlustig mit den breiten Schultern. Er streckte die Hand aus und ergriff ein Buch, das aufgeschlagen unter irgendwelchen provinzialen Bekanntmachungen gelandet war. Es waren Eumonts »Mysterien des Mithra«. In diesem Augenblick läutete das Telephon.

Es war eine verzagte und unsichere Frauenstimme, die nach dem Pastor fragte. Es handelte sich nämlich . . . die alte Frau vom Mühlengütchen fühlte sich gar nicht wohl und bat den Herrn Pastor, mit dem Abendmahl zu ihr zu kommen.

Torvik fühlte eine wunderliche Mischung von Staunen, Mißbehagen, weil er gerade jetzt gestört wurde, da er mit den theologischen Studien anfangen wollte, und Freude, endlich einmal Pastor sein zu dürfen. Natürlich würde er kommen – sofort. Er legte den Hörer auf.

Den Lutherrock hatte er schon an. Es gehörte zu seinen Grundsätzen, ihn feiertags wie alltags zu tragen. Er ging an den großen Geldschrank, klirrte mit den Schlüsseln und holte das alte abgenutzte Etui mit den Abendmahlsgeräten hervor. Er überzeugte sich, daß die Silberflasche, auf alte Weise in den hohlen Fuß des Kelches eingelassen, mit Wein gefüllt war und daß die Oblaten in ihrem Fach lagen. Dann setzte er sich einen Augenblick und blätterte in der Agende. Das war sein zweites Krankenabendmahl, seit er Pastor geworden war. Allzusehr zu Hause war er nicht in der Abendmahlsliturgie. Um die Beichtrede machte er sich keine Sorge: er konnte ja jederzeit von der Bedeutung des Abendmahls reden. Das gehörte zu seinen Lieblingsthemen.

Glücklicherweise wußte er, wo das Mühlengütchen lag. Man brauchte nur quer über die Weiden nach Anneberg zu gehen und dann ein Stück durch das Wäldchen. Die Wanderung über die kahlen Weiden in der warmen Aprilsonne wäre angenehm gewesen, wenn nicht so viel Wasser zwischen den Schollen gestanden hätte. In früheren Zeiten war hier der prächtigste Birkenwald gewachsen, aber dann waren die Kulturweiden aufgekommen. Jetzt waren die Birken fort, und statt dessen streckten dichte graue Sträucher ihre struppigen, zähen Zweige gen Himmel.

Ehe Torvik sich auf den Weg machte, hatte er das Kirchenbuch aufgeschlagen, um sein Wissen über die Alte im Mühlengütchen wieder aufzufrischen. Johanna Kristina Johannsson geb. Gustafstochter, Schneiderwitwe, geboren 8. 3. 52, Witwe 19. 8. 27. Das war nun ihr Lebensschicksal, in eine Zeile zusammengepreßt. Mit »Mutter« mußte sie also angeredet werden. Aber ob Hanna oder Stina ihr Rufname war, konnte er sich nicht mehr erinnern.

Nach einer heißen Wanderung und vielen Sprüngen von Scholle zu Scholle war der Pastor bis Anneberg gelangt; das war ein neugebautes Haus mit hohem Mansardendach und breiten Giebelfronten. Der Anblick erfüllte ihn mit einem leichten Gefühl der Unlust. Hier wohnte Tischler Joelsson, der im Kampf um die Zentralheizung zu seinen Gegnern gehörte.

So – nun war er mit seinen Gedanken glücklich wieder da angelangt! Daß er diese Kränkung nicht vergessen konnte! Es hatte mit einer ganzen Kleinigkeit angefangen. Der einzige Talar der Kirche war von dem alten, lächerlich schmalen Mauseschwanztyp gewesen. Da er außerdem mottenlöcherig und schäbig war, hatte er ohne weiteres einen neuen bestellt. Als er dem Gemeindekassenwart die Rechnung übergab, hatte dieser etwas verblüfft ausgesehen und »um der Ordnung willen« gebeten, einen Gemeindekirchenratsbeschluß darüber zu bekommen, ehe er das Geld ausbezahlte. Torvik hatte darum die Angelegenheit in der nächsten Sitzung des Gemeindekirchenrats aufs Tapet gebracht, mehr nebenbei, als eine reine Formalität. Da hatte der junge Schenstedt, der Gutsbesitzer auf Saleby, ganz unerwartet scharf eingegriffen und erklärt, in Ödesee sei es alter Brauch, daß man bewilligte Anschläge nie überschreite, und da die Summe für unvorhergesehene Ausgaben schon verbraucht sei, wolle er die Ausgabe nicht befürworten, ehe die Gemeindeversammlung befragt sei. Torvik war sehr gekränkt und sagte ziemlich giftig etwa, zu dem heiligen Dienst im Gotteshaus seien also irgendwelche grünverblichene Lumpen gut genug, die man sich auf jedem kleinen Herrenhof schämen würde, als Schutz einer Dachbodengarderobe anzunageln. Seit dem Tage war Schenstedt sein Feind.

Das hatte sich ihm bestätigt, als die Zentralheizung zur Sprache kam. Die Kirche hatte zwei rußende Öfchen, die bis hoch hinauf an die alte schöne Decke aus dem 18. Jahrhundert schwarze Trauerbänder malten. Wenn die Winterkälte erst einmal durch die massiven Steinmauern gedrungen war, waren die ausgebrannten Öfchen völlig wirkungslos. Oben unter der Decke und in unmittelbarer Nähe der Öfchen wurde die Luft warm, aber in den Bänken war es so kalt, als stünden sie draußen auf dem Kirchhof. So hatte er die Frage im Gemeindekirchenrat angeschnitten und gebeten, Zeichnungen und Kostenanschläge für eine Zentralheizung kommen lassen zu dürfen. Schenstedt hatte sofort Schwierigkeiten gemacht und ihn gezwungen, eine Gemeindeversammlung einzuberufen, um die nötigen Mittel garantiert zu bekommen. Als dann die Vorschläge auf dem Tisch lagen und er selbst überzeugt war, daß das System mit Niederdruckdampf am vorteilhaftesten war, hatte Schenstedt natürlich für das billigere Projekt einer Warmluftanlage gestimmt. Als endlich an einem Märztag die Gemeindeversammlung abgehalten werden sollte, hatte Schenstedt eine zielbewußte Agitation betrieben. Die Versammlung war gut besucht, vom ersten Augenblick an herrschte Gewitterstimmung, Rede und Gegenrede wurden immer hitziger, und als schließlich Schenstedt soweit ging, auf die Geschichte mit dem Talar anzuspielen, als Beispiel für die eigenmächtige Art, wie der Hilfsprediger mit den Mitteln der Allgemeinheit umging, hatte Torvik ihm das Wort entzogen und ihn aufgefordert, bei der Sache zu bleiben. Schenstedt hatte entgegnet, daß es keinen Zweck habe, eine Frage zu diskutieren, wenn der Vorsitzende Partei sei und seine Stellung dazu mißbrauche, alle gegen ihn selbst gerichtete Kritik zum Schweigen zu bringen. Er hatte sogar darauf gedrungen, daß Torvik den Vorsitz abgeben solle. Selbstverständlich hatte er sich geweigert, er hatte sich an die Versammlung gewandt und eine Art Verstrauensvotum erhalten, wenn auch kein einhelliges. Aber in der Frage der Zentralheizung folgte die Mehrheit der Schenstedtschen Linie – und nun lag also alles beim Königlichen Baubüro. Obendrein war in einer der Ortszeitungen ein ziemlich gehässiger Bericht erschienen. Es hieß, daß auch da Schenstedt dahinterstecke. Torvik hatte das Gefühl, daß man hinter seinem Rücken über ihn lachte. Das brachte ihn bis zur Raserei.

Das betrüblichste an der ganzen Geschichte war, daß dieser Sehenstedt eigentlich ein intelligenter und geweckter Mensch war. Er gehörte einer alten Familie an, die seit über hundert Jahren auf Saleby gesessen hatte. Früher war das Familienoberhaupt Baron genannt worden, aber mit dem Adel war das wohl so eine Sache, er war unbeweisbaren dänischen Ursprungs. Gutsbesitzer Gunnar Schenstedt, der jetzt wohl knapp fünfunddreißig zählen mochte, hatte das Abitur gemacht und ein paar Semester in Lund studiert, war aber dann umgesattelt und hatte die Forsthochschule besucht, um sich ganz der Pflege der großen Wälder auf Saleby zu widmen. Sein feingeschnittenes Gesicht mit den braunen Augen und dem dunklen Schimmer auf den Wangen hatte einen zugleich weichen und unruhigen Zug. Er war breitschultrig, etwas unter Mittelgröße, immer gut gekleidet, empfindlich und unberechenbar. Torvik glaubte bemerkt zu haben, daß er zu den problematischen Naturen gehörte, die gern von sich redeten und im Mittelpunkt stehen wollten, wenn sie sich an etwas beteiligten. Gleichzeitig konnte er kindlich unmittelbar und ungesucht liebenswürdig sein, wenn er wollte. Auf Saleby wohnte er allein. Manchmal kam seine Schwester zu Besuch, in der letzten Zeit für immer längere Dauer. Ihr war die gleiche Beweglichkeit eigen, es hieß, ihre Ehe – sie war mit einem Kapitän in Stockholm verheiratet – sei nicht die glücklichste, und sie ziehe sich nach Saleby zurück, wenn sie ihrem Mann für eine Weile entfliehen wolle. Aber auch in Ödesee fühlte sie sich nicht richtig wohl. Sie paßte nicht in diese Umwelt. Sicher war sie die einzige Frau in der Gemeinde, die rauchte und einen Cocktail mixen konnte. Das machte sie nicht beliebter.

Jedenfalls war es schade, daß der gebildete und interessierte Schenstedt, der einzige in der Gemeinde, der akademische Bildung besaß und der beste Freund des Pastors hätte werden können, statt dessen sein ärgster und gefährlichster Feind geworden war.

Unter diesen traurigen Betrachtungen war Torvik ein gutes Stück weit durch das Wäldchen jenseits Anneberg gekommen. Verwelkte Farnkräuter und trockenes Eichenlaub raschelten ihm um die Füße. Zwischen den jungen Tännchen am Waldrand standen die ersten halberblühten Leberblümchen. Zwischen den weißen Birkenstämmen und ihrem violetten Zweigwerk, das schon ins Braune und Silberne hinüberspielte, leuchtete das unnatürlich klarblaue Wasser des Sees. Der erste Besitz hier unten am Ufer nannte sich Seehaus, der nächste hieß ja wohl Pferdehag, und dann nach weiteren fünf Minuten erblickte man das Mühlengütchen. Es war ursprünglich sicher ein Blockhaus. Die Fenster waren sehr klein, der Schornstein hoch und die Eckenköpfe sichtbar.

Der Pastor trat in den Hausflur und klopfte. Aus der großen Stube antwortete niemand, also versuchte er es gegenüber an der Küchentür. Hier ertönte eine brummende Antwort. Torvik beugte den Kopf tief und betrat den Raum. Er konnte wie so oft unter der Decke nicht geradestehen, sondern hielt den Kopf leicht vorgeneigt und die Knie eingeknickt. Zu seiner Verblüffung fand er die kranke Alte ganz angekleidet auf der Bank hinter dem Küchentisch. Sie hatte kleine Augen und ein blasses, alltägliches Gesicht.

Im Herd brannte Feuer, und das Kaffeewasser war aufgesetzt. Kein Dritter war zu sehen.

Als er sich nach ihrer Gesundheit erkundigte, bekam er einen umständlichen Bericht über alle ihre Leiden, die Gicht in den Händen, den Schwindel, die Brustschmerzen und die geschwollenen Beine. Torvik hörte ruhig zu, er hatte gelernt, alte Leute ausreden zu lassen. Er fand nur, dieses fast wohlgefällige Auskramen der Gebrechlichkeiten so vieler Jahre wirke ein wenig eigentümlich bei einem Menschen, der sich darauf bereitete, das Abendmahl zu nehmen. Aber er dachte, sie habe wohl lange keine Gelegenheit gehabt, mit irgendeinem Menschen zu reden. So hörte er geduldig zu, nickte und schaltete hier und da ein Wort ein. Er bekam immer mehr den Eindruck, daß es jedenfalls körperlich mit dieser gesprächigen Alten nicht so schlimm stand, wie er auf dem Herweg geglaubt hatte. Als sie endlich auf den Gesundheitszustand des heutigen Tages zu sprechen kam, wurde sie allerdings merklich matter, die Augen fielen ihr zu, und sie sah schlecht aus. Aber nun war der Pastor nicht recht überzeugt. Schließlich nahm er selbst das Wort.

»Na, Mütterchen, nun wollt Ihr also das Abendmahl nehmen?«

Die Alte seufzte. Ja, sie wollte sich nun zum Sterben bereit machen. Sie fühlte, wie die Kräfte sie verließen, und sie wollte nicht, daß man sie eines Morgens tot im Hause fände, ohne daß sie auch nur zur Beichte gegangen wäre. Zwei Tränen rollten ihr die Wangen herab.

»Na, und Ihr wißt ja, Mütterchen, vor dem Abendmahl soll man sich prüfen . . .«

»Ja, Herr Pastor, und ich weiß, daß ich würdig bin.«

Torvik stutzte. Daß Menschen das Gegenteil glaubten, das hatte er oft vermutet, aber dies hatte er noch nie einen Menschen sagen hören.

»Ihr wißt, Mutter, wenn man sich geprüft hat, soll man seine Sünden bekennen.«

»Ja, Herr Pastor, Sünder sind wir alle.«

»Und wenn etwas Besonderes ist, könnt Ihr es mir sagen. Ihr wißt, ich darf es niemandem erzählen, ich schweige wie das Grab.«

Er war froh, einmal seine Dienste als Seelsorger anbieten zu dürfen. Sein Gefühl, zum Beichtvater berufen zu sein, wuchs, als er ein Aufglimmen in den kleinen Augen der Alten bemerkte, das darauf deutete, daß sie ihm wirklich etwas anzuvertrauen hatte.

»Da Ihr versprecht, nicht darüber zu reden, Herr Pastor, will ich Euch etwas sagen . . .« Sie beugte sich über den Tisch vor und senkte die Stimme. »Der Schöffe in Eksta ist ein Dieb.«

Torvik konnte kaum ein Lächeln zurückhalten. Der Schöffe, Vorsitzender des Rentenausschusses, war der ehrlichste Mensch der Welt.

»Der Schöffe in Eksta? Was hat er denn gestohlen?«

»Er nimmt mir mein bißchen Geld, Herr Pastor. Seit mein Mann tot ist, hat er mich schlecht behandelt. Damals betrog er mich um achtzehn Kronen aus dem Erbe, die ich nie bekommen habe. Und als ich dann die Rente kriegen sollte, hat er es so eingerichtet, daß ich weniger bekommen habe als Evert im Pferdehag. Was glaubt Ihr, Herr Pastor, wo das Geld hingekommen ist?«

»Aber liebe Mutter, Ihr müßt doch begreifen, daß Evert mehr Rente bekommt, weil er kein Öre Geld hat. Wenn Ihr Johannsson nicht beerbt hättet, hättet Ihr ebensoviel bekommen.«

Die Alte zwinkerte pfiffig.

»Ihr kennt den Schöffen nicht, Herr Pastor. Aber ich kenn ihn, den Blutsauger! Der ist schon immer ungerecht gegen die Armen gewesen.«

»Aber Mutter«, sagte der Pastor, der plötzlich eine Eingebung hatte, »wenn es nun wäre, wie Ihr sagt, und der Schöffe so unrecht getan hätte, so müßtet Ihr ihm ja von Herzen vergeben.«

»Ihm vergeben? Nie, Herr Pastor! Nicht, ehe er das Geld hier auf den Tisch legt!«

Torvik schlug in der Verblüffung mit beiden Handflächen auf die Tischplatte.

»Aber Mutter! Wer nicht Vergebung gewährt, empfängt auch keine Vergebung!«

»Wenn der Schöffe hierher kommt und mir das Geld bringt und um Vergebung bittet, so soll er sie bekommen.«

»Aber Mutter, nicht so sollen wir Vergebung üben. Vergeben,

das heißt ja, das erlassen, was ein anderer schuldig ist, und nicht danach fragen, daß er übel getan hat. Erinnert Ihr Euch nicht an das Gleichnis vom Schalksknecht? Zehntausend Pfund bekam er erlassen. Darum hätte er auch erlassen sollen, was ihm sein Mitknecht schuldig war. Wenn Ihr Eure Sünden vergeben haben wollt, müßt Ihr auch allen vergeben, die Euch etwas schuldig sind.«

»Aber es muß alles gerecht zugehen, Herr Pastor! Nie hab ich jemanden so schlecht behandelt, wie der Schöffe mich! Da ist es auch nicht gerecht, daß ich vergeben soll, ohne mein Geld zurückzukriegen.«

Torvik fand es zwecklos, zu diskutieren.

»In dieser Stimmung könnt Ihr nicht zum Abendmahl gehen«, sagte er streng.

Die Alte sah auf, erstaunt und entrüstet.

»Bin ich denn nicht würdig?«

»Wer nicht vergeben will, kann auch nicht Vergebung empfangen. Wenn Ihr dem Schöffen nicht vergeben wollt, könnt Ihr nicht das Abendmahl bekommen.«

»Dann will ich es auch nicht haben«, sagte die Alte.

Torvik starrte sie verblüfft an. Da saß sie mit starrem und runzligem Gesicht. Die Augen sahen abweisend geradeaus, ohne denen des Geistlichen zu begegnen, und die gefalteten Hände waren hart gegen die Tischplatte gepreßt. Wie sah es eigentlich in ihr aus? Warum hatte sie ihn rufen lassen?

»Aber, liebe Mutter«, sagte er besänftigend, »ich verstehe ja so gut, daß Ihr dennoch ein aufrichtiges Verlangen nach dem Tisch des Herrn habt.«

»O, Ihr braucht mir Eure Waren nicht aufzuschwatzen! Wenn Ihr mich für eine so große Sünderin haltet, daß ich nicht würdig bin, das Abendmahl zu bekommen, so hab ich nicht die Absicht, drum zu betteln.«

»Aber, Mütterchen«, sagte er unsicher und unglücklich, »seid nur nicht böse. Ich habe nie behauptet, Ihr wäret eine größere Sünderin als andere. Sünder sind wir ja alle. Aber ein Sünder muß den andern Sündern vergeben, wenn er selbst Vergebung empfangen soll.«

»Das sagt Ihr bloß, weil ich eine arme Frau bin. Wenn es sich um den Schöffen in Eksta handeln würde, würde es anders tönen.«

Nun hatte Torvik genug.

»Wenn Ihr das Abendmahl nicht haben wollt, so bleibt mir nur, zu danken und zu gehen«, sagte er.

»O, bitte, nichts zu danken!« sagte die Alte und sah gerade vor sich hin. Torvik verbeugte sich, nahm die Tasche mit den Abendmahlsgeräten und dem Talar, die er an die Tür gestellt hatte, bückte sich tief und gelangte wieder ins Freie.

Er richtete sich auf und atmete schwer. Dies war also das zweite Mal in einem Jahr, daß er als Pfarrer und Seelsorger gerufen worden war. Dieses selbstgerechte Weib, das nur deshalb das Abendmahl haben wollte, um sich mit seiner Krankheit wichtig zu machen und die sentimentale Wirkung des Pfarrerbesuches zu genießen – sie stellte also genau die Hälfte des geistlichen Bedarfes dar, der in seiner Gemeinde zu verzeichnen war. Verbittert wanderte er heimwärts.

Daß die Alte sich nicht stillschweigend darein finden würde, das konnte er ja im voraus berechnen. Natürlich würde sie eine unangenehme Geschichte erfinden, um ihn zu kränken. Und natürlich würde es Leute geben, die ihr glaubten! Bald hatte er wohl nur noch Verleumder in Ödesee.

Die Sonne schien nun fast sommerlich warm. Der gelbe Blütenstaub wehte um die Haselsträucher, und das Wasser floß in Bächen zwischen den Schollen entlang. Als er endlich auf den Weg kam, war er ganz durchschwitzt. Den Hut in der Hand und die Jacke unter dem Arm überquerte er den Platz vor dem Stall, den ärgsten Schlammpfützen ausweichend. Dann ging er am Zaun des Pfarrhofes entlang, bog um den weißen Torpfeiler und ging langsam zum Vorplatz unter den alten Linden hinauf.

In diesem Augenblick erinnerte er sich, was er vor zwei Stunden empfunden hatte, als er forteilte, erfüllt von Eifer und Geschäftigkeit, in der Erwartung, eine Sterbende zu finden, der er als verordneter Diener der Kirche das heilige Sakrament reichen sollte. Das waren seine Träume – und so sah jetzt die Wirklichkeit aus! Lachten ihn die alten knorrigen Lindenstämme nicht aus?

Oben auf seinem Zimmer warf er die Jacke ab und wechselte das Hemd. Als er den steifen Kragen gerade wieder anknöpfen wollte, blieb er einen Augenblick stehen und hielt ihn in der Hand. Dann warf er ihn auf die Kommode, zog die Schublade heraus und suchte aus ihrem unaufgeräumten Innern einen weichen, doppeltgefalteten Kragen und einen roten Schlips hervor. Dann trat er hinaus an den Schrank unter dem schrägen Dach, wo die Fliegen frühlingsmäßig verschlafen in schwarzen Schwärmen gegen das halbrunde Fenster surrten, und holte seine graugemusterten Sommeranzug hervor.

Frau Karlsson machte große Augen, als der Pastor um zwei in ziviler Sommereleganz zum Mittag erschien, mit rotem Schlips, farbigen Strümpfen und braunen Schuhen. Er sagte kein Wort zur Erklärung. Unter dem Arm hatte er wie meistens ein Buch mit unverständlicher Aufschrift, in dem er während der ganzen Mahlzeit las. Frau Karlsson hätte gern gefragt, da sie aber vermutete, die Verwandlung müsse mit einer bevorstehenden Verlobung zusammenhängen, schwieg sie taktvoll.

Pastor Torvik, der sich zerstreut noch ein Stück Eierkuchen nahm, während er in seinem Eumont las, war in Wirklichkeit weit entfernt von irgendwelchen Heiratsgedanken. Sein ganzes Inneres kochte in verzweifelter Auflehnung gegen das Dasein, welches das Schicksal ihm jetzt gerade zugedacht hatte. Einmal sagte er sich, Gott habe die evangelische Christenheit als lebensuntauglich verurteilt und die ganze Reformation sei ein Abfall von der Kirche Gottes, der nun bestraft werde. Im nächsten Augenblick dachte er, der Fehler sei, daß das Christentum das schwedische Volk nicht mehr fest in der Hand habe. Ein Volk Gottes würde es nie wieder werden. Eine oder die andere ekstatische Sekte mochte wohl noch ein wenig Suggestion auf einfältige Gemüter ausüben, aber für einen Akademiker war es am besten, sich zurückzuziehen, seinen Glauben für sich zu haben und das Elend auf die Katastrophe zutreiben zu lassen. Zwischendurch versuchte er seinem Gedächtnis den Grundriß des Mithraheiligtums in Heddernheim einzuprägen.

Den ganzen Nachmittag trieb er Religionsgeschichte. Am Abend betete er ein kurzes Gebet. Die Komplet unterließ er. Er bat, am Schreibtisch sitzend, um Führung und Erleuchtung. Im Herzen war er des Weges schon gewiß. Er würde nach Uppsala zurückgehen. Zähneklappernd vor abendlicher Kühle und vor Unbehagen ging er zu Bett, während seine Gedanken halb unbewußt daran arbeiteten, die geeignetste Formulierung für ein Beurlaubungsgesuch an das Domkapitel zu finden.

Ein endloser Weg führte gerade auf den Horizont zu, riesige Pappeln standen zu beiden Seiten, im Sturme bogen sie sich und rauschten. Ein wunderlicher, warmer Wind, voll von klebriger Feuchtigkeit und betäubenden Dünsten, fuhr über die Ebene dahin und benahm den nächtlichen Wanderern den Atem. Es mußte ums erste Morgengrauen sein, die tiefen Wolken, die in ungestalten Massen einherrollten, ließen durch ihre Risse ein bleiches Tageslicht erkennen; in dem Grau zitterte ein blutroter Schein.

Torvik ging wie im Traum. Er fühlte kaum den Boden unter den Füßen. Bei jedem Schritt hob ihn der gewaltige Widerstand des Sturmes empor. Im Halbdunkel sah er undeutlich andere Gestalten, alle wanderten in der gleichen Richtung, im Winde sich beugend, mit ausgestreckten Hälsen, halbgeschlossenen Augen und Gesichtern, die in dem bleichen Licht gespenstisch weiß leuchteten.

Plötzlich wurde es hell. Hoch über den Wolken flatterte ein Feuerschein, aus der Mitte der Himmelswölbung fiel er in Wellen von Licht hernieder, die sich in immer weiteren Ringen den Weg in die Nacht bahnten. Woge folgte auf Woge, in glitzernden Brandungswellen erreichte das Licht den Horizont rings um die Ebene. Die sturmgepeitschten Wolken rollten in blutroten Fetzen dahin, hoch oben im Zenit leuchtete ein blendender Schein in unerträglich strahlender Weiße.

Ein klirrender Stahlklang durchschnitt den Sturm, ein bebender, spröder Metallton, als sei die ganze Himmelskuppel von einem heftigen Schlage getroffen und müsse vibrieren. Der Klang wuchs zu einem pfeifenden Getöse, einem wilden, angstvollen Knirschen, das unendliche Tiefen eines finsteren Schreckens in sich barg.

Da zerbrach das Dasein.

Weit über die Möglichkeiten aller irdischen Lautgesetze hinaus grollte und krachte ein Urzeitgewitter voll vernichtender Gewalt und überwältigendem Schrecken. Hoch über alles irdische Licht strahlte eine unsägliche, unfaßliche Klarheit. Das Himmelsgewölbe zerriß und die Macht offenbarte sich, übermächtig und vernichtend in ihrer Gewalt. Torvik sah, wie sich die Blätter der Pappeln zusammenrollten und die letzten lebendigen Zweige schlapp wurden und sich zur Erde neigten, als ob das Leben in ihnen Befehl bekommen habe, zu entweichen. Er sah, wie die Menschen sich auf den Boden warfen, er selbst sank in die Knie, beugte sich vor und barg das Gesicht in den Händen. Er war umflossen von Licht, ergriffen von der Macht. Er spürte, wie sie sein innerstes Wesen erfüllte. Er empfand, daß er ihr gehörte und immer ihr gehört hatte. Freiheit und Selbständigkeit fielen wie leere Illusionen zusammen, alles war grenzenlose Abhängigkeit und unbedingte Gebundenheit an das Unsägliche. Das Leben war nicht sein eigen, es strömte ihm Sekunde für Sekunde von obenher zu, und bebend fühlte er, daß der Strom jeden Augenblick unterbrochen werden und sein Körper jeden Augenblick in Tod und Auflösung zerfallen konnte, wie die welkenden Bäume. Er fühlte, daß alles Geschenk und Lehen war, daß jede Zelle in seinen Geweben der Macht als ihrem Ursprung und Eigentümer huldigte, daß das Unsägliche eins war mit dem Leben in seinen Gliedern, daß es den warmen Pulsschlag in seine Fingerspitzen trieb, das Blut durch die Arterien pumpte und seine Psyche zusammenhielt, so daß die Kette der Gedanken nicht zerriß.

Durch das Lichtmeer ging ein bebender Stoß, alles wurde in den durchdringenden Klang von Posaunen gehüllt. Der Boden sank dahin und zitterte, der Raum war voller glänzender und schwingender Töne.

»Jetzt kommt Christus«, dachte er, »und das Himmelreich ist

gleich einem Könige, der mit seinen Knechten rechnen wollte . . .«

Er stand vor der Macht und Herrlichkeit. Unter sich und hinter sich hatte er eine unendliche, saugende Finsternis, eine Chaosnacht von Kälte und Grauen. Er fühlte, wie die Finsternis nach ihm griff, er hörte es aus den Tiefen rufen, es wälzte und warf sich. Er fühlte, wie es von hinten nahte, er wurde eiskalt vor Schreck, er streckte sich nach einem Halt aus, stand aber im leeren Nichts. Vor sich hatte er die Macht und Majestät, aber dorthin wagte er seine Augen nicht zu erheben. Er hatte nur die Empfindung einer glühenden schmelzenden Masse, einer verzehrenden Hitze, die ihn jederzeit vernichten konnte, wenn sie bloß um Haaresbreite näherkäme. Er hörte königliche Lippen mit überirdischer Klarheit sprechen und die Worte wie blanke Schwertklingen herausschleudern. Reiter sausten vorbei, es wehte von weißen Flügeln, und irgendwo oberhalb seiner bebenden Schultern mußte dieses Buch liegen.

Nun sollte es aufgetan werden. Er wurde emporgehoben. Mit staunendem Verwundern schaute er von oben auf sein eigenes Leben hinunter.

Da war eine weite, weiße Kirche mit kahlen Mauern. Die Sonne schien von Nordwesten herein, es war ein später Sommerabend. Die Empore strahlte in der Abendsonne, die roten Meßgewänder leuchteten, der Kelch warf den warmen Schein unnatürlich klar zurück . . . Knaben knieten an dem weiten Altarring, lauter junge Knaben, Schulter an Schulter. Da war er selbst, ein langer staksiger Gymnasiast, von Gott überrumpelt. Er stammelte ungeschickte Gebete, sein Herz war übervoll. Nun sah er, warum: von oben floß auf einer Brücke von Licht ein Strom aus dem Unsäglichen hinunter und ergoß sich über ihn, umfloß sein Wesen wie ein Elmsfeuer, berührte ihn, so daß er in seligem Fieber erschauerte. Das Blut im Kelch blitzte in tiefem Rubinrot. Ein Tropfen des Unsäglichen fiel vom Rande des erhobenen Kelches auf sein Herz und brannte ihm ein lebendiges, feuerrotes Siegel ein. Und es erging eine Stimme, die sprach: Von Gott berufen.

Das Blatt wurde umgewendet. Er sah sich selbst mit einem Schulkameraden im Ruderboot. Die Brise strich leicht über den Fjord, und ein kleiner Winkel von Wellen zog hinter dem Boote her. Nun ertönte die Stimme des Kameraden: Sag mal – was habt ihr eigentlich aus der Freizeit gemacht, auf der du mitwarst? Und er hörte seine eigene Stimme einige burleske Geschichten mit derber Pointe erzählen. Während das Gelächter über die Bucht schallte, hörte er eine klare Stimme, wie eine Schwertklinge: Gewogen und zu leicht befunden.

Von neuem wurde ein Blatt gewendet.

Die Sonne leuchtete über den Grabenrand, an dem Schafgarben und Klettenkerbel im Winde wehten. Da lag er, die Marschstiefel gegen den Lehmboden gestemmt, die Uniform geöffnet und die Hände unter dem Nacken gefaltet. Oben am Feldrain saß der riesige Stallbursche und sog an seiner Pfeife. Er spuckte und sagte verächtlich: Und wenn du nun alle deine Schwarten in Uppsala durchgeackert hast, was wirst du dann machen? Er hörte seine eigene Stimme mit gemachter Gleichgültigkeit antworten: Tja – mal sehen. Vielleicht werde ich Lehrer. Aber am Himmel brannte eine rote Sehnsucht, die nach einem Wege zum Herzen des Stallburschen verlangte und einen Zeugen brauchte. Und über den leichten Sommerwolken klang eine strenge Stimme: Aber wer sich mein und meiner Worte schämt, des wird sich des Menschen Sohn auch schämen, wenn er kommen wird in seines Vaters Herrlichkeit.

Das Blatt wurde von neuem gewendet. Die Laternen schienen durch den Novembernebel, aus dem Fluß stieg rauher, kalter Dampf. Er sah sich selbst mit hochgeschlagenem Kragen über die Västgötabrücke eilen, ein Buch unter dem Arm. Mit schnellen Schritten jagte er die Flußstraße entlang, als fliehe er vor jemandem. Er fühlte, wie seine Wangen heiß wurden. Er wußte genau, welches Buch das war: Er hatte es bei einem Kameraden geliehen, er hatte etwas davon gesagt, daß man über die moderne Literatur auf dem laufenden sein müsse, der andere hatte beigestimmt und ein paar literarische Phrasen gedroschen. Aber sie hatten einander nicht in die Augen gesehen, denn sie wußten beide, warum sie in diesem Schlamm wühlten, während keiner von ihnen jemals Zeit hatte, einen Klassiker zu lesen. Und die Stimme sagte, beinahe wehmütig: Hurerei aber und alle Unreinigkeit lasset nicht von euch gesagt werden.

Das nächste Blatt wurde umgewendet – mit stiller, unerbittlicher Konsequenz.

Sonntagmorgen. Die Glocken des Domes läuteten schwer. Ein graues und kaltes Licht erfüllte seine Studentenbude, deren Fenster auf den häßlichen Kungsängenhof hinausgingen. Er drehte sich zur Wand. müde und schwer, um weiterzuschlafen. Eine Schande, die er nicht eingestehen wollte, brannte in ihm. Nach dieser Nacht würde er nicht in die Kirche gehen. Und in die schweren Glocken des Domes wischte sich ein Klang von Gericht: Sie sind verkehret auf ihren Straßen; wer drauf gehet, der hat nimmer Frieden.

Nun wurden die Blätter rascher gewendet.

Da war das Verbrüderungsfest im Anfang des Praktikums. Lachsalven dröhnten, die Schlagfertigkeit zielte scharf und treffsicher auf Professoren und Dozenten, Hochstimmung herrschte in den verräucherten Festräumen. Von oben nahm sich das Ganze grotesk aus. Da saß er selber, mit Gottes rotem Siegel im Herzen, zu Gottes Eigentum geschaffen, zum Dienst berufen. Dieses Eigentum Gottes saß da und bildete sich ein, es sei ein freier Geist, mit dem unbegrenzten Recht der Selbstzufriedenheit, andere durchzuhecheln, für die er hätte beten sollen, und über menschliche Sünde zu jubeln, die ihm hätte Kummer machen sollen.

Ständig kehrte dasselbe wieder. Da war der Kaffee bei Günthers mit dem letzten Habilitationsskandal, wohlgefällig analysiert, da war der Offene Abend im Verbindungshaus mit dem Bekritteln von Stipendien und Stipendiaten, da war ein Nachtmarsch nach Kap mit einem großen Streit um die Kuratorwahl. Was wurde aus der Verantwortung und dem Dienen? Wo blieb die Liebe?

Die Szenen wechselten. Er ging in der Junisonne im Zylinder vor dem Domkapitelhaus in Linköping auf und ab und wartete auf den Beginn des Pfarrexamens. Neben ihm ging ein Kamerad, ein unbekannter Lundenser. Ein wenig tastend suchten sie Kontakt miteinander, und da keiner wußte, wie er mit dem anderen dran war, hielten sie sich an die in Frage kommenden Amtsstellen, kamen dann auf das Kapitel der alten Pfarrer und spöttelten tapfer, um sich lustig und burschikos zu erweisen.

Dann war er in Ödesee. Die Bilder flogen vorbei wie von einem alten flackernden Kinematographen aufgerollt. Über die zitternde Bildfläche krochen schwarze Flecken, die seltsamerweise immer um seine eigene Gestalt zusammenflossen. Alles sah schäbig und angefressen aus in diesem gespenstischen Licht. Da lag die alte Dirne in der Olskate auf ihrem schmutzigen Krankenbett. Er selbst saß zu Hause und las den »Goldenen Zweig« von Frazer. Der Tag verging, das Weib fluchte in seinen Schmerzen und blickte zwischendurch mit hilflosem Hunger durchs Fenster, zum Himmel empor. Die Nacht ging hin. Er begann den Tag wieder mit der Lektüre von Frazer. In der Abenddämmerung kam die Schneiderhaus-Lotte und brachte die Nachricht, die Frau sei gestorben. Durch das ängstliche Heulen der Füchse im Wald hörte man den langgezogenen Unglücksruf: Wenn du den Gottlosen nicht warnst, auf daß er lebendig bleibe, so will ich sein Blut von deiner Hand fordern.

Predigtvorbereitung . . . zerstreutes Überlegen, dann Zeitunglesen, dann ein paar auszustellende Zeugnisse, die willkommene Ausflucht boten. Der Sonnabend kam, mit ihm die Post und das neue Heft der Theologischen Zeitschrift. Der Tag verging. Spät abends begann die Feder zu kratzen. Seine Predigt wurde nicht fertig, nicht zu Ende aufgeschrieben, nicht durchgebracht, nicht auf Gebet oder Gottes Wort gegründet. Und es gab viel, viel von derselben Art zu sehen.

Dann die Sitzungen des Gemeindekirchenrates und die erregte Märzversammlung. In diesem wunderlichen Licht von oben zeigte sich alles erschreckend klar. Er versuchte vergebens, den Blick auf Schenstedts Gestalt zu richten, um zu sehen, wie seine Intrigenmacherei und Schadenfreude sich ausnehmen würden. Er sah nur ein kleines, unfertiges Kind, das hinter den Wangen mit dem dunklen Schimmer und hinter den breiten Schultern eine friedlose und sehnsüchtig rufende Seele verbarg. Er sah, wie das Himmelslicht in flatternden, hellen Bändern sich wieder und wieder hinunterwarf, um das Kind im Manne zu ergreifen, aber immer aufs neue zurückzuckte. Dann hörte er seine eigene Stimme, hart, gereizt, bissig. Wie ein scharfer Dolch schnitt sie durch die Luft, und wo sie ihren Weg nahm, wurden all die hellen Himmelsbänder abgeschnitten, die abgetrennten Enden sanken wie ausgerissene Chrysanthemenblätter auf den Boden, und Schenstedt zertrat sie mit überlegenem Hohnlächeln. Aber irgendwo in der Ferne hörte man ein Geheul der Enttäuschung, der Boden schütterte unter dem Tritt von tausend Füßen, es rasselte von Lanzen und Harnischen, und schwere Blutstropfen fielen vom Himmel, brennendheiße Spritzer aus dem schäumenden Kelch mit dem Wein des grimmigen Zornes Gottes.

Er fiel.

Er hatte nur einen Gedanken: zu entkommen, sich in der Erde zu verbergen, zu fühlen, wie Felsen und Berge über seinem Haupt zusammenstürzten. Aber es gab keine Erde mehr, sich darin zu bergen. Er fiel ins leere Nichts. Unter sich fühlte er eine sausende Finsternis, einen geballten bösen Willen, bebend von teuflischer Zerstörungslust. Der weitete sich wie ein gähnender Schlund, formte sich zu einem schwarzen Gefäß voll ewigen Grauens, auf dessen Grund er in schwindelnder Eile hinunterfiel.

Sein Brustkorb wurde von kalten Stahlbändern zusammengepreßt, ein röchelnder Angstschrei ging wie ein trockener, heißer Strom über seine Lippen.

Im nächsten Augenblick lag er wieder auf etwas Festem. Er hörte das wohlbekannte Quietschen der Stahlfedern des Feldbettes und sah an der Decke einen bleichen Widerschein zwischen den großen braunen Wasserflecken tanzen.

Er sprang auf, stand auf dem kalten Fußboden, fühlte deutlich, wie seine Knie zitterten und die feuchte Pyjamajacke eiskalt gegen die Schweißperlen auf seiner Brust schlug. Im nächsten Augenblick war er zur Türe geschwankt und hatte sie doppelt verschlossen. Dann ging er, noch halb betäubt, ans Fenster und zog die Rollgardine hoch.

Ein bleiches Licht stand zwischen den nackten Ahornkronen. Es hatte gefroren, und ein leichter Pastellton von Graubraun lag über den Zweigen. Es war unendlich still.

Zitternd vor Kälte ging er ins Bett zurück und zog sich die Decke über die Ohren. Endlich konnte er vernünftig denken, aber der Schreck saß ihm noch in den Gliedern. Das war der schlimmste Alptraum, den er je gehabt hatte. Früher hatte er oft geträumt, lange, logisch zusammenhängende Träume. Aber dies war etwas anderes. Dieses Angstgefühl ging in seiner primitiven Urkraft weit über alles hinaus, was er je für möglich gehalten hätte. Religionspsychologisch war dieser Traum äußerst wertvoll für ihn. Er hatte ja ein anschauliches Erlebnis dessen gehabt, was man das *tremendum* in der Gottesvorstellung nannte. Er hatte zwar früher davon gelesen, es jedoch immer rein theoretisch betrachtet. Nun hatte er größere Möglichkeiten, gewisse primitive Riten zu verstehen – wie übrigens auch Luther und Bunyan und die anderen, bei denen das erschrockene Gewissen eine religiöse Rolle gespielt hatte.

Er zitterte aufs neue. Wollte diese Angst denn gar nicht aufhören? War das sein alter Herzfehler, der wiederkam? Oder hatte er gestern nur etwas Unrechtes gegessen?

Wieder drehte er sich in dem alten quietschenden Bett. Das Tageslicht war gekommen, alle Einzelheiten im Zimmer waren nun deutlich zu erkennen. Es war halb fünf.

Wenn nun dieser unheimliche Traum trotz allem ein Stück Wahrheit hinter seiner mythologischen Symbolik barg? Konnte eine Menschenseele etwa doch verlorengehen? Dann müßte es ungefähr so unheimlich sein, wie er es im Traum erlebt hatte.

Und er selbst? Hier entkam er nicht. Die Urteilssprüche, die er gehört hatte, waren nicht nur kranke Phantasien. Verschiedene dieser bizarren Bilder enthielten bittere Wahrheit.

Er lag im Bett vornübergebeugt, die Hände gefaltet, den Kopf in das Kissen vergraben. Enthielt dieser Alptraum dennoch etwas von Gottes Stimme? Dann war sie nicht mißzuverstehen: er war als Christ gewogen und zu leicht befunden.

Er setzte sich auf. Es nützte ja nichts, hier zu liegen und sich zu quälen. Er konnte ebensogut gleich aufstehen. Während er sich die Sachen überwarf, reifte sein Entschluß: er würde dieses Erlebnis nicht spurlos vorübergleiten lassen. Er konnte es sich wenigstens eine ordentliche Selbstprüfung kosten lassen. Vielleicht hatte das Ganze doch irgendeinen Sinn.

Er entfachte die Glut im Kachelofen, der seit gestern unberührt gestanden hatte, zu neuer Flamme. Dann ging er hinunter und holte die Bibel. Zufällig fiel sein Blick auf das Bücherregal. Einen Augenblick stand er zweifelnd davor, nahm dann ein paar kleine Hefte heraus und kehrte wieder auf sein Zimmer zurück, das von dem sprühenden Feuer im Kachelofen schon mit warmem Leben erfüllt. war.

Er setzte sich an den ungestrichenen Küchentisch am Fenster und beugte den Kopf in die gefalteten Hände. Nachdem er ziemlich lange so gesessen hatte, nahm er eine kleine Pappkarte vor, die in Rot und Blau gedruckt war und die Überschrift trug: Stille vor Gott.

Werde still, stand da.

Denk daran, daß du nun vor dem lebendigen Gott stehst.

Wieder überfiel ihn das vernichtende Gefühl der Kleinheit vor einer überwältigenden Macht. Hier saß er also, ganz und gar getragen und erhalten von der Macht Gottes. Er fühlte den Pulsschlag in seinen Handgelenken. Ohne einen ständig neuen Zustrom von Gottes Schöpferwillen würde er also keinen einzigen Schlag mehr tun. Das Leben, das bewirkte, daß er die Augen heben und zum Fenster hinaussehen oder den Fuß unter dem Stuhl bewegen konnte, war also eine Gabe, die er Sekunde für Sekunde aus Gottes Hand empfangen mußte. Jederzeit konnte sein Herr und Eigentümer seine Gabe zurückfordern und ihn zur Rechenschaft ziehen. Vor diesem Herrn stand er also. Er glitt vom Stuhl herunter auf die Knie, die Ellbogen gegen die Tischkante gestützt.

Selbstprüfung, stand da als nächstes.

Frage dich:

Bin ich willens, mich ganz Gott zu überlassen?

Er hatte ein Gefühl des Schwindels. Es war, als sollte er auf eine treibende Eisscholle hinaustreten, die sich krachend vom Ufer löste. Wohin würde er geführt werden, wenn er sich dieser Strömung überließ? Würde der Weg je wieder zurück nach Uppsala führen? Würde er je einen einzigen Tag in Frieden bei seinen Büchern sitzen dürfen? Würde er wie früher die Tür abschließen, Stunden für sich selbst reservieren und als *liber studiosus* sich mit seinen eigenen Angelegenheiten beschäftigen können?

Aber im selben Augenblick überfiel ihn der Gedanke: Was würde es nützen, entkommen zu wollen? Ich gehöre ja schon Gott! Für jede Stunde bin ich Verantwortung schuldig. Und der Strom führt mich unwiderstehlich auf die Grenze zu, wo es offenbar wird, daß alles Gerede davon, daß man sich mit seinen eigenen Angelegenheiten beschäftigen oder als ein freies Individuum leben solle, eine elende Illusion ist. Es war Torheit, in der Wahl zu schwanken. Es war Feigheit und war Unglaube. Nun wollte er sich ganz hingeben. Er wollte Soldat werden und unter Befehl stehen.

Bin ich willens, mit jeder Sünde, die mir bewußt ist, zu brechen, und von allem zu lassen, das die Empfindlichkeit meines Gewissens und meine Liebe zu Gott schwächt?

Ja, das muß geschehen, dachte er. Herr, hilf mir! Trägheit, Angst, Widerwille gegen die Menschen, Ruhmsucht, Empfindlichkeit gegen jede Kritik – mit alledem mußte jetzt Schluß sein. Er hatte sich damit entschuldigt, daß er nicht zum Gemeindepfarrer passe, während es in Wirklichkeit sein bequemes, feiges und mit sich selbst beschäftigtes Ich war, dem es nicht paßte, unter anderen Menschen zu leben und ihnen zu dienen.

Er las weiter, Punkt für Punkt. Er kam zu den vier *Absoluta:* absolute Ehrlichkeit, Reinheit, Selbstlosigkeit und Liebe. Das waren vier tödliche Schläge gegen seine ganze Art, sein Amt zu versehen, von der Geschichte mit dem Talar an bis zu den Versäumnissen an den Alten und Kranken.

Als nächstes stand da:

Bin ich willens, in einem rechten Verhältnis zu allen Menschen zu leben?

Auch zu Schenstedt?

Sobald ich kann, unter der Führung des Geistes Gottes gutzumachen, was ich gegen meinen Nächsten gefehlt habe?

Hier wurde die Schlinge zugezogen. Es gab keine Möglichkeit, zu entkommen. Er wand sich unter Gottes Griff. Nein – billiger ging es nicht: er mußte nach Saleby gehen.

Noch schob er den Entschluß hinaus. Aber er hatte schon eine halbe Zusage gegeben. Er wollte nur die rechte Zeit abwarten und den besten Weg herausfinden.

Er las die Andachtskarte weiter, betete tief und ernstlich um Vergebung für seine Sünden und um die Gnade, neu anfangen zu dürfen.

Er hatte sich wieder hingesetzt und schlug die Bibel auf. Andächtig und nachdenklich las er Römer 12, immer mehr dessen gewiß, daß er nie ein Christ gewesen war. Er las immer eifriger, er las Philipper 3 und den ersten Johannesbrief mit dauerndem Innehalten und fleißigem Anstreichen. Es fiel ihm während des Lesens aufs Herz, daß er die Bibel bestimmt nie vorher so gelesen hatte: einfach um zu sehen, wie er selbst ein Christ werden könnte.

Draußen war die Sonne aufgegangen, das goldgelbe Morgenlicht fiel ins Zimmer und schien auf die Tapetentür mit dem großen häßlich Fettfleck ums Schlüsselloch. Da draußen sangen und jubelten die Vögel, und der leichte Reif hatte sich schon in glänzende Feuchtigkeit auf den harzigen Knospen verwandelt.

»Nun geht die Sonne auf«, dachte Torvik, »auch über meinem Leben. Nun soll Gott die Macht und die Ehre haben. Und für mich beginnt der Gehorsam und der Dienst.«

Es wurde ihm bewußt, daß es bis zum heutigen Tage umgekehrt gewesen war. Er selber war es, der die Macht gehabt hatte – auch die Macht, sich eine passende Anschauung zu wählen. Das Problem war für ihn gewesen, ob das Christentum wirklich das Rechte war. Er hatte erwogen, wie ein moderner Mensch sich Gott zu denken hätte. Er hatte Jesus verteidigt und daran festgehalten, daß er auch in unserer Zeit als das unübertroffene Vorbild zu gelten hätte, auch wenn man selbstverständlich von dem Zeitbedingten in seiner Lehre absehen mußte. Er hatte für die christliche Moral gekämpft und versucht zu beweisen, daß sie sowohl dem Glauben an das Leben als auch der Psychoanalyse oder dem modernen Nationalismus überlegen war. Die ganze Zeit über war er der Richter, der Macht hatte, anzuerkennen und Macht zu verwerfen. Der Maßstab war der der Wissenschaft und des Gegenwartsmenschen.

Die Gültigkeit des Christentums beruhte letztlich darauf, ob er selbst es der Anerkennung wert fand.

Nun wurde ihm plötzlich klar, daß das wirkliche Problem nicht darin bestand, ob das Christentum etwas taugte, sondern ob er selbst als Christ etwas taugte. Hier brach sein ganzes Urteilsrecht in Stücke. Nicht er saß zu Gericht über die Religionen, sondern Gott saß zu Gericht über ihn. Er war ein Sünder, der von vorn anfangen mußte.

Dann las er weiter. Er ging eine Reihe kleiner Schriften durch, die betriebsame Freunde ihm in Uppsala zugesteckt hatten. Damals hatte er sich entschlossen hinter einer Mauer von Vorbehalten verschanzt. Nun las er gespannt all diese Dinge von christlicher Erneuerung und von der Weltrevolution, die mit der völligen Hingabe des einzelnen beginnt.

Als die Frühstückszeit herankam, sah Frau Karlsson den Pastor wieder in seinem Sommeranzug nahen. Zum erstenmal seit langem hatte er kein Buch unter dem Arm. Er sah blaß aus, grüßte jedoch herzlicher als sonst und sagte sogar ein und das andere Wort, als sie das Essen hereinbrachte. Zwischendurch war er sehr weit weg mit seinen Gedanken. Die Pächtersfrau fühlte sich ihrer Theorie immer sicherer.

Den ganzen Tag rang Torvik mit sich selbst, er las, betete dann wieder eine Weile und ging im Garten auf und ab. Als die Sonne schon über den Tannenwipfeln im Westen hing, wo die äußersten Ausläufer der Hedingsberge südlich hinter den Wäldern von Saleby verschwanden, war er endlich bereit. Er holte das Rad aus dem Schuppen und machte sich auf den Weg.

Vor dem Gutshaus in Saleby breiteten sich große Rasenflächen mit Apfelbäumen und Edeltannen. Zur Landstraße hin war der Garten von einer dichten Tannenhecke begrenzt. Die schmiedeeisernen Torhälften hingen an zwei grobgehauenen Steinpfeilern

Torvik hatte das Rad an den Grabenrand vor dem Tor gelehnt. Im Schutz der Hecke ging er ein paarmal auf und ab und sah die Landstraße hinunter zur Kirche hin, wie ein Gefangener durch den Stacheldraht sieht. Dann machte er entschlossen kehrt und ging mit langsamen Schritten durch das Tor.

Saleby war ein langer, niedriger, einstöckiger Bau ohne Vordergiebel, mit einem Mansardendach und verputzten, weiß gekalkten Wänden. Vor der großen Tür war nur ein niedriger Sockel, von zwei Bänken flankiert.

Ehe Torvik den Türklopfer hob, murmelte er ein Gebet. Er war in äußerster Erregung, und die Pulsschläge zwischen den Sehnen der Handgelenke rühlten sich an wie Peitschenhiebe.

Er wurde in den Flur eingelassen, der als gewölbter Gang geradeaus zum großen Saal führte. Schenstedts Schwester erschien in braunkariertem Sportkostüm und mit strahlendem Lächeln.

»Nein so etwas! Erweisen Sie uns die Ehre eines Besuches, Herr Pastor?«

Es lag ein Vorwurf in ihrer Liebenswürdigkeit, und Torvik fühlte, wie er errötete. Es war ganz richtig, daß er versäumt hatte, hier Besuch zu machen. Konnte das vielleicht die erste Ursache von Schenstedts Feindseligkeit gewesen sein?

»Marianne, wollen Sie es dem Herrn Gutsbesitzer sagen? – Er ist bloß draußen und sieht nach dem neuen Gärtnerknecht, der ein paar Pflanzen einsetzen wollte«, fügte sie erklärend für Torvik hinzu.

Er wurde aufgefordert, in den Großen Saal zu kommen, der in erlesenem Karl-Johann-Stil eingerichtet war, und landete irgendwo mitten auf dem unendlich langen Sofa.

Das Gespräch kam bald in Gang. Das lag zumeist an der Hauptmannsfrau, die eine charmante Gastgeberin war. Sie erkundigte sich nach den Verhältnissen unten im Pfarrhaus, nach der Kost bei den Pächtersleuten, nach den Zukunftsplänen des Pastors und nach seiner Meinung über den Krieg in Spanien.

Die Tür bewegte sich leicht. Die Haustür war wohl geöffnet worden. Torvik wurde ganz steif. Im nächsten Augenblick stand Schenstedt auf der Schwelle. Sein weiches und feingeschnittenes Gesicht drückte verlegene Liebenswürdigkeit aus, vermengt mit halb unbewußtem Mißtrauen.

»So eine Überraschung«, sagte er. »Willkommen auf Saleby, Herr Pastor! – Sie sind heute in Zivil?« fügte er mit einem Blick auf

Torviks Anzug hinzu.

»Ja, ich wollte lieber wie ein gewöhnlicher Sterblicher kommen«, antwortete Torvik. Er war selbst überrascht von der Ruhe in seiner Stimme.

Schenstedt sah ihn unsicher an. Er begann über die Wegverhältnisse zu reden. Es fehlte nicht am Anlaß, denn Torvik war bis über die Knöchel bespritzt. Er zog verlegen seine großen Füße unter das Sofa.

»Dürfen wir Ihnen nicht etwas anbieten?« fragte die Schwester.

»Danke, machen Sie um alles in der Welt meinetwegen keine Umstände«, sagte Torvik fast erschreckt. »Ich will gleich wieder gehen . . . ich wollte bloß eine ganz persönliche Sache mit Herrn Schenstedt besprechen.«

Er hatte es mit wirklicher Anstrengung herausgepreßt. Nun war also der Rückzug abgeschnitten. Schenstedts Schwester scherzte elegant über die heimlichen Kommunalangelegenheiten der Herren, in die noch nie eine Frau in Ödesee einen Blick habe tun dürfen, trotz Stimmrecht und so weiter. Dann zog sie sich zurück.

Schenstedt blickte den Pastor fragend an. Er sah nicht gerade feindlich aus, aber es war zu merken, daß er bereit war, wenn nötig blank zu ziehen.

»Ich bin gekommen, Sie um Entschuldigung zu bitten, weil ich mich Ihnen gegenüber so schlecht benommen habe, im Gemeindekirchenrat und bei der Kommunalversammlung«, sagte Torvik.

Schenstedt öffnete den Mund ein wenig, seine Augen weiteten sich. Dann blickte er nieder und wurde sehr rot. Torvik fuhr fort:

»Ich habe eingesehen, daß ich nicht recht gehandelt habe . . . Schon bei der Geschichte mit dem Talar war ich im Unrecht. Es war eigenmächtig und nachlässig von mir, das hätte ich von Anfang an zugeben sollen. Und bei der Kommunalversammlung hatten Sie ganz recht darin, daß ich eine faule Sache einfach deckte, indem ich den Vorsitz führte. Für all das und für anderes, was ich über Sie gesagt und gedacht habe, will ich jetzt aufrichtig um Vergebung bitten.«

Schenstedt sah nun richtig unglücklich aus.

»Aber, lieber Herr Pastor, kommt nicht in Frage! Ich habe Ihnen wirklich nichts zu vergeben!«

»Doch, das haben Sie.« Torvik streckte die Hand hin.

»Davon reden wir nicht. Wenn etwas daran wäre, so wissen Sie, daß ich keinen Groll mehr hege.« Er nahm die Hand, sah wieder nach unten und errötete wie ein Schuljunge.

»Dann müssen Sie aber selbst versprechen, mich zu entschuldigen«, sagte er, »denn ich bin nun auch nicht sicher, mich in dieser Geschichte als prima Gentleman aufgeführt zu haben.«

Torvik traute seinen Ohren kaum. Er stammelte ein paar Worte, und weil sie nicht länger so dastehen und einander die Hände drücken konnten, sprach er davon, daß er froh sei, die Sache in Ordnung zu haben, und in Zukunft nicht gedenke, in der Zentralheizungsfrage irgendwie Partei zu ergreifen, sondern auf jeden Fall dankbar sei, wie sie auch gelöst werde. Dann bat er um eine Empfehlung an die Dame des Hauses und verabschiedete sich.

Als er ein Stück des Weges zum Tor zurückgelegt hatte, hörte er eilige Schritte hinter sich. Er sah sich um. Es war Schenstedt.

»Wenn Sie erlauben, Herr Pastor«, sagte er, »begleite ich Sie zum Kirchdorf hinunter. Ich habe sowieso dringend etwas beim Gemeindevorsteher zu erledigen.«

Sie gingen zusammen den lehmigen Weg entlang. Torvik führte sein Rad, das einen leise plätschernden Laut von sich gab, wenn das Wasser von den schmutzigen Reifen abfloß. Die letzten Sonnenstrahlen leuchteten noch auf den Hügeln vor ihnen, während die Äcker braunglänzend im Schatten lagen. Die Luft war voll von den kühlen Düften des Vorfrühlings.

Schenstedt begann, von Saleby und von vergangenen Zeiten zu reden. So kam er ungesucht auf seine eigene Familie. Er erzählte von seiner Mutter, die er nie gesehen hatte, und von seinem Vater, dem Leutnant, der mit dreißig Jahren einen tödlichen Sturz vom Pferde tat. Die einzige wirkliche Erziehung hatte er seiner Großmutter zu verdanken. Sie lebte noch, obwohl sie selten auf Saleby war. Sie war fromm. Als Kind hatte sie die große Erweckung erlebt, die damals durch Ödesee ging, und obwohl er oft über sie lachte, gab er ohne weiteres zu, daß er niemals einen besseren Menschen gefunden hätte.

»Und ganz im geheimen möchten Sie ebenso sein«, sagte Torvik kühn. Er ahnte, daß Schenstedt absichtlich auf dieses Thema zugesteuert war.

»Vielleicht, vielleicht auch nicht . . . das ist nicht so einfach, sage ich Ihnen.«

Er zögerte ein wenig, dann sagte er: »Ich habe heute abend gelernt, an Sie als einen ehrlichen Mann zu glauben. Aufrichtig gesagt, vorher glaubte ich, es wäre Schwindel mit Ihrer Religion, aber ich sehe, ich habe mich geirrt. Antworten Sie mir bitte ehrlich: wie kam es, daß Sie Pastor geworden sind – ich meine: wie sind Sie dazu gekommen, an Gott zu glauben?«

Torvik begann von seiner Kindheit im Schatten des großen Walzwerkes zu erzählen, von seinen irreligiösen Gymnasiastenjahren und von seiner ersten Begegnung mit Gott; wie er beinahe versuchsweise zu beten anfing, wie er Kontakt bekam, wie sich seine theoretischen Zweifel lösten, als er lernte, das Christentum historisch zu sehen. Zum Schluß mußte auch die letzte, demütigende Wahrheit heraus: daß es dennoch niemals richtig ernst geworden war, ehe er heute begriffen hatte, daß er sich radikal Gott zur Verfügung stellen und alles bis auf den Grund wegschaffen mußte, was ihn von Gott und von anderen Menschen trennte.

Es war unverkennbar, daß Schenstedt mit Interesse zuhörte. Er begann bald offenherzig von sich selber zu reden, von seinem Kinderglauben, den die Großmutter ihm eingepflanzt hatte, der aber schon im ersten Jahre verlorenging, als er in Eksjö in Pension war, und der sich während der Jahre in der Forsthochschule in bewußten Materialismus wandelte, sowohl theoretisch wie praktisch. Aber hier in den heimatlichen Wäldern und in den Räumen in Saleby, wo seine gottesfürchtigenVäter ihre alten zerlesenen Gesangbücher stehen hatten, war wieder eine andere Grundstimmung in sein Leben gekommen.

»Ob ich an Gott glaube, weiß ich nicht«, sagte er, »aber religiös bin ich jedenfalls.«

Sie waren an die Wegkreuzung gekommen. Es war nun ziemlich dunkel. Torvik hatte ein Gefühl, als käme er aus der Kirche. Dies war also das Ergebnis davon, daß er gewagt hatte, Gottes Wege zu gehen! Nun wollte er noch einen Schritt wagen.

»Zweifel beruht immer letztlich auf Sünde«, sagte er.

»Was ist denn Sünde?«

»Alles, was uns von Gott und von anderen Menschen trennt.«

Schenstedt sah nachdenklich aus.

»Tja . . . das ist wohl so allerlei.«

»Und was es auch ist, es muß bekannt und gutgemacht werden.«

Da der Gutsbesitzer nichts erwiderte, fuhr der Pastor, der nun Blut geleckt hatte, fort:

»Da wir jetzt sowieso bei mir zu Hause sind, darf ich Ihnen vielleicht ein paar kleine Hefte mitgeben, die mir selbst viel geholfen haben?«

Schenstedt lachte wohlwollend.

»Sie sind also Kolporteur. Aber ich hab nichts dagegen.«

Sie durchschritten das Tor des Pfarrhofes. Als Schenstedt einige Minuten später wieder auf den Weg hinaustrat, hatte er nicht nur die Andachtskarte und ein paar kleine Hefte in der Tasche. Er hatte auch mit seinem ehemaligen Todfeind Brüderschaft gemacht und pfiff nachdenklich.

Erst als der Pastor an der Treppe »Auf Wiedersehen« gesagt hatte, fiel ihm die eigentümliche Tatsache auf, daß Schenstedt heute abend nicht sein Auto genommen hatte, sondern die vier Kilometer zu Fuß gegangen war. Das konnte nicht gut eine andere Ursache haben als die eine: er wollte reichlich Zeit zum Reden haben. Ging dieser Mann also heute abend fast zehn Kilometer über aufgeweichte Wege, bloß um von Gott sprechen zu können? Gab es womöglich noch mehr Menschen in seiner Gemeinde, die sich ebenso nur nach einer Gelegenheit sehnten, über den Glauben und über die Glaubenshindernisse reden zu können?

Beschämt und froh ging er über den Hof zum Abendbrot. Auch heute abend las er keine Komplet, aber er betete lange oben auf seinem Zimmer. Er betete für alle die Menschen, für die er keine rechte Liebe gehabt hatte, er betete, daß er nun wenigstens in der Zeit, die ihm in Ödesee noch blieb, im Geist und in der Wahrheit dienen dürfe. Zum Schluß betete er um Klarheit über den Weg, den er nun in neuem Gehorsam wandern wollte.

Daß es so schwer war, sich führen zu lassen!

Er neigte den Kopf wiederum in die Hände und wartete still. »Rede, Herr, denn dein Knecht höret!« murmelte er. Vor sich auf dem Tisch hatte er Notizbuch und Bleistift liegen.

Seit Mittwoch hatte er nun jeden Morgen seinen Tag mit einer langen »stillen Stunde« an dem ungestrichenen Tisch oben im Giebelzimmer begonnen. Er las seine Bibel mit wirklichem Hunger, und er entwarf seinen Tageslauf vor Gottes Angesicht. Solange es sich um die nächsten Geschäfte handelte, brauchte er nie im Zweifel zu sein. Er hatte Kranke zu besuchen, Briefe an alte Freunde und Feinde zu schreiben, und dann ein oder das andere Unrecht in der Gemeinde in Ordnung zu bringen. In diesen Tagen hatte er schon ziemlich alles erledigen können, was er sich in Ödesee glücklich eingebrockt hatte. Nicht überall war es so gut gegangen wie auf Saleby. Manchmal machten die Leute große Augen und waren nur zugeknöpft und verlegen, aber überall wurde er mit merklichem Respekt aufgenommen – außer bei der Witwe im Mühlengütchen.

Nun fehlte eigentlich nur eins: Klarheit über die fernere Zukunft. Sollte er seine Studien fortsetzen oder nicht? Sein Entlassungsgesuch war schon geschrieben. Aber sollte er wagen, es einzuschicken? Er bekam keine Klarheit.

Er zog sich fertig an und ging ins Amtszimmer hinunter. Heute war also Sonnabend. Seine Predigt hatte er ziemlich in Ordnung. Zum erstenmal seit vielen Monaten sehnte er sich danach, die Kanzel besteigen zu dürfen. Nun fühlte er, daß er eine Botschaft hatte, die gewaltig andrängte und sich mit der Vollmacht des Geistes einen Weg suchte. Wie er selber für seine Halbheit verurteilt worden war, wie er die ganze Verlogenheit in der Art von Religiosität gesehen hatte, die aus dem Glauben ein wenig feierliche Stimmung für einige wohl abgegrenzte Stunden machte, welche sich jeder selbst aussuchte, so wollte er nun kräftig die Botschaft von dem Christus verkünden, der mit Diktatorenmacht über unsere Arbeit, unseren Besitz, unsere Freizeit und unser Wesen herrschen wollte.

Als er noch ein Stück an seiner Predigt geschrieben hatte, ging er zum Frühstück. Es regnete, ein kalter, harter Regen, der wie Peitschenhiebe in die Pfützen des Hofes klatschte. Er merkte es kaum.

In der Kammer beim Pächter wartete schon die Posttasche. Sie pflegte um diese Zeit mit dem Milchwagen vom Kirchdorf heraufzukommen. Er öffnete sie rasch und musterte zuerst die braunen Dienstbriefe. Nein – immer noch kein Bescheid vom Domkapitel. Er nahm die Zeitung und setzte sich gedankenvoll an den Tisch.

Wieder im Pfarrhaus angekommen, lauschte er aufs neue, das Haupt in den Händen. Noch keine Klarheit! Warum schwieg Gott?

Um zwölf ging der Autobus mit der Mittagspost. Das war die letzte Gelegenheit am Tage. Viel länger durfte er nun wohl mit seinem Gesuch nicht mehr warten. Aber wagte er wirklich diesen Schritt zu tun, ohne über den Willen Gottes volle Gewißheit zu haben? Er betete wieder.

Zwanzig Minuten vor zwölf stand er auf, versiegelte entschlossen den großen braunen Umschlag, nahm den Regenmantel um und wanderte zum Kirchdorf hinunter. Der Regen prassele auf die Landstraße und floß in kalten Rinnsalen an seinen Kleidern hinunter. Er streckte die Hände tief in die Taschen und machte größere Schritte.

Auf der Post goß er zuerst das Wasser aus, das sich in seinem Hut gesammelt hatte, zog dann vorsichtig mit den Fingerspitzen den Umschlag aus der Tasche, um ihn nicht naß zu machen, und übergab ihn der Postfrau. Als er gerade gehen wollte, fiel ihr etwas ein, sie bückte sich unter den Tisch, holte einen Brief hervor und reichte ihn ihm.

»Hier ist noch ein Brief an Sie, Herr Pastor, der heute vergessen wurde.«

Torvik dankte und ging. Draußen auf der Veranda warf er einen Blick auf den Umschlag und blieb jählings stehen. Er war vom Domkapitel.

Eben war er dabei, die eine Schmalseite aufzureißen, als ein Personenwagen mit spritzenden braunen Kaskaden um die Vorderräder vorbeifuhr. Gerade vor der Tür bremste er und hielt nach ein paar Metern. Die Tür ging auf, und Schenstedt sprang heraus.

»Hallo, Junge!« rief er und eilte unter das Verandadach herauf. »Gerade hinter dir bin ich her. Du mußt versprechen, zu uns zu kommen. Meine Schwester will durchaus auch mit dir von – äh – ernsthaften Sachen sprechen, verstehst du, solchen, wie wir sie neulich unterwegs besprochen haben. Ich kann ihr ja nicht alles erzählen . . . Dank dir übrigens für die Bücher! Wir haben sie beide gelesen.«

Torvik starrte ihn an. War die geistliche Entwicklung in Ödesee nach so langjährigem Stillstand plötzlich in Galopp gefallen?

»Danke, natürlich komme ich«, sagte er. »Wann soll's denn sein?«

»Kannst du heut abend? Aber es ist vielleicht falsch, einen Pastor am Samstagabend einzuladen?«

Torvik antwortete nicht. Er hatte den Brief des Domkapitels geöffnet. Dieser enthielt ein Folioblatt mit der Überschrift: »Vertretung«. In einem einzigen Überfliegen hatte er den Inhalt erfaßt: Der Vizepastor Gösta Torvik sollte vom ersten Mai an bis auf weiteres stellvertretender Hauptpastor im Pastorat Ödesee sein.

Ihm drehte sich alles. War das Gottes Antwort? Dieser Brief – und dann dieser Schenstedt, der hier stand und ihn als Kamerad und Christ in sein Haus einlud? Es war kaum zu fassen. Und das am selben Tag, an dem er sich aus der Gemeindearbeit zu seinen Studien hatte zurückziehen wollen!

Schenstedt weckte ihn aus seiner Betäubung.

»Was ist los, Junge? Du siehst aus, als ob der Himmel auf dich herabgefallen wäre.«

»Fehlt auch nicht viel . . . Wart einen Augenblick!«

Er war schon wieder in der Post. Im letzten Augenblick öffnete Frau Samuelsson den Postsack noch einmal und zog den großen Umschlag heraus. Er zerriß ihn in kleine Fetzen und schleuderte sie in den Papierkorb, über ihre Verblüffung lachend.

Der Autobus hupte schon auf dem Hof. Die Postfrau stürzte nach hinten, und Torvik ging auf die Veranda, um den Besuch auf Saleby zu verabreden – den ersten, den er in Ödesee machen würde, um mit gewöhnlichen, frischen und gesunden Menschen von Gott zu reden.

Der Fels im Herzen und der Fels der Versöhnung

»Ich finde, Ihr habt es Euch selber zuzuschreiben, Herr Pastor. Wenn man die Herde Gottes mit der Geißel des Gesetzes peitscht, statt sie an die lebendigen Wasserbrunnen zu führen, so geht es schließlich schief. Keiner hält beliebig viel Prügel aus.«

Torvik starrte die freimütige Frau an, die vor ihm auf dem Sofa seines Amtszimmers saß. Sie sprach ohne Bitterkeit, mit einer gewissen mütterlichen Wärme, die bewirkte, daß man ihr nicht böse sein konnte.

Die Frau war aus dem Süddorf. Sie war diesen Morgen mit dem Milchauto heraufgekommen, um ihr Anliegen vorzubringen. Es handelte sich um eine delikate Sache. Es galt, dem Geistlichen mitzuteilen, daß Margit, die ein ganzes Jahr lang bei ihm gedient hatte, nun, knapp zwei Monate nachdem sie ihre Stelle im Pfarrhaus aufgegeben hatte, Baptistin geworden war und sich hatte wiedertaufen lassen. Die Frau war Margits Tante und ihre einzige Verwandte am Ort.

Sie hatte nun ihre eigene Ansicht der Dinge entwickelt. Margit war im Pfarrhaus erweckt worden, daran war kein Zweifel. Aber eine rechte Heilsgewißheit hatte sie nie gefunden. Sie hatte nur ihre Werke geprüft, sie hatte ihre Sünden bekannt und gegen ihre Begierde gekämpft, aber den Frieden in Jesu Blut und Wunden hatte sie niemals kennengelernt, von der Taufgnade hatte sie nie reden hören und auch nicht von dem Kleid der Gerechtigkeit Christi. Nun waren die Baptisten gekommen und hatten zu ihr gesagt, daß sie wahrhaftig erlöst werden würde, wenn sie sich wiedertaufen ließe. Sie hatten ihr auch das teure Wort von der Versöhnung gesagt. War es denn zu verwundern, wenn sie zu ihnen übergegangen war? Mutter Lotte weinte, weil sie das Mädchen nicht hatte bei sich daheim haben können. Dann würde sie, wenn sie auch nur ein armes altes Gestell war, schon versucht haben, ihr zu zeigen, wo der Weg durch den Vorhang ging.

Torvik hörte still zu. Er hatte schon öfter solche Vorwürfe zu hören bekommen. Seit er sich vor über einem Jahr verheiratet hatte, hatte er viel zu bedenken gehabt. Seine Britta war aus einer alten westgotischen kirchentreuen Pietistenfamilie. Vieles, was er selbst sich erst mühsam zur Hälfte erkämpft hatte, schien von Kindheit an mit ihrem Wesen verwachsen zu sein. Und ihr *Ceterum censeo* war immer, daß er Christus nur als Kraftquelle und Vorbild und Ursprung der vier absoluten Forderungen predige.

»Ich will Euch nur sagen, Herr Pastor«, fuhr die Alte auf dem Sofa fort, »es geht nicht, daß man Moses einen vierzigprozentigen Vergleich anbietet und glaubt, er wird sich begnügen, wenn wir ganz rein und liebevoll und wahr werden, wovon Ihr so viel redet. Auf der Grundlage wird man nicht gerettet. Das gibt bloß Stümperei. Eine ganze Gerechtigkeit wird das nicht, das fühlt das Herz genau, und als Grundlage für die Seligkeit taugt das auch nicht. Diese oberflächlichen Sünden, die man entfernen kann wie Ungeziefer von einer Bank, das sind wahrhaftig nicht die schlimmsten. Und mit den Gedankensünden geht es noch an, die man wie Käfer am Rücken fassen und dem lieben Gott hinhalten kann: Da hast du sie! Aber die Sündenverderbnis, Herr Pastor, die Sündenverderbnis, die sitzt, wo sie sitzt, und ich möchte mal sehen, wie Ihr sie Gott hingebt!«

Torvik hörte zu, halb belustigt. Diese prächtige Frau meinte es wirklich gut, und er wußte, daß sie zu den aufrichtigen Freunden der Kirche gehörte.

»Aber Ihr werdet doch nicht meinen, Mutter Lotte«, sagte er, »daß man unterlassen darf, rein und wahr und liebevoll zu sein?«

»Du liebe Güte, wie könnt Ihr so etwas Gottloses von mir denken, Herr Pastor? Natürlich sollt Ihr predigen, daß wir rein und vollkommen in der Liebe sein sollen, aber Ihr sollt nicht sagen, daß wir es tun sollen, um gerettet zu werden, sondern ihr sollt sagen, daß wir so leben sollen, weil wir aus Gnaden erlöst sind.«

»Aber das macht doch wohl keinen Unterschied?«

»Doch, Herr Pastor, das macht den großen Unterschied, daß eine angefochtene Seele, die das verfilzte Knäuel ihrer Sünde sieht, wagt, auf Jesus zu sehen anstatt auf sich selbst. Hätte Margit das begriffen, so wäre sie nie zu den Baptisten gegangen.«

Torvik schwieg. Es war schon etwas daran. Je mehr er von ganzem Herzen mit der Sünde hatte brechen wollen, um so schmerzlicher hatte er empfunden, daß immer etwas fehlte. Je energischer er das Böse verfolgte, um seine innerste Quelle aufzuspüren, um so deutlicher hatte er gemerkt, daß es nicht nur einzelne dunkle Quelladern in ihm gab, die er mit ein wenig gutem Willen schon verstopfen konnte, sondern daß der ganze Boden sumpfig war und daß sich zuinnerst ein erschreckendes, schwarzes Wasser öffnete, über das jemals Herr zu werden er verzagte. Es war wirklich, wie die Frau sagte: das Gott hinzugeben, ging nicht.

Er fragte fast ein wenig gereizt:

»Aber könnt Ihr mir denn sagen, was womöglich gegen diese Verderbnis helfen könnte, die ich im Herzen habe?«

Die Frau blickte auf, als sei sie erstaunt über die Frage.

»Das Versöhnungsblut, Herr Pastor, bloß das Versöhnungsblut! Lieber Herr Pastor«, fuhr sie fort, »wenn ich nun schon dabei bin, auf Euch zu schimpfen, so muß ich noch etwas sagen.«

Es war, als rede sie mit einem kleinen Jungen. Torvik mußte lächeln.

»Da Ihr Euch so viel Mühe mit mir macht, sollt Ihr wenigstens bewirtet werden«, sagte er und ging in die Diele. Er rief zur Küche hinein:

»Brittalein, bringst du uns Kaffee herüber? Mutter Lotta aus Drängsmarken ist da und gibt mir Unterricht in Seelsorge.«

Er kam wieder herein.

»Na, Mutter, wie ist es nun? Redet nur frei heraus. Ich kann alles gebrauchen, was ich kriegen kann.«

»Ja, Herr Pastor – es ist da noch etwas, das, glaub ich, Margit zur Baptistin gemacht hat. Nämlich, daß Ihr die Taufe verleugnet.«

Nun wurde Torvik beinahe böse auf sie.

»Daß ich die Taufe verleugne?! Das ist nicht wahr, Mutter.«

»Prüft Euch selbst, Herr Pastor. Als Margit zum erstenmal nach ihrer Erweckung zum Abendmahl ging, am Bußtag, Ihr wißt ja, Herr Pastor, da ging auch Marianne aus Saleby.«

»Ja . . .?«

»Aber sie ist nicht getauft, Herr Pastor.«

Der Ärger stieg in dem Geistlichen hoch. Nun war aber die Frau doch wirklich pharisäisch! Er wollte gerade antworten: Wollt Ihr jemanden verwerfen, Mutter, den der Herr angenommen hat? Aber im selben Augenblick hielt er inne. Das mit Marianne war keine erfreuliche Geschichte. Sie war durch Schenstedt und seine Schwester bekehrt worden und war fleißig dabei gewesen, und dann hatte sie zum Abendmahl gehen wollen. Schenstedt hatte mit ihm darüber gesprochen, und sie hatten beide gefunden, daß es reinster Formalismus sei, die Taufe von ihr zu verlangen, da sie schon Christin war. So hatte sie mit der Einwilligung des Pastor ihre Herrschaft zum Abendmahl begleitet. Damals war er ganz sicher gewesen, recht zu handeln. Aber jetzt schwieg er. Als all das Elend auf Saleby anfing, war Marianne verlorengegangen. Sie hatte eine Stelle im Café in Svenhester, und es hieß, sie führe kein ganz anständiges Leben.

Die Frau, die einen Augenblick still gewesen war, fuhr fort:

»Damals predigtet Ihr auf der Kanzel, daß man Gott alle Stunden des Tages gehorchen soll. Aber mit Euren Taten predigtet Ihr, daß man, was die Taufe betrifft, Gottes Befehlen nicht zu gehorchen braucht.«

Torvik schluckte und hob die Hände von der Tischplatte, als wolle er etwas sagen, aber die Frau gab ihm keine Gelegenheit dazu.

»Herr Pastor, wenn man Gott gehorchen soll, sobald es um die Steuererklärung oder um den einzelnen Pfennig geht, dann soll man ihm auch gehorchen, wenn es um die Taufe geht. Jeder Ungehorsam gegen Gottes Gebot straft sich. Nun bildete sich Margit ein, daß die Taufe in der Kirche nichts bedeutet. Kein Wunder, daß sie dann zu den Baptisten ging. Bei denen bedeutet sie wenigstens etwas.«

Torvik schwieg.

»Und für Marianne wäre es wohl auch besser gewesen, wenn Ihr sie unterrichtet und getauft hättet. Vielleicht wäre sie dann bewahrt geblieben . . . Nun sagt sie, daß das ganze Christentum ein großer Betrug ist. Ein Christ soll ganz rein und gut sein, sagt sie, aber es gibt keinen einzigen, der das ist. So geht es, Herr Pastor, wenn man bloß das Gesetz lehrt, statt die Versöhnung zu treiben.«

Torvik hatte die Stirn gegen die Faust gelehnt. Die Lust, etwas zu sagen, war ihm vergangen. Die Frau senkte die Stimme und fuhr fort, als fürchte sie sich fast vor ihren eigenen Worten:

»Und da ich nun hierhergekommen bin, um in aller Freundschaft ein bißchen mit Euch zu zanken, Herr Pastor, so muß ich sagen, ich habe nie verstehen können, daß Ihr, wo Ihr doch so streng auf den Gehorsam haltet, Frauen in den Versammlungen Gottes Wort reden lassen könnt. Denn das ist doch in der Bibel klar verboten.«

»Aber Mutter, Ihr redet ja jetzt selber wie ein richtiger Pastor!«

»Ja, der Herr sei meiner sündigen Seele gnädig. Ich weiß wohl, daß ich am Jüngsten Tage Rechenschaft geben muß von einem jeglichen unnützen Wort, das ich hier rede. Und wenn das Versöhnungsblut nicht wäre, hätte ich mich wohl nie hierhergewagt. Aber, Herr Pastor, in den Versammlungen hat bei uns noch nie eine Frau sprechen dürfen. Da lesen die alten Prädikanten Gottes Wort. Gott bewahre mich! Ehe man Mutter Lotte auf der Kanzel sähe, wollte ich meinen alten Kopf auf eine Eisenbahnschiene legen. Es ist mehr als genug für mich gewesen, daß Gott mir fünf Kinder gegeben hat, die ich in Gottes Wort aufzuziehen versucht habe. Und wenn eine angefochtene Seele gekommen ist, so habe ich wohl versucht, mit den Wahrheiten der Schrift zu trösten und zu helfen. Aber Lehrer der Gemeinde zu sein oder Hirte der Herde, das ist eine andere Sache. Das kann bloß die gottlose Sicherheit sich zutrauen, wenn man nicht berufen und abgesondert ist.«

Der Pastor hob die Stirn nicht von seiner Hand. Vor einem Jahr hätte er in jedem einzelnen Punkt widersprochen. Damals war die Erweckung auf dem Höhepunkt gewesen. Seit er Schenstedt und seine Schwester zu Bundesgenossen gewonnen hatte und sie glücklich mit ihrem Mann versöhnt war, waren sie alle von einem aktiven und ansteckenden Christentum beseelt gewesen. Als dann einige Freunde aus Stockholm zu Hilfe gekommen waren und Frau Jonsson vom Glanstorp und Arvidssons vom Gut gewonnen waren, sah es fast aus, als wolle ein Erdrutsch über die Gemeinde gehen. Er erinnerte sich der gewaltigen Scharen auf dem Kirchhügel an jenem Sonntag, als Schenstedt gepredigt hatte, er sah noch das

Gedränge im Schulhaus bei der Evangelisationswoche vor sich, als alle die Neugewonnenen vortraten und redeten.

Die Gedanken der Frau mochten in der gleichen Richtung gegangen sein, denn sie fuhr fort:

»Herr Pastor, Ihr solltet uns nicht von so vielen Neubekehrten das Wort verkündigen lassen. Wohl ist es gut zu hören, daß sie auf den Weg gekommen sind, aber viel mehr haben sie nicht zu sagen. Durch ihre Bekehrung wird niemand gerettet, sondern durch Christi Tod und Auferstehung. Aber davon reden sie niemals . . . Steht nicht in der Schrift, Herr Pastor, daß ein Bischof nicht neubekehrt sein soll, auf daß er sich nicht aufblase und ins Urteil des Lästerers falle?«

Nun klopfte die Pfarrfrau und bat an den Kaffeetisch. Mutter Lotte hatte ihr Anliegen sichtlich vorgebracht. Ohne viel Ziererei stand sie auf und ging mit in die Wohnstube, wo an der einen Innenwand der kleine Hausaltar stand und an der anderen das Hausandachtssofa. Mutter Lotte kroch wie ein kleiner schwarzer Vogel in der Sofaecke zusammen.

Torvik war sehr schweigsam. Seine alte Schwermut fing an zurückzukehren, und die Worte der Frau hatten es ihm heute nicht leichter gemacht. Während der Erweckungszeit hatte er in fast ausgelassener Fröhlichkeit gelebt, aber er fühlte, daß er sie mit der Kraft seines Willens erzwungen hatte. Von selber war sie ihm nie zugeflossen. Nun, da die Schwierigkeiten ernstlich angefangen hatten, war er oft tief deprimiert.

Ja, die Schwierigkeiten! Nicht genug, daß er seit einem guten halben Jahr kaum neue Mitarbeiter bekommen hatte. Die alten machten ihm außerdem eine Sorge um die andere. Schenstedts Schwester lebte nach einer Reihe schrecklicher Auftritte wieder getrennt von ihrem Mann. Das war um so schlimmer, als ihre Versöhnung allgemein zum Beweis für die Echtheit der ganzen Erwekkung, um nicht zu sagen des ganzen Christentums gedient hatte. Am schlimmsten war es vielleicht, daß er selber so große Schwierigkeiten hatte. Er führte einen fast verzweifelten Kampf, um sein Gebetsleben frisch zu erhalten. Die alte Ordnung mit der Selbstprüfung und Hingabe hatte sich abgenützt. Es war auch ganz hoffnungslos, jeden Tag alle Sünden aufzuspüren und wiedergutzumachen. Daß er fand, der freundliche Magnusson sähe einfältig und unsympathisch aus, und daß er merkte, wie er den Ton änderte, in dem er zu Britta sprach, weil er ein Gemeindeglied in die Diele treten hörte, daß er mitten im Morgenchoral daran dachte, wo er das Geld für das Holz hernehmen sollte, und daß er in der Eile zum Kirchenältesten gesagt hatte, er müsse so zeitig von dem Festessen aufbrechen, um über seine Predigt nachzudenken, während er in Wirklichkeit einen ruhigen Samstagabend haben wollte,um Briefe zu schreiben - das war zweifellos alles Sünde, aber was hatte es für Zweck, dergleichen vor den Menschen zu bekennen? Und was bedeutete es, mit solchen Sünden zu brechen? Dann mußte er sich ja das böse Herz aus der Brust brechen?

Und dann das Gebet! Jeden Tag kämpfte er verzweifelt, um das Gebetsleben am Zusammenschrumpfen zu hindern. Jeden Tag schien ihm die stille Stunde länger, und jeden Tag schien es unmöglicher, die zerstreuten Gedanken fernzuhalten. Jetzt dankte er Gott für die Hausandacht. Da herrschte wenigstens Ordnung. Das war auch Brittas Verdienst. Als sie heirateten, hatte er es zuerst so haben wollen, daß sie in der Stille jeder für sich Andacht hielten und dann ihre Erfahrungen austauschten. Aber eines Tages hatte Britta gerade herausgesagt, nun kennten sie ihre gegenseitige Sündenverderbnis genügend. Nun wollte sie stattdessen etwas von Jesus hören. Und dann hatte sie das zerlesene Hausandachtsbuch von Roos vorgeholt, das man bei ihr zu Hause benutzt hatte. Seitdem war das Dienstmädchen dabei gewesen, sie hatten ein Lied gesungen und gemeinsam das Vaterunser gebetet und er hatte die trockenen und dogmatischen Betrachtungen gelesen. Er war trotz allem froh darüber. Durch all das andere, das nun wankte, hindurch spannte sich dieser altmodische Bibelglaube wie eine feste Steinbrücke.

Es gab noch so viel anderes, das er Britta zu verdanken hatte. Sogar mit der Witwe im Mühlengütchen schien sie fertig geworden zu sein. Er selbst war hingegangen und hatte versucht, sie zu gewinnen, indem er seine eigenen Sünden bekannte. Sie hatte bloß schadenfroh gelächelt und gesagt: »Da seht Ihr, daß es nicht so einfach ist!« Dann hatte sie allen, die zu Besuch kamen, die ungeheuerlichsten Geschichten von seinen Enthüllungen erzählt. Britta war hingegangen, ohne ein Wort von der Seele und von Gott zu sagen. Sie hatte ihr die wunden Beine verbunden, ihr etwas Konserven gebracht und ihr geholfen, an die Tochter in Amerika zu schreiben. Zum Namenstag hatte sie ihr das neue Gesangbuch geschenkt, und wie sie es nun angestellt haben mochte, jedenfalls war die Alte dem Reiche Gottes jetzt näher als je zuvor.

Während der Pfarrer von Ödesee in Gedanken versunken war und ganz mechanisch Zucker und Milch nahm, hatte Britta Torvik angefangen, mit der Frau in der Sofaecke zu reden. Sie fanden einander recht bald, sie waren irgendwie geistlich verwandt. Sie sprachen von der heutigen Jugend. Mutter Lotte gehörte nicht zu denen, die unnötig klagten. Sie sagte geradeheraus, das größte Unglück sei, daß die Jugend keinen Ort habe, wo sie hingehen könne, außer zum Tanz oder ins Vereinshaus. Die Alten hatten ihre Essen und ihre Kaffeeinladungen, sie konnten zusammensein und sich in den Häusern auf ihre Weise vergnügen, aber für die Jugend waren die Häuser geschlossen, wenn sie auf ihre Weise zusammenkommen wollten. Mutter Lotte meinte, ebenso gewiß wie die jungen Leute die Zucht und Vermahnung zum Herrn brauchten, ebenso gewiß brauchten sie ein wenig natürlichen Umgang. Die beiden Frauen erzählten, jede auf ihre Art, von ihren Kinderjahren, wenn die Jugend der benachbarten Häuser sich auf dem Kiesplatz oder auf dem Wiesenabhang sammelte, um Wassermühlen zu bauen oder »das letzte Paar vorbei« zu spielen, wie man sich an den Winterabenden sammelte, um Kartoffelmehl zu reiben oder die Zeit mit Gesellschaftsspielen zu vertreiben. Es waren zwei Generationen und zwei Gegenden, die sich trafen, aber sie fanden einander in einem getrosten und frohen Gottvertrauen, das die Menschen mit ungeheucheltem Wohlwollen betrachteten. Mutter Lotte hatte ein unstillbares Interesse für die einzelnen Menschen und ihre Seligkeit. Auch darin glich sie der Pfarrfrau. Sie begann still und eingehend von den Häusern im Süddorf zu reden, ohne eine Spur des Klatsches von seiten dieser Frau, aber mit liebevoller Unruhe, die jede Seele mit einem Ernst auf der Waage der Ewigkeit wog, als gälte es die eigene Seligkeit. Das Schlußurteil der Frau über alles, was düster aussah, war unveränderlich das gleiche: »Das wollen wir überlassen.« Sie meinte »Gott überlassen«, aber das war ihr so selbstverständlich, daß sie es gar nicht zu sagen brauchte.

Der Pfarrer saß stumm und verschlossen da. Ihm war eingefallen, daß vor allem die Leute da unten im Süddorf bei der Wahl gegen ihn gestimmt haben sollten. Ein paar Monate, nachdem er stellvertretender Hauptpastor geworden war, hatte die Neuordnung der Pastorate stattgefunden. Ödesee, das seit dem Mittelalter eigene Hauptpastoren gehabt hatte, wurde Näs zugeordnet, und die Pfarrerstelle wurde ausgeschrieben. Er hatte sich natürlich darum beworben und bei der Wahl auch eine knappe Mehrheit bekommen. An und für sich störte ihn der starke Widerstand nicht. Daß das Werk des Geistes Gottes mit eitel Beifall aufgenommen werden würde, hatte er nie erwartet, aber daß es gerade die Altgläubigen im Süddorf sein würden, die ihn nicht haben wollten, das ärgerte ihn wirklich. Hätten sie ebensoviel Propaganda für ihren Kandidaten gemacht wie seine Freunde, so konnte keiner wissen, wie es gegangen wäre. Nachher hatten sie sich loyal gezeigt und waren weiter in die Kirche und zum Abendmahl gekommen. Er selbst hatte sich vorgenommen, keine Spur von Verstimmung zu zeigen, und so war das Ganze wieder verheilt.

Heute abend mußte er wieder hin, um eine Passionspredigt zu halten. So richtig freute er sich nicht auf die Fahrt. Dort unten so über das Leiden Christi zu reden, daß er es den Männern recht machte, das war wirklich gar nicht leicht. Er hatte einen besonderen Plan entworfen, um womöglich ihr Vertrauen zu gewinnen und gleichzeitig ihr geistliches Leben zu fördern. Er hatte Pfarrer Bengtsson aus Ravelunda gebeten, als Hauptprediger herüberzukommen. Dann würden er selber und Schenstedt ganz kurz sprechen. Auf die Weise würden die Leute da unten zuerst eine Verkündigung hören, an die sie gewöhnt waren und die sie schlucken würden, ohne mit der Wimper zu zucken. Und dann würde er dennoch Gelegenheit haben, ihnen ein paar gesalzene und heilsame Brocken mit auf den Weg zu geben.

Mutter Lotte stand auf und dankte. Als sie den Mantel anhatte und zum Gehen bereit stand, knickste sie noch einmal vor dem Pastor und sagte:

»Nun habe ich wieder zuviel geschwatzt, Gott verzeih mir. Ich will ein Gotteswort sagen, ehe ich gehe, damit ich nicht zum Schluß noch etwas Dummes rede. Ich sage wie der Apostel: O ihr Korinther, unser Mund hat sich zu Euch aufgetan, unser Herz ist weit. Ihr habt nicht engen Raum in uns.«

Dann knickste sie noch einmal und verschwand.

Torvik ging ins Amtszimmer, ohne ein Wort zu sagen. Die Hände in den Hosentaschen, stand er da und sah in den grauen Winterhimmel hinaus. Leichte Schneeflocken fielen auf die Eiskruste und auf die dünnen, körnigen Schneewehen, die nach dem letzten Tauwetter übriggeblieben waren. Wie er so dastand, fing alles an zu zerfließen. Das Zweigwerk der Bäume wurde zu einem unscharfen, schwarzen Muster auf dem grauen Grund des Himmels. Wahrhaftig, er hatte Tränen in den Augen! Hatte diese kleine Frau so bei ihm das Unterste zuoberst kehren können? War das die Kritik? War es nicht eher die Liebe in ihrer ganzen Art und Weise? Er sehnte sich danach, die Leute im Süddorf zu verstehen und mit ihnen eins werden zu können. Warum wuchsen hier oben keine solche Christen? Warum konnte die vollkommene Hingabe, die er gepredigt und praktiziert hatte, nicht eine einzige solche Frucht wie diese Frau aufweisen?

Um zwölf kam der Autobus, und Torvik stand unten bei der Post und wartete. Hauptpastor Bengtsson stieg aus, untersetzt und breit, mit einem gewaltigen Schlapphut, lebhaften schwarzen Augen und bäurischen Lippen. Es war verabredet, daß er den Nachmittag im Pfarrhaus verbringen sollte. Nachher wollte Schenstedt sie zum Süddorf fahren, wo der Gottesdienst im lutherischen Missionshaus gehalten werden sollte. Liebenswürdig wie immer, hatte er versprochen, den Hauptpastor nachher nach Ravelunda zurückzufahren.

Langsam gingen die beiden Männer in dem frischgefallenen Pulverschnee zum Pfarrhaus hinauf. Man mußte sich vorsehen, auf der vereisten Straße nicht auszugleiten. Der Hauptpastor erkundigte sich heiter nach dem Zustand in Ödesee, ob die Kleine gesund und munter sei, wie es nach Weihnachten mit dem Gottesdienstbesuch gewesen und ob die Zentralheizung gut geworden sei, wann der nächste Abendmahlgottesdienst gehalten werden solle – und wie es mit der Erweckung gehe. Das Letzte sagte er mit einem Anflug von Neckerei. Torvik glaubte zu wissen, daß sein konservativer Kollege nicht allzuhoch von Erweckungen im allgemeinen und von dieser im besonderen dachte. Aber er nahm sich vor, nicht mit gleicher Münze heimzuzahlen, sondern absolut ehrlich zu sein und gab also zu, daß mit der Erweckung nicht viel los war. Keine Neuen waren gewonnen, und von denen, auf die er einmal geglaubt hatte sich verlassen zu können, klagte einer nach dem anderen, wie schlecht es ihm gelungen war, zu verwirklichen, was er sich selbst und Gott gelobt hatte.

»Soo . . .« sagte der Hauptpastor mit merkbarer Überraschung. »Es ist dir, mit anderen Worten gesagt, richtig gut gegangen.«

Torvik fühlte sich gekränkt, behielt jedoch seinen versöhnlichen Ton bei und sagte:

»Spotte nicht über das Unglück, Olaf!«

»Ich spotte keineswegs. Im Gegenteil, das sind tief ernste Dinge, so ernst, daß für die Seelen Leben und Tod davon abhängen kann. Du verstehst: wenn mit einem Menschen Gottes Werk in Gang kommt, so muß er früher oder später in Not geraten, die durch Gottes Wort gewirkt wird. Dann geht es eben so, wie du es siehst: man will, aber man kann nicht.«

»Aber was soll man dann machen?«

»Und das fragst du als Pfarrer! Was kommt nach der Erleuchtung durch das Gesetz?«

»Davon habe ich keine Ahnung!«

Bengtsson war stehengeblieben und schob mit verwunderter Gebärde den Hut in den Nacken.

»Natürlich! Möchte bloß wissen, wann die in Uppsala mal lernen werden, daß man die Leute nicht aussenden soll, um Seelen zu heilen, ehe sie das Abc des Christentums können! – Hast du nie den Katechismus gelernt?«

»Hab ich ihn gelernt, so hab ich ihn jedenfalls wieder vergessen.«

Der Hauptpastor stand breitbeinig auf dem Weg, die Hände auf dem Rücken.

»Hör mal, Gösta, ich muß dir sagen, du bist ein unmoralischer Mensch. Nach dem geltenden Synodenbeschluß sollst du deine Konfirmanden im Katechismus vom Jahre 78 unterrichten, und nach dem Kirchengesetz sollst du auch den Inhalt deiner Predigten den Hauptstücken des Katechismus anpassen, damit die Leute den Zusammenhang erfassen und fest in der Lehre werden. Und in deinem Ordinationsgelübde hast du versprochen, nach dem Gesetz und den geltenden Ordnungen der Kirche zu leben . . .«

Er sah, daß der Freund etwas sagen wollte, und brachte ihn mit einer kräftigen Handbewegung zum Schweigen. »Ja, ich weiß – du willst sagen, niemand folgt dem Katechismus genau, und das mag sein, aber die christliche Lehre, die im Katechismus steht, unser ganzer evangelischer Glaubensgrund und Seligkeitsweg, den bist du deiner Gemeinde schuldig. Komm jetzt«, er hakte bei seinem Freund ein und ging weiter, »nun will ich dich lehren, was du hättest wissen sollen, längst ehe du auf eine Kanzel stiegst: wenn ein Mensch durch die Macht des Wortes berufen ist – verstehst du, genau das, was hier rundherum in deiner Gemeinde geschehen ist – so wird er zuerst durch das Gesetz erleuchtet. Er begreift, daß es etwas gibt, das Sünde heißt und vor dem man sich hüten soll. Er wird gehorsam, verstehst du. Das ist die erste Erweckung. So weit ist wohl jeder in Ödesee jetzt gekommen. Aber dann kommt die zweite Erweckung durch das Gesetz, in der man das Elend in seinem Herzen sieht. Davon werde ich heute abend predigen. Und da begreift man, daß man mit allen seinen besten Werken schwarz wie ein Schornsteinfeger ist und bleibt. Dann ist ernstliche Gefahr. Entweder sagt der Mensch dann: wenn ich so schrecklich schwarz bin, so kann ich mich ebensogut gleich ordentlich im Schmutz wälzen – und dann geht er hin und sündigt wieder. Oder er kann auch sagen: jedenfalls sehe ich nicht so schwarz aus wie Karlsson und Lundström und die anderen Brüder, denn ich sündige wenigstens nicht absichtlich – und irgendeinen Unterschied muß ja der liebe

Gott am Jüngsten Tag doch machen. Dann wird er ein selbstgerechter Pharisäer, und dann ist alles verloren. Oder es kann auch sein, daß er die Augen von seinem eigenen elenden Zustand wegwendet und den Herrn Jesus zu Gesicht bekommt, der für solche schwarzen Schächer gestorben ist. Und er bekommt zu hören, daß es der Glaube ist, der gerecht macht, und nicht die Werke. Das ist die Erleuchtung durch das Evangelium. Und nun hängt alles hier in Ödesee daran, ob du das Evangelium recht predigen und den Seelen auf den Weg zum Versöhner helfen kannst. Antworte mir ehrlich: merkst du das nicht selber – ja oder nein?«

»Ja«, antwortete Torvik klar und deutlich. Der Hauptpastor ließ seinen Arm nicht los.

»Na, Freundchen, kannst du ihnen nun das rechte Lebensbrot reichen, so daß sie den Kampf nicht aufgeben?«

»Nein«, antwortete Torvik so deutlich wie zuvor.

»Ein ehrlicher Kerl bist du«, sagte der Hauptpastor, »und ich glaube, daß Gott dich zu einem gesegneten Werkzeug auserkoren hat. Aber aus dir selbst kannst du nichts tun. Erst müssen wir nun zusehen, daß du deine eigene Bekehrung in Ordnung bekommst.«

Torvik war ganz starr. Er fühlte sich hilflos und leicht verletzbar angesichts dieser bäuerlich-derben Seelsorge. Ängstlich schielte er auf den kurzgewachsenen Kameraden an seiner Seite hinunter, sah aber nur die schwarze Masse seines Hutes.

»Mich bekehren?« sagte er ein wenig befremdet. »Ich will dir was sagen, Olaf, nun hab ich mich zweimal bekehrt, jetzt muß es langen: zuerst als Gymnasiast und dann als Pfarrer hier in Ödesee. Wievielmal soll man sich eigentlich bekehren?«

»So viele Tage wie man lebt«, antwortete der Hauptpastor, ohne mit der Wimper zu zucken. »Aber zuerst muß die Bekehrung einmal ordentlich vollendet sein durch Reue und Glauben. Und das machst nun nicht du, sondern Gott. Er hat dich schon ein großes Stück weit gebracht, das ist deutlich zu sehen. Nun fehlt dir der Glaube. Es ist der rechte Glaube an Jesus allein, den du nicht hast. Darum kannst du auch anderen den Weg zum Glauben nicht zeigen.«

Torvik hätte sicher widersprochen, wenn nicht Britta, die ihn in- und auswendig kannte, neulich ungefähr das gleiche gesagt hätte. Nun ergab er sich und fragte nur:

»Was soll ich aber machen?«

»Die Bibel lesen natürlich.«

»Ich lese jeden Tag die Bibel.«

»Glaube ich wohl – aber wie?«

»Du mußt nicht so kritisch gegen alles sein, was so ein armer Schlucker wie ich macht, Olaf . . . Ich versuche andächtig und zur Erbauung zu lesen, so daß ich das zu Herzen nehme, von dem ich fühle, daß es für mich bestimmt ist.«

»Fühle, fühle! Das ist gerade der Fehler! Glaubst du nicht, daß die Bibel Gottes Wort ist, was du auch fühlst oder nicht fühlst? Höre – begreifst du nicht, daß das schief geht? Hier sitzt du mit deinem wunden Gewissen und deiner Erweckung des Gesetzes und bist so empfindlich gegen jedes Windchen von den Drohungen des Gesetzes wie ein kranker Zahn gegen Eiswasser. Aber da das Gewissen für alles, was mit den Zusagen des Evangeliums zu tun hat, so tot wie ein Ziegelstein ist, so fühlst du nichts, wenn Gottes Wort von Jesu Tod für uns Sünder redet und von der Gerechtigkeit, die aus Gott kommt und an die man glauben darf allen Anklagen des Gewissens zum Trotz. Weil du jetzt das Gefühl zum Barometer nimmst, gerätst du am Evangelium vorbei und bleibst im Gesetz. Sieh selber nach, du wirst finden, daß du beinahe nur das in deiner Bibel angestrichen hast, was du tun sollst. Aber was Christus durch seine Versöhnung getan hat, das streichst du nicht mit halb so dicken Strichen an.«

Nun hat er doch recht – ganz und gar recht, dachte Torvik. Aber er sagte nichts.

»Brüderlein«, sagte der Hauptpastor, »wir sind jetzt mitten in der Fastenzeit. Lies nun Gottes Wort als Gottes Wort – ohne etwas zu überspringen. Streich mit dicken, festen Strichen alles an, was der Heiland für uns getan hat. Und du kannst gut und gerne ›für mich‹ an den Rand schreiben. Du hast es selbst nötig – und du bist verpflichtet, es auch deinen Gemeindegliedern zu predigen . . .«

Sie waren auf das Pfarrgrundstück gekommen. Der alte Flügel mit dem Mansardendach, der wunderlicherweise mitten vor das große Haus gesetzt war, lag in den Schnee gedrückt und schien zu schlafen. Eigentlich hätte er bei der letzten Reparatur abgerissen werden sollen, aber Britta Torvik hatte für ihn gebeten, und so hatte er stehen bleiben dürfen. Vielleicht konnte er einmal zur Jugendarbeit oder als Gastwohnung verwendet werden.

Drinnen im Pfarrhaus gab es die sonnige Freude, die immer entsteht, wenn Amtsbrüder einander besuchen. Das kleine Mädchen wurde vorgeführt – es war jetzt fünf Monate alt –, darauf besichtigte der Hauptpastor sachkundig die neuen Ausbesserungsarbeiten, kritisierte den Heizkessel und lobte den neuen Aktenschrank im Amtszimmer. Dann bat Frau Torvik zum Kaffee. Zum zweitenmal an diesem Tage saß also der Pfarrer an dem langen Tisch vor dem Hausandachtssofa im Wohnzimmer. Der Hauptpastor war in dieselbe Ecke gebeten worden wie Mutter Lotte, und Torvik zog unwillkürlich Parallelen. War es Gottes Absicht, ihm heute einen Kritiker nach dem anderen auf den Hals zu schicken?

Vielleicht war es nötig für ihn. Er hatte, seit die Erweckung begann, mit einigen seiner Gemeindeglieder völlig offen und im Vertrauen gelebt. Der Freund aller Freunde war Gunnar Schenstedt – und dann der treffliche Arvidsson vom Gut. Er hatte sie um ehrliche Kritik gebeten, und sie hatten auch zugleich kameradschaftlich und taktvoll auf seine Fehler geachtet, ihn angehalten, seine Schüchternheit zu überwinden und erreicht, daß er umgänglicher geworden war und den Leuten freimütiger zu Leibe rückte. Aber er hatte doch das Gefühl, daß alle diese Kritik sich um Unwesentliches gedreht hatte, verglichen mit den Rügen, die von Britta und der Frau aus Drängsmarken gekommen waren. Und nun hatte er also dieselben Dinge von seinem Freund und Amtsbruder zu hören bekommen. Es wurde ja behauptet, daß die Heiligen einander nicht widersprechen, und hier war wirklich ein gewisser Zusammenhang im Wesentlichen, auch wenn keiner seiner Kritiker Anspruch auf die Heiligenglorie erheben konnte. Kam das daher, daß sie alle drei trotz ihrer Verschiedenheiten geistlich in dem alten lutherischen Erbe wurzelten? Konnte es vielleicht letzten Endes so sein, daß wirklich etwas Wesentliches in seinem eigenen Glaubensleben und in seiner Verkündigung gefehlt hatte, so daß er das

Eigentliche des Evangeliums nicht zum Ausdruck gebracht und nicht fest genug auf dem biblischen Grund gestanden hatte?

Der biblische Grund – war das nun wirklich ein Grund, auf den man sich ganz verlassen konnte? War nicht im Gegenteil der Geist das schöpferische Prinzip des Christentums? Das lebendige Leben des Geistes, das innere Erlebnis von Gottes Gericht und Vergebung, das getroste Gefühl, von Gott geführt zu sein, das alles waren ja Realitäten, die alle Christen gemeinsam haben konnten, unabhängig von aller Dogmatik und ohne jedes formulierte Bekenntnis – lediglich auf der Grundlage von ein paar elementaren Wahrheiten, die nicht direkt auf der Inspiration der Bibel zu gründen brauchten.

Er hatte kaum so weit gedacht, als er schon wieder von Zweifeln geplagt wurde. War eigentlich das innere Erlebnis der Vergebung Gottes etwas, auf das man bauen konnte? Vielleicht – wenn er der Vergebung hätte gewiß sein können! Aber nun waren da diese ständigen, quälenden Erlebnisse der Sünde, die noch da war – und der Schwachheit im Gebet. Arvidsson empfand es ungefähr ebenso, das wußte er. Sie hatten mit Schenstedt darüber gesprochen. Er hatte in seiner üblichen frischen Art erklärt, dann sei etwas faul an ihrem Christentum. Sie sollten zeitiger aufstehen und ihre stille Stunde länger ausdehnen. Dann sollten sie nicht den Kopf hängen lassen, sondern zeigen, daß Christus frohe und strahlende Menschen schaffen kann. Das mochte schon recht sein, aber Torvik dachte bei sich: leicht gesagt . . .

Während Britta und der Hauptpastor das meiste durchgesprochen hatten, das sich seit Advent in den beiden Pfarrhäusern zugetragen hatte, war Torvik immer noch weit fort mit seinen Gedanken. Schließlich glaubte er, von der Schale seiner Frage so viel entfernt zu haben, daß er an den Kern herankonnte. Es handelte sich doch um das Wort – konnte er dem Christentum das Wort zur selbstverständlichen Grundlage geben?

Ganz unvermittelt mischte er sich in das Gespräch und fragte den Hauptpastor, worüber er nächste Woche an Mariä Verkündigung predigen wolle. Für ihn selber sei dieser Tag immer ein großes Problem gewesen. Es war so schwer, Jahr für Jahr etwas Neues über Haus und Heim zu sagen und es mit den Tagestexten zusammenzuleimen.

»Haus und Heim?« frage der Hauptpastor verblüfft, »Warum willst du über Haus und Heim predigen?«

»Das habe ich immer getan. Den Rat gab mir ein erfahrener Freund während des Praktikums.«

»Über Haus und Heim sollst du am zweiten Sonntag nach Epiphanias predigen. Zu Mariä Verkündigung sollst du natürlich über die Menschwerdung predigen!«

»Aber das ist ja völlig unmöglich, wegen der Jungfrauengeburt.«

Hauptpastor Bengtsson sah seinen Amtsbruder scharf an. Er erinnerte an ein Zwischending zwischen einem alten Diagnostiker und einem Feuerwehrmann, der den Wasserstrahl auf den kritischen Punkt richtet.

»Heraus mit der Sprache, mein Junge! Du willst also sagen, daß du nicht glaubst, unser Heiland sei vom Heiligen Geist empfangen?«

»Ich wage wenigstens nicht zu sagen, daß ich es glaube.«

»Das wagst du nicht? Aber du sagst es ja bei jedem Gottesdienst, bei jeder Taufe und bei jeder Konfirmation? Solltest du es dann nicht auch auf der Kanzel zu sagen wagen? Glaubst du, daß Gott Himmel und Erde geschaffen hat?«

Torvik lächelte.

»Ja, natürlich.«

»Glaubst du, daß er Herr über alles ist, was er geschaffen hat?«

»Ganz selbstverständlich.«

»Und daß er also alles Leben, in all seinen Formen, von Anfang bis zu Ende, in seiner Hand hält?«

»Ja, das ist das Gewisseste, was ich von Gottes Wesen erlebt habe.«

»Wenn nun Gott alles andere Leben aus nichts hat werden und auf die Weise in die Welt hat treten lassen, die allein er selbst jedem Wesen bestimmt – kannst du mir dann sagen, warum er das leibliche Leben des Erlösers nicht hätte vom Heiligen Geist entzünden lassen können?«

»Ja, an und für sich ist das wohl nicht undenkbar. Es ist nur, daß wir sonst nichts Ähnliches kennen.«

Nun schlug Britta Torvik die Hände zusammen und lachte.

»Aber Gösta! Es hat doch wohl keiner behauptet, daß Jesus irgendetwas anderem ähnlich ist, das wir kennen? Was wird dann aus der Auferstehung? Jesus wird doch wohl nicht weniger wirklich, weil er etwas ganz einzig Dastehendes ist? Muß eine Sache durchaus vier-, fünfmal passieren, ehe sie einmal passieren kann?«

Frauenzimmertheologie schätzte Pastor Torvik nicht. Gegen Britta kam er immer schlecht auf. Er antwortete etwas lehrhaft:

»Nicht, daß die Jungfrauengeburt unmöglich ist, bildet die eigentliche Schwierigkeit. Genau genommen kann man nicht *a priori* sagen, daß etwas unmöglich ist. Geschieht etwas, so geschieht es. Es gilt nur zu beweisen, daß es wirklich geschehen ist. Und hier muß die Wissenschaft ihre Einwendungen erheben. Die ganze Tradition von der Jungfrauengeburt ist ja sehr spät und sehr schlecht bezeugt.«

Der Hauptpastor blickte seinen guten Freund wieder an. Nun glich er einem Schuljungen, der den Ball ins Tor schmettert.

»Hör mal, du gelehrter Bruder, nun kann ich dir einmal eins auf die Finger geben. Ich habe mir wirklich diesen Göttinger Kommentar angeschafft, den du empfohlen hattest und der der letzte Schrei der exegetischen Modenzeitung sein soll. Er war wirklich nicht so dumm. Guck nun mal nach, dann wirst du sehen, daß gerade die Kindheitsgeschichten bei Lukas nachweislich auf einen aramäischen Urtext zurückgehen und also zur allerältesten Traditionsschicht gehören. Bist du nun der Ansicht, daß wir überhaupt etwas über Jesus wissen können, so mußt du schon auch zugeben, daß dies wirklich etwas ist, was gerade in den Kreisen erzählt wurde, wo man noch etwas Bestimmtes und Sicheres von ihm wußte.«

Torvik schwieg eine Weile. Er hatte eigentlich keine Lust zu widersprechen. Vielleicht kamen wirklich alle seine Vorbehalte daher, daß er an diesem Punkt immer noch in der irreligiösen Weltanschauung befangen war, mit der er einmal als Gymnasiast dem Christentum gegenübergestanden hatte. Damals war er der Erbe der achtziger Jahre gewesen, das Kausalgesetz und die strenge mechanische Gesetzlichkeit waren damals die selbstverständliche Voraussetzung seiner ganzen Lebensansicht. Seither hatte der tote Weltmechanismus des Materialismus angefangen aus den Fugen zu gehen. Gebet und Gebetserhörung, Gottes Führung, die Vergebung und der lebendige Herr, all das zersprengte ja das unerbittliche Kausalgesetz und ließ Gottes Schöpferwillen als eine wahrnehmbare Wirklichkeit in das Dasein eintreten. Auch die Natur konnte er sich nicht länger nur als tote Maschine, als ein schnurrendes Uhrwerk aus kalten Stahlrädern vorstellen. Sie war vielmehr ein lebendiger Organismus, durchströmt und erhalten von der göttlichen Schöpferkraft, in jedem Augenblick ganz vom Herrscherwillen des Allmächtigen abhängig. War es dann eigentlich so unsinnig, wenn die Geburt des Einzigartigen auch einen anderen Verlauf nahm als die anderer Menschen?

Er hatte nur noch einen Einwand.

»Aber müssen wir nicht doch an einer historischen Sicht der Bibel festhalten?«

»Was ist das?«

Torvik sah erstaunt aus. Der Hauptpastor gab selbst die Antwort.

»In dieser Schublade hat schlechterdings alles Platz. Es kann der reine Rationalismus sein, der meint, alles in der Bibel sei relativ und unsicher und dehnbar, so daß man sich schließlich an keinem Punkt zu beugen braucht, wenn man nicht selber will. Dann ist in Wirklichkeit die Bibel abgeschafft, und der Mensch selbst mit seiner Vernunft, seinem Gewissen, seiner Wissenschaft, seinem modernen Zeitgeist und all dem anderen Verblendeten und Verkehrten ist zum Leitstern der Religion geworden. Auch verschiedenes andere, viel Feineres und Besseres kann in all dem drinstecken, was man eine historische Sicht der Bibel nennt. Aber ich glaube nicht, daß es für die Seligkeit etwas bedeutet, ob wir eine historische oder eine unhistorische Sicht der Bibel haben. Alles hängt daran, ob wir eine religiöse Sicht der Bibel haben.«

Nun war Torvik an der Reihe zu fragen: »Was ist das?«

»Das ist der Glaube, daß die Bibel Gottes Stimme ist, so daß du wirklich Gott reden hörst, wenn du sie liest, um zu hören, was Gott dir sagen will. Ich für mein Teil habe den einfachen Glauben, daß die Bibel genau so ist, wie Gott sie gewollt hat. Das bedeutet vielleicht nicht, daß jede Einzelheit so für die Wissenschaft zurechtgelegt ist, wie es in einer Doktorarbeit sein würde, aber das bedeutet, daß jede kleine Einzelheit so gestaltet ist, daß sie einem Menschen, der die Seligkeit sucht, zur Wahrheit hilft. Und die Sache mit der Jungfrauengeburt gehört wirklich nicht zu den Nebensachen, auf die wir ebensogut verzichten könnten.«

»Aber wenn nun das Dogma von der Jungfrauengeburt vielen Menschen den Weg zum Christentum verschließt?«

»Dann ist es deswegen nicht weniger wahr«, sagte der Hauptpastor ziemlich schroff. »Gott hat im übrigen seinen Sohn nicht durch den Heiligen Geist Mensch werden lassen, um jemanden von der Erlösung auszuschließen, sondern weil das der notwendige Weg war. An den dürfen wir glauben.«

»Aber die Liebe ist das größte von allem«, wandte Torvik ein, der sich wieder obenauf fühlte. Nun störte wieder einmal seine Frau seine Kreise.

»Aber Gösta, für neunundneunzig von hundert Menschen ist es doch so, daß all dies Neue bloß die Begriffe verwirrt und es schwerer macht, zu glauben. An die muß man doch wohl auch denken? Manchmal meine ich, die Pfarrer denken am meisten an sich und ihre eigenen Zweifel. Aber sie haben einen anderen Ausgangspunkt als gewöhnliche Sterbliche, und darum haben sie ganz andere Schwierigkeiten. Das hängt wohl damit zusammen, daß sie Akademiker sind. Aber wenn die Lehre immer gerade so zurechtgelegt werden soll, daß sie für Akademiker paßt, dann wird es für gewöhnliche Menschen ganz unmöglich, sie zu begreifen. Ich meine nur, wenn du um der Liebe willen Abstriche am Bekenntnis machen willst, solltest du wenigstens an mehr Menschen denken als an dich selber.«

Einen Augenblick schwieg sie. Dann errötete sie leicht und sagte:

»Wenn ich sehr kindlich sein darf, Gösta, dann finde ich, du könntest der Liebe Gottes so viel zutrauen, daß du wagtest, darauf zu bauen, daß er seine Christenheit nicht würde zweitausend Jahre in einem unrichtigen Bekenntnis leben lassen – wenn es nun wirklich unrichtig wäre.«

Nun schwieg Torvik. Der Hauptpastor nutzte auch nicht die Gelegenheit zu einem neuen Flankenangriff, sondern schwieg ebenfalls. Gösta Torvik war dankbar für dies unerwartete Feingefühl. Er ahnte, daß er auf dem Wege zu etwas war, worüber er am besten in Ruhe nachdachte.

Ein schöner Nachmittag war vergangen. Die weiche Winterdämmerung war wie ein blauer Ton von Stille und von Behagen in die niedrigen Zimmer eingekehrt. Man hatte nach Tisch lange geplaudert. Bald würde das Auto aus Saleby kommen. Die Herren zogen sich ins Amtszimmer zurück, um Lieder auszusuchen und den Abendgottesdienst zu besprechen. Auch die Pfarrfrau entfernte sich. Sie mußte sich um das Kind kümmern und konnte heute abend nicht mitkommen.

Als sie ins Amtszimmer traten, warf der Hauptpastor einen prüfenden Blick auf seinen guten Freund und sagte:

»Du könntest doch wirklich geruhen, den Lutherrock vorzuholen, wenn du predigen fährst.«

Torvik wurde rot. Sollte die Kritik nun wieder losgehen?

»Es ist nicht Faulheit, daß ich mich nicht umziehe. Es ist Prinzip.«

»Das macht die Sache nicht besser. Würdest du denn Respekt vor einem Offizier haben, der aus Prinzip in Zivil zum Manöver käme? Oder vor einem Soldaten der Heilsarmee, der die Uniform auszöge, wenn sein Korps auf dem Marktplatz antritt?«

»Aber du mußt doch begreifen, daß ich wie ein gewöhnlicher Mensch kommen will.«

Torvik war beinahe ärgerlich. Aber der Hauptpastor parierte unverändert munter:

»Dann segelst du unter falscher Flagge. Du bist kein gewöhnlicher Mensch! Du bist von der Kirche zum Diener des Wortes ordiniert. Du bist von der christlichen Gemeinde Ödesee dazu gewählt, hier Pfarrer zu sein. Du beziehst Gehalt von den Ländereien da draußen, die unsere frommen Vorväter zum Unterhalt für einen Pfarrer gestiftet haben. Es ist geradezu Unredlichkeit, daß du diese Gelder annimmst, wenn du bloß ein gewöhnlicher Mensch sein willst.«

»Du mißverstehst aber auch alles, Olaf – du mußt doch verstehen, daß ich mich nicht durch mein Amt groß machen will. Ich will bloß mich selber und andere daran erinnern, daß der Pfarrer nicht durch sein Amt etwas ist, sondern nur durch das, was er an sich selbst ist.«

Bengtsson richtete sich auf und lachte.

»Du bist der hochmütigste Mensch, der mir je begegnet ist, Gösta! Was bist du an dir selbst? Ein Sünder! Steigst du wirklich auf die Kanzel, weil du glaubst, durch deine Frömmigkeit und deinen Glauben und deine Gebete zum Leiter aller Christen in Ödesee berufen zu sein? Dann kannst du ebensogut zu Hause bleiben. Willst du weiter predigen, so mußt du es schon deswegen tun, weil du von Gott dazu gesetzt bist und sein Wort hast, um dich daran zu halten, sein Wort, das heilig bleibt, auch wenn ein elender Diener mit vielen Gebrechlichkeiten es ausrichtet.«

Torvik lächelte.

»Wenn ich dich nicht kennte, Olaf, würde ich glauben, du wolltest nur eine Entschuldigung für die Faulheit und einen Trost für ein unbußfertiges Pastorenherz haben.«

Der Hauptpastor machte plötzlich ein strenges Gesicht, streng wie ein Vater, der einen widerspenstigen Jungen abhört.

»Sag mir eins, Gösta – bist du ein elendes Werkzeug mit vielen Gebrechlichkeiten oder nicht?«

Nun wurde auch Torvik ernst.

»Ich bin ein elendes Werkzeug«, sagte er.

»Dann sollst du auch den Lutherrock anziehen, Freundchen, und nicht länger als der beachtliche Gösta Torvik kommen, sondern nur als der geringe Diener des Wortes Gottes in Ödesee.«

Torvik wollte immer noch widersprechen. Der Lutherrock bedeutete doch eine Aufforderung zum Respekt. Die Leute hatten Achtung davor – oder war es vielleicht eine Art Achtung vor dem Wort? Er schwieg.

Im selben Augenblick fiel auf die Rollgardine von außen der Schein der Autolaternen. Das Gespräch wurde abgebrochen, Torvik stopfte ein paar Bücher in seine Mappe, und sie eilten in die Diele hinaus, wo Schenstedt mit seinem lächelnden, vom Pelzkragen eingerahmten Gesicht gerade auftauchte. Eine Minute später waren sie unterwegs.

Die Lichtkegel der Scheinwerfer erleuchteten den breiten, geraden Weg durch den Gemeindewald. Schenstedt fuhr sicher, er kannte den Weg und wußte genau, wo die Glätte unter der Schneedecke gefährlich war.

Sie hatten sich im Pfarrhaus nur ganz flüchtig begrüßen können, und Torvik nahm den Faden des Gespräches wieder auf, während er im Rücksitz neben dem Hauptpastor saß.

»Nun Gunnar, ich vergaß zu fragen, wie es deiner Schwester geht?«

»Danke«, antwortete Schenstedt mit dem unveränderlich liebenswürdigen Ton, den er sich während des letzten Jahres angeeignet hatte. »Sie ist gestern nach Stockholm gefahren. Sie wird sich mit Rothmann verheiraten, sobald die Scheidung vollzogen ist.«

Torvik saß da wie versteinert. Daß etwas faul war auf Saleby, hatte er ja seit langem gewußt. Das wußte übrigens das ganze Dorf. Dieser Rothmann, ein zielbewußter, netter Amerikaner, der sich wegen irgendwelcher Metallgeschäfte in Schweden aufhielt, war oft auf Saleby gewesen. Dann hatte es wieder Auftritte zwischen Inger und ihrem Mann gegeben, offen genug, um einen peinlichen Eindruck auf alle die zu machen, die sich angewöhnt hatten, Gunnar Schenstedt und seine Schwester als Vorkämpfer eines kompromißlosen Christentums anzusehen. Bisweilen, wenn Torvik auf Saleby war und diesen Rothmann mit Inger zusammen sah, hatte er ein unangenehmes Gefühl im Halse gehabt. Aber er hatte es tapfer hinuntergeschluckt und sich gesagt, so dürfe man nicht von seinem Mitmenschen denken, und am allerwenigsten von einer Mitarbeiterin im Kampfe für das Reich Gottes.

Nun war es also geschehen! Und man hatte ihn von allem völlig ausgeschlossen. Das verletzte ihn tief – sie hatten vorher alles in so vollkommener Offenheit miteinander geteilt.

Sein erster Gedanke galt nun seinem Freunde. Welche Folgen würde das für seinen Glauben haben? Das mußte ein furchtbares Problem für seinen fröhlichen und geraden Glauben an das Evangelium des absoluten Gehorsams bedeuten. Wie konnte er so ruhig wirken? War das nur eine Maske, hinter der er seine Verzweiflung verbarg?

Schenstedt, der ahnen mochte, daß die Geistlichen hinter seinem Rücken konsterniert waren, fuhr mit unveränderter Liebenswürdigkeit fort:

»Ich verstehe gut, daß dies für Sie als Pastoren eigentümlich aussehen mag. Aber ich bin gewiß, daß Inger dem Willen Gottes folgt. Sie und Sten haben niemals zusammengepaßt, und da sie nun William lieb hat, wäre es grausam, sich ihrem Glück in den Weg zu stellen. Das fühle ich ganz stark.«

Fühle, fühle! Das ist gerade der Fehler! Torvik hörte innerlich das Eche der Stimme des Hauptpastors vor dem Zaun des Pfarrhofs. Nun saß der Amtsbruder still in seiner Ecke. Was dachte er wohl? Er fand vielleicht, da er auf dem Gebiet der Gemeinde Ödesee sei, wolle er keine Szene machen und sich nicht in die Seelsorge mischen.

Schenstedt fuhr nach einer Weile mit der gleichen kultivierten Stimme und dem gleichen unveränderlich liebenswürdigen Tonfall fort:

»Ich weiß sehr wohl, daß es scheinen kann, als habe diese Scheidung das Bibelwort gegen sich. Aber ich glaube, Sie geben mir beide recht darin, daß der Geist mehr ist als der Buchstabe und daß wir dem folgen müssen, was wir als Gottes Weg empfinden. Letztlich ist ja das Bibelwort nur die zeitbedingte Einkleidung eines ewigen Gehaltes, und man kann diesen sowohl selber verwirklichen als auch anderen bezeugen, wenn man schon mit dem Buchstaben nicht übereinstimmt.«

Dem Pastor gefror das Blut in den Adern. Er hatte faktisch vor ein paar Stunden ungefähr das gleiche gesagt, aber diese Konsequenzen zu ziehen war er nicht bereit!

Endlich fand er die Sprache wieder und sagte langsam und mit Mühe:

»Ich kann gar nicht sagen, wie weh mir das tut – für Inger wie für Sten. Und auch für die Gemeinde, muß ich sagen. Das wird keine gute Wirkung ausüben, weder auf die Entschiedenen noch auf die Gegner.«

»Darin irrst du, das weiß ich«, sagte Schenstedt ruhig. »Inger ist nur dem gefolgt, was sie als recht und richtig ansah. Und ich habe ihr selbst geraten, so zu handeln. Die Wahrheit kann gefährlich scheinen, aber sie macht immer frei, und sie reinigt. Wenn ein Mensch dem Licht des Herzens und seiner inneren Gewißheit über die Meinung Gottes folgt, kann es nie gefährlich sein – außer für den, der es nicht wagt, die Wege Gottes zu gehen, auch wenn sie unseren Menschenmeinungen gerade entgegengesetzt verlaufen.«

Nun konnte der Hauptpastor offensichtlich nicht länger schweigen. Er war sehr blaß, und seine Stimme war wie ein Bogen, der sich über bebende Tiefen von Schmerz und Leidenschaft spannte. Sie bildete einen wunderlichen Gegensatz zu Schenstedts sonorer und ruhiger Stimme.

»Bedenken Sie, Herr Schenstedt, hier geht es immer um die eigene Seele und ihre ewige Seligkeit. Mit diesem Einsatz müssen wir Menschen spielen – ob wir wollen oder nicht. Und am ernstesten ist es, wenn man auch Verantwortung für die Seelen anderer hat – wie zum Beispiel, wenn man in Eheangelegenheiten Rat erteilt oder anderen predigen fährt. Der Heiland hat uns die schrecklichen Worte gesagt, daß es besser ist, einen Mühlstein um den Hals gehängt zu bekommen und im Meer ersäuft zu werden, wo es am tiefsten ist, als dieser Geringsten einen zu ärgern, die an ihn glauben. Wenn man so etwas vor Augen hat, soll man in bewußtem Widerspruch zu Gottes Wort weder lehren noch leben.«

»Ich verstehe, daß Sie es so sehen müssen, Herr Pfarrer«, sagte Schenstedt und warf den Kopf auf eine Art zurück, die an sein früheres Wesen erinnerte. »Das ist Ihre Überzeugung, und Sie tun recht, wenn Sie ihr folgen. Ich habe auch meine Überzeugung, und ich habe auch das Recht, ihr zu folgen. So müssen wir wohl heute abend jeder entsprechend seiner Erfahrung und seiner Anschauungsweise reden. Man kann nicht mehr tun als seiner Überzeugung folgen.«

»Doch, Herr Schenstedt – man kann Gottes Wort folgen. Ein Mensch soll nicht seiner Überzeugung folgen, sondern sich nach Gottes Wort richten.«

»Tja, aber was ist denn Gottes Wort? Das ist immer eine Frage der Deutung. Und darin ist man ja doch auf seine Überzeugung angewiesen.«

»Aber es gibt doch etwas, das feststeht. Auch in weltlichen Gesetzen und Ordnungen gibt es Schwierigkeiten der Deutung, und doch entsteht kein Chaos. Wenn geschrieben steht, daß Scheidung verboten ist, so ist sie verboten, und man kann es nicht so deuten, als ob das Gegenteil dastünde.«

Schenstedt zuckte die Achseln.

»Wir haben eine ganz verschiedene Sicht der Bibel«, sagte er. »Für Sie ist sie ein Gesetzbuch, für mich gibt es nur Jesu Geist.«

»Dann müssen Sie mir erklären, wie Jesu Geist etwas anderes sagen kann als Jesu Wort.«

»Das liegt am Gesetz der Entwicklung, Herr Pfarrer. Der Geist soll uns in alle Wahrheit leiten. Was zu Jesu Zeiten galt, kann nicht jetzt gelten. Nicht einmal seine eigenen Worte können so unveränderlich sein, daß sein Geist sie nicht ändern kann.«

Und den hab ich gebeten, heute abend zu predigen! dachte Torvik.

Der Hauptpastor fragte mit einer Stimme, die wie aus kaltem Stahl war:

»Wie können Sie denn wissen, was der Geist heute sagt?«

»Das ist eine Gewissenssache.«

»Und also ist das Gewissen der höchste Richter! Nein danke, dann sind sowohl Sie als auch ich verloren. Das Gewissen weiß wohl eine ganze Menge vom Gesetz, aber von den Zusagen des Evangeliums weiß es absolut gar nichts. Kann das Gewissen sagen, ob Jesus gekreuzigt worden ist? Kann es sagen, ob er für uns gestorben ist? Kann es entscheiden, ob er auferstanden ist? Kann es wissen, ob er wiederkommt, um die Welt zu richten? Das sind die

Hauptstücke des Evangeliums, und von alledem würde kein Mensch auf der Welt eine Ahnung haben, wenn es nicht im Wort zu lesen stünde. Darum muß sich die Christenheit bis zum Ende der Zeiten ans Wort halten – oder aufhören eine Christenheit zu sein, weil sie kein Evangelium von Christus mehr zu verkündigen hat.«

Es wurde still im Auto. Die Stimmung war geladen. In seiner Ecke saß Torvik unendlich unglücklich. Er schielte ein wenig nach dem Hauptpastor hinüber. Dessen Gesicht war wie in Stein gehauen. Was dachte er? Er hatte hier wirklich Wasser auf seine Mühle bekommen!

Schenstedts Nacken war ein stummes Rätsel. Er fuhr elegant und geschickt den schmalen Waldweg, in den sie eingebogen waren, entlang, aufs Süddorf zu.

Torvik versuchte, seine Gedanken zu ordnen. Er spürte in der Luft, wie zwei starke Willen sich gegeneinander spannten wie die harten Stirnen zweier kämpfender Büffel. Es konnte einen krachenden Zusammenstoß im Missionshaus geben, wenn es das Unglück wollte. Er überlegte eine Weile für sich, faltete dann die Hände und saß still. Schließlich sagte er:

»Nun müssen wir wohl die Theologie lassen und uns eine Weile dem rein Praktischen widmen. Wir halten es wohl wie gewöhnlich, daß ich den ganzen Abschnitt der Passionsgeschichte nach dem ersten Lied lese. Bist du dann so gut und sprichst heute abend als erster Redner, Gunnar?«

»Wenn du willst«, sagte Schenstedt mit einer Spur von Rauheit in dem liebenswürdigen Ton, die ahnen ließ, daß dieser erkämpft war.

»Ausgezeichnet. Danach singen wir ein Lied. Das suchst du vielleicht selbst aus? Dann sprichst du, Olaf, weil du der Hauptredner bist, und ich halte einen kurzen Abschluß. Ist es recht?«

Erleichterten Herzens verzeichnete er ihr schweigendes Einverständnis. Der erste Teil der Schlacht war gewonnen und der Aufmarsch sichergestellt. Wenn nun Schenstedt etwas Dummes sagte, würde der Hauptpastor die Sache wieder zurechtrücken, und wenn Bengtsson sich seinerseits vergaloppierte, mußte er selbst wohl versuchen auszugleichen.

Torvik ging nun rasch zur Wahl der Lieder über, die noch nicht richtig abgeschlossen war, als das Auto schon vor der gelben Holzwand des Missionshauses bremste.

Drinnen im Saal leuchteten die Petroleumlampen gedämpft und behaglich. Viele Leute waren versammelt, man grüßte mit schweigendem Nicken, als die Geistlichen und der Gutsbesitzer zu der ersten Bank auf der Männerseite vorschritten, wo sie sich setzten und den Kopf in die Hand neigten.

Nach dem ersten Lied las Torvik den Text. Es war der dritte Teil der Leidensgeschichte, die vier düster dramatischen Stücke vom Verrat des Judas, der Verleugnung Petri, dem Verhör vor Kaiphas und dem Selbstmord des Judas. Es war sehr still im Saal, die Männer saßen mit halbgeschlossenen Augen, als sähen sie alles vor sich. Die monotone und doch furchtbar geladene Geschichte ging zu Ende, und die Füße scharrten wieder unter den Bänken.

Dann betrat Schenstedt die Estrade. Er stand lässig gegen das Pult gelehnt und redete unbeschwert wie immer. Er ging aus von dem Wort Jesu an Judas: Verrätst du des Menschen Sohn mit einem Kuß? und sagte, er wolle sich und seine Zuhörer daran erinnern, wie leicht es ist, den Meister am allerschändlichsten im Stich zu lassen, wenn man ihm am ehrfürchtigsten huldigt. Er erzählte, wie er selber vor seiner Bekehrung zur Kirche gehalten, mit im Kirchenrat gesessen und auf staatliche Maßnahmen gegen die antireligiöse Tätigkeit im Lande gedrungen habe, obwohl er im Herzen Jesus Tag für Tag durch seinen Ungehorsam verraten habe. Seit er begriffen habe, daß Jesus den radikalen und rücksichtslosen Gehorsam fordere, habe er das Äußere opfern und sich statt dessen unter Gottes innere Leitung stellen müssen.

So weit war ja alles ganz schön und gut, dachte Torvik, obwohl er fühlte, daß der Freund sowohl das Äußere in seiner Kirchlichkeit vor der Bekehrung als auch seinen innerlichen Gehorsam im Augenblick übertrieb.

Schenstedt sprach weiter.

Nun gebe es noch viele andere Arten, Jesus mit einem Kuß zu verraten. Alle hätten sie das Eine gemeinsam, daß man Gott etwas anderes biete als einen ganzen und uneingeschränkten Gehorsam. Man rede von der Versöhnung, um sich vor der rücksichtslosen Änderung zu drücken. Man nehme die Bibel wie einen Schild und schütze sich damit gegen Gottes Forderung einer absoluten Hingabe. Man benutze die reine Lehre als Entschuldigung für seine faule Unlust, neue und kühne Wege zu gehen. All das sei Selbstbetrug. Es komme nicht auf das an, was man glaube, sondern was man tue. Über Gottes Willen brauche man nicht im Zweifel zu sein. Das lebendige Gotteswort, das etwas anderes sei als der Buchstabe, gehe direkt ins Herz. Als eine Klarheit des Geistes erfülle es die Seele, sobald man willens sei, zu gehorchen. Für den, der von Gott geführt werde, fielen alle menschlichen Erfindungen zusammen, die Zeremonien würden hohl, die Dogmen würden eine leere Schale, übrig bliebe nur eins: die stahlblanke Forderung, daß man wage, in jeder Sekunde gerade das zu tun, was Gott eben dann befehle, ohne Rücksicht auf Menschenmeinungen, ohne Rücksicht auf die religiöse Sitte, auf hergebrachte Glaubenslehren oder eingewurzelte Meinungen über das, was die Bibel lehre.

Torvik saß ganz am Ende der ersten Bank an der Wand. Neben ihm saß völlig unbeweglich der Hauptpastor, eine gewaltige Kraft in dem erstarrten Gesicht zusammengeballt, den Blick an einen Gipsabdruck des Torvaldsenschen Christus an der hinteren Wand geheftet. Torvik hatte das Gefühl, so müsse eine Bombe mit Zeitzünder im Augenblick vor der Explosion aussehen. Er schielte über die Achsel nach den Männern hinter ihm. Sie saßen ebenso unbeweglich. Einige hielten den Blick fest auf den Redner gerichtet, während sich die Falten zwischen ihren Augenbrauen immer tiefer eingruben. Andere saßen mit halbgeschlossenen Augen da, als hätten sie einen überirdischen Frieden weit jenseits aller menschlich-irrigen Meinungen gefunden und könnten nicht länger von allerlei Wind der Lehre erreicht werden.

Schenstedt war immer eifriger geworden. Es war etwas wie Peitschenhiebe in seiner Stimme, etwas Scharfes und gleichzeitig Autoritatives. Er malte die Lage des Menschen: einsam mit Gott, unter Gottes unmittelbaren Befehl gestellt, gezwungen, entweder in jeder Sekunde zu gehorchen, radikal und ohne Zögern, was Gott auch befahl, oder aufzuhören, ein Christ zu sein. Er malte aus, wie der Mensch sich nach einer Stütze umsieht. Er will nicht nackt und einsam unter Gottes unerbittlichem Kommandostab stehen. Er will aus der absoluten Knechtsstellung loskommen, in der man nie wissen kann, was Gott im nächsten Augenblick befiehlt. Darum hat er die Kirchenlehre erfunden: es ist so schön, etwas zu haben, das sich zu allen Zeiten gleich ist. Darum hat er die Bibel zu seinem Gott erhoben: da weiß man wenigstens, was geschrieben steht, und braucht nicht zu fürchten, daß Gott im nächsten Augenblick das Gegenteil befiehlt. Darum ist er so begeistert für die fromme Sitte und die kirchlichen Ordnungen: da braucht er nicht den gefährlichen Gottesweg zu gehen, der schmal wie eine Stahlklinge ist, und auf dem man absolut keinen anderen Halt hat, als die Order Gottes, die jede Sekunde über den herabkommen kann, der sich jeden Tag aufs neue entscheidet, den Weg des vollkommenen Gehorsams zu gehen.

Er endete, indem er alle seine Hörer ermahnte, die falschen Stützen zu zerschlagen, die alten, schützenden Vorurteile zu verwerfen und den Sprung hinaus ins leere Nichts zu wagen, wo nichts ist und nichts gilt – außer Gott, Seele und Gehorsam. Wer diesen Sprung nicht tun will, sollte im Namen der Wahrhaftigkeit möglichst bald aufhören, sich Christ zu nennen.

Dann schlug er vor, Lied 346, Vers 3 zu singen: »Hier gilt es Leben oder Tod« und verließ die Estrade.

Torvik war von einer einzigen großen Dankbarkeit erfüllt, daß er jetzt nicht zu predigen brauchte. Er schämte sich vor diesen Bauern, die ihr Missionshaus hier unten gebaut hatten, damit Gottes Wort lauter und rein unter ihnen gepredigt würde, und die es allen Bedenken zum Trotz bereitwillig aufgetan und den Pfarrer gebeten hatten, das Wort zu »lesen«, wie sie sagten. Nicht, daß er sich sehr auf dogmatische Feinheiten verstanden hätte, aber soviel war jedenfalls sicher: wenn Vater Luther, dessen Bild an der einen Längswand hing, oder Rosenius, der von der anderen herabschaute, hätten hören können, was heute abend hier gesagt worden war, sie hätten sich im Grabe umgedreht. Und da mußte es auch den Männern das Herz in der breiten Brust umgedreht haben, denn sie kannten ihren Luther und ihren Rosenius wirklich und hielten mit rührender Treue Wacht bei dem evangelischen Erbe. Torvik empfand durchaus Gewissensbisse. Er selbst hatte Schenstedt gebeten, ihnen »ein paar bittere Pillen« zu geben, als sie sich über diese Predigtfahrt geeinigt hatten. Vor einigen Monaten hätte er sich wohl auch nicht nenneswert gegen eine solche Verkündigung gesträubt, wenn sie von der rechten Seite kam. Aber da er heute abend die Konsequenzen des »undogmatischen« Glaubens gesehen hatte, war er äußerst unangenehm berührt von den Angriffen auf die Kirchenlehre und das geschriebene Wort. Oder kam sein Widerwille einfach daher, daß er fühlte, Schenstedt hatte auch ein paar bittere Pillen eingeschmuggelt, die für ihn persönlich bestimmt waren?

Der Hauptpastor stand am Rednerpult. Nach dem Gebet begann er zurückhaltend, als fürchte er, die Dämme würden gänzlich brechen, wenn er von der Leidenschaft, die ihn offensichtlich bis zum Bersten erfüllte, zu viel auf einmal freigäbe.

Er ging von der Frage aus, wie Petrus seinen Heiland hatte verleugnen können. Auf dem Wege nach Gethsemane war er doch das schönste Muster von vollkommenem Gehorsam und ungeheuchelter Hingabe gewesen, das man sich wünschen konnte. Er war bereit gewesen, alles zu zerschlagen, um seines Meisters willen ins Gefängnis und in den Tod zu gehen. Da hatte Jesus etwas sehr Wunderliches gesagt: Wenn du dich dermaleinst bekehrst, so stärke deine Brüder. Ganz, als wäre dieser begeisterte Jünger nicht einmal bekehrt!

In jener Nacht hatten Petrus und alle anderen Jünger erleben müssen, was alle ihre guten Vorsätze wert waren. Hätte es an ihrem Gehorsam gelegen und an ihrem Vermögen, Gottes Gebote zu erfüllen, so wären sie ewig verloren gewesen. Aber glücklicherweise gab es noch etwas mehr als Gott, Seele und Gehorsam: es gab einen Versöhner, der für seine unnützen Jünger starb. Und seine Versöhnung war das einzige, das etwas galt, wenn ein Sünder vor Gott gerecht werden sollte.

In farbigen und drastischen Bildern begann er die Bekehrung zu malen: wie Gott das Rettungsseil auswirft und die Seele erreicht, die wie ein Boot stromabwärts auf den großen Wasserfall zutreibt, wie er sie zuerst auf den festen Boden des Wortes zieht, indem er den Menschen lehrt, in die Kirche zu gehen, zu beten und auf das Evangelium zu hören; wie er dann mit dem Wort seine Unarten beschneidet und ihn lehrt, die Sünde zu fliehen und nach Unsträflichkeit zu streben.

Er fuhr mit immer größerer Lebhaftigkeit fort.

Dieser Kampf gegen die Sünde ist zu Beginn eine reine Freude für die erweckte Seele. Es ist, wie wenn der Eigenheimbesitzer anfängt, um sein neues Haus herum zu roden. Die Steine fliegen nur so, und der Spaten klingt in der Erde. Aber wenn der Mensch am Acker seines Herzens arbeitet, macht er allmählich die traurige Entdeckung, daß es mehr Steine werden, je tiefer er kommt. Er findet ständig neue Sünden bei sich, und sie lassen sich um so schwerer entfernen, je tiefer sie in seinem Innern sitzen. Mit dem Alkoholmißbrauch und den Flüchen und der Feiertagsheiligung zu brechen, das ist an einem Abend möglich. Aber der Hochmut, die Lust, von sich selber zu reden oder Fehler bei anderen zu finden, die sind nach dem harten Bußkampf vieler Monate immer noch da . . .

Eines Tages dann, wenn der Mensch mit der Sünde kämpft und auf dem Acker des Herzens Steine bricht, daß der Schweiß trieft, in der Hoffnung, nun endlich die letzten Sündensteine loszuwerden und den Anfang ernstlichen Wachstums zu sehen, stößt er mit dem Spaten auf festes Gestein. Er geht umher, gräbt rundum, schrammt den Fels und versucht es aufs neue. Da geht ihm die schreckliche Wahrheit auf: der ganze Untergrund ist aus Fels. Nun er Fuhre um Fuhre loser Steine herausgeholt und über den Zaun geworfen hat, hat er keinen Acker zustande gebracht, der anfangen kann, Frucht für Gott zu tragen; er hat eine Felsplatte aus Granit bloßgelegt, die nie, niemals einen nützlichen Baum tragen wird.

Das ist der Fels, der auch Sündenverderbnis genannt wird. Es ist die verderbte Natur, die übrigbleibt, wenn der Mensch sich von allen seinen wissentlichen Sünden losgemacht hat. Der Fels im Herzen bewirkt, daß der Mensch der große Sünder vor Gott bleibt, auch nachdem er ihm alles gegeben hat, was ihm an Gehorsam und Hingabe zu Gebote steht.

Wenn der Mensch auf solchem Felsengrund steht, hat er drei Möglichkeiten, zwischen denen er wählen muß. Er kann im Unglauben weggehen wie Judas. Das führt zum Tode. Er kann bei der Arbeit des Rodens sich selbst betrügen wie die Pharisäer. Dann liest man die Steine aus, die von den Leuten gesehen werden. Man wird nüchtern, ehrlich und strebsam. Dann schafft man etwas Humus von eigener Gerechtigkeit heran und pflanzt solche Blumen, die einem selbst lieblich in die Nase duften: Liebenswürdigkeit, Hilfsbereitschaft, große Gaben in die Missionskollekte, eifrige Arbeit für das Reich Gottes, Zeugnis und Predigt oder vielleicht eine übermäßige Strenge im Essen und Trinken. Dann geht man unter seinen Blumen umher und findet, die Arbeit sei fertig. Aber vor Gott liegt ja der Felsgrund bloß, und am Tage des Gerichts sind die Blumen längst verwelkt.

Das ist die allergefährlichste Versuchung: mit dem Maßstab zu mogeln. Gott hat seinen Heiligen Geist gesandt, um die Welt der Sünde zu überführen. Dieser Heilige Geist wohnt im Wort. Jesus sagt ja selbst, daß die Worte, die er gesprochen hat, Geist sind, und die ganze Christenheit bekennt, daß die Bibel die Schöpfung des Heiligen Geistes ist. Weicht man vom Wort, so wird man niemals der Sünde überführt, jedenfalls nicht der ganzen erschreckenden Tiefe der Sünde. Man stößt niemals auf den eigentlichen Fels. Es geht wie mit dem Bauern im Märchen, der eine Brücke bauen wollte und eine Leine als Maß mit in den Wald genommen hatte. Aber als er seine längsten Hölzer nachmaß, waren sie doch noch zu kurz. Da hieb er ein Stück von der Meßleine ab und erklärte, die Hölzer seien lang genug. Auf dieselbe Weise betrügen sich die heiligsten und strengsten Eiferer des Gesetzes, wenn sie glauben, daß sie vor Gott kraft ihrer Gesetzeswerke einen einzigen Augenblick bestehen können. Sie haben ein Stück von dem Maß abgehauen. Sie haben sich eine eigene Meßleine angeschafft, die wie ein Gummiband ist. Man nennt sie Gefühl oder Gewissen oder die eigene Erkenntnis des Willens Gottes. All das kann ausgedehnt oder zusammengezogen werden, bewußt oder unbewußt, so daß es überall paßt. Es gibt zwei unverkennbar sichere Zeichen, daß man das Maß gefälscht hat. Das eine ist, wenn man sich selbst, seine Taten und sein Leben so gut findet, daß man vor Gott bestehen kann; das andere ist, wenn man das Recht nennt, was Gottes Wort Unrecht nennt.

Nur wer Gottes Wort recht gibt, ohne zu markten, und es ganz und gar als Gottes Wort annimmt, stößt auf den harten Felsgrund und entdeckt der Sünde Gesetz, welches ist in den Gliedern. Nur dieser Mensch begreift, daß er nicht bloß Besserung nötig hat, sondern Rettung. Aber gerade dies: daß er begreift, er muß aus Gnaden gerettet werden, wenn er überhaupt gerettet werden soll, das ist ein Werk Gottes. Dahin wollte Gott die Seele führen, als er den Felsen bloßlegte.

Der Hauptpastor machte plötzlich einen Gedankensprung und fing an, von etwas ganz anderem zu reden.

Draußen vor Jerusalem liegt ein Felsen aus nacktem, gelbem Stein, hart und häßlich wie ein Totenschädel. In diesen Felsen bohrte man vor langer Zeit ein Loch. Dort errichtete man ein Kreuz, und an dieses Kreuz hängten sie den einzigen des Menschengeschlechts, der gerecht war und das Gesetz erfüllt hatte. Das ließ Gott geschehen, denn nachdem die Sünde bisher geblieben war unter göttlicher Geduld, wollte er nun doch zeigen, daß er gerecht ist, daß der Sünde Fluch und Strafe folgen und daß er mit dem Maßstab der Heiligkeit nicht sich selbst betrügen läßt. Aber so wunderlich ist Gott, daß er den ganzen Fluch und die Strafe der Bosheit den Unschuldigen treffen ließ, der freiwillig in den Tod ging. Er ward ein Fluch für uns. So erkaufte er uns von dem Fluch des Gesetzes. Er ist für uns zur Sünde gemacht, auf daß wir würden in ihm die Gerechtigkeit, die vor Gott gilt. Er hat unsere Sünden an seinem Leibe hinaufgetragen an das Holz, und durch seine Wunden sind wir geheilt.

Darum ist der Felsen von Golgatha der heiligste Ort der ganzen Welt. Der Weg des Gehorsams führt bis an seinen Fuß. Da steht man als ein Stümper, ganz wie Petrus am Karfreitag voller Scham und Verzweiflung sah, wie sie den Herrn kreuzigten, dem er nicht hatte folgen können. Dort wird offenbar, daß des Herrn beste Jünger seiner unwürdig sind. Sie sind alle Verräter und Abtrünnige, mitschuldig an seinem Tod. Aber dort wird auch offenbar, daß der Herr selbst die Versöhnung ist für ihre Sünden. Wo der Weg des Gehorsams am Fuße von Golgatha mit dem Gericht über uns endigt, da darf jeder, der glaubt, auf den Felsen der Versöhnung treten. Dort beginnt der Gnadenweg, der neue, heilige Weg durch den Vorhang, der eröffnet ist durch Sein Blut.

Der Felsgrund im Herzen braucht deshalb nicht der Grund zu einem Gericht über uns zu werden. Er kann mit Jesu Blut besprengt werden, wie der Felsen Golgatha an jenem Tage, als die Blutstropfen vom Kreuze fielen, aus einem Galgenberg zu einem Versöhnungsfelsen wurde. Da zeichnet Gott ein Kreuzeszeichen über den argen Grund und macht den Menschen gerecht in Christus. Der ganze Felsgrund wird auf den Versöhnungsfelsen hinübergehoben und ruht auf ihm. Er bleibt harter Stein. Der Mensch, wie er an sich selber ist, bleibt seinem Wesen nach ein Sünder. Aber die Schuld ist gesühnt, der Fluch ist aufgehoben, freudig wie ein Kind kann er vor Gottes Angesicht treten, und in der Dankbarkeit für das Wunder der Versöhnung beginnt der Mensch zur Ehre seines Versöhners zu leben. Da kommen die Früchte des Glaubens hervor. Ein neues Erdreich hat sich über das Gestein im Herzen gelegt; das ist die gute Erde des Glaubens, die von der Gnade bewässert wird. Da fängt langsam etwas zu wachsen an, das vorher niemals keimen wollte. So konnte der abtrünnige Petrus, nachdem auch er die große Gnade empfangen hatte, die dem Schächer auf Glogatha zuteil wurde, ein Apostelfürst und ein Glaubenszeuge werden, der nicht mehr von seinem Glauben zeugte, sondern vom Erlöser, und der endlich freudig das äußerste Opfer brachte, das seines eigenen Lebens, das er nicht hatte bringen können, als er von seinen eigenen Vorsätzen und seiner eigenen Gerechtigkeit lebte.

Der Hauptpastor hielt einen Augenblick inne. Dann begann er eine neue Gedankenreihe. Es war zu merken, daß er aus dem Stegreif sprach.

Der Felsgrund im Herzen und der Fels der Versöhnung auf Golgatha, das sind die beiden Felsen, an denen sich das Schicksal des

Menschen entscheidet . . . Bleibt er auf dem Felsgrund, so ist er verloren. Aber vom Felsgrund zum Versöhnungsfelsen führt nur ein Weg, eine feste Steinbrücke, ein für allemal gebaut – das ist das Wort. Wie nur das göttliche Wort den Menschen der Sünde überführen und seine Seele bis auf den heiligen Grund hinab bloßlegen kann, so kann nichts anderes als das Wort die Wahrheit über den Versöhner offenbaren. Das äußere Wort ist ebenso unerläßlich für das Evangleium wie für das Gesetz. Kein ernstlich erweckter Mensch würde je an die Vergebung seiner Sünden glauben können, wenn nicht Gott eine Brücke zum Felsen der Versöhnung hinüber gebaut hätte, deren Pfeiler Taufe, Abendmahl und Lossprechung heißen und deren Bögen von dem heiligen Wort mit seiner Botschaft von der Versöhnung geschlagen sind. Auf dieser Brücke kann ein Sünder vom Felsen im Herzen zum Felsen der Versöhnung gelangen. Aber läßt man einen einzigen Brückenbogen einstürzen, so ist der Mensch auf ewig verurteilt, als ein verzweifelter Sünder oder ein selbstgerechter Pharisäer unter dem Fluch des Gesetzes zu bleiben.

Torvik hatte sich sehr lange nicht gerührt. Er trank jedes Wort in sich hinein. Obwohl er spürte, daß der Hauptpastor die ganze Zeit mit Schenstedt rang und mit unbändiger Kraft das Brecheisen unter seine Irrlehren stemmte, spürte er gleichzeitig, wie ein volles Maß an Seelsorge übrigblieb, das für die Ödeseer und ihren Hirten bestimmt war. Er war dankbar. Letzlich hatte dieser streitbare Grobian doch eine gute Portion Zartheit für die verwundeten Seelen übrig. Zu diesen gehörte Torvik heute selbst, und er nahm die Gaben entgegen als von Gott geschenkt.

Erst als der Hauptpastor mit dem Gebet um einen rechten Gnadenglauben schloß, der auch in der Liebe tätig sein möchte, fiel es Torvik ein, daß er nun sprechen mußte. Er fühlte sich wie ein Schuljunge, der im Traum plötzlich vor einem erwartungsvollen Riesenauditorium steht, ohne eine Ahnung, was er sagen soll.

Plötzlich kam ihm ein Gedanke. Während das Lied gesungen wurde, ging er nach vorn an die Estrade und nahm die Bibel, die auf dem Geländer neben dem Rednerpult lag. Er setzte sich und blätterte mit bebenden Händen darin. Es gelang ihm wirklich, die

Stelle zu finden, und er bestieg die Estrade.

Als er vor all diesen wachsamen und abwartenden Augen stand, spürte er wieder deutlich die Kritik. Aber heute abend verletzte sie ihn nicht. Er blickte zu Luther und Rosenius hinüber, er fühlte sich als Erbe all des geistlichen Lebens, das zwischen diesen Wänden geatmet hatte. Er fühlte sich als Schüler, der in die Arbeit anderer eintreten durfte.

Heute betete er nur: Herr, heilige uns in deiner Wahrheit. Dein Wort ist die Wahrheit. Dann begann er langsam zu sprechen.

»Ich hatte eigentlich heute abend vom Bekenntnismut sprechen und ein wenig aus meinem Leben bezeugen wollen, wie schwer es sein kann, Christus zu bekennen. Aber nun ist es eine andere Vermahnung aus Gottes Wort, die sich mir mit solcher Macht aufdrängt, daß ich sie zu Worte kommen lassen muß. Diese Mahnung steht geschrieben im dritten Verse des Judasbriefes und lautet: Ich hielt's für nötig, euch zu ermahnen, daß ihr für den Glauben kämpfet, der einmal den Heiligen übergeben ist.

Es ist mir heute klargeworden, daß der christliche Glaube ein heiliges Erbe ist, das treu bewahrt werden muß, wenn es nicht verschleudert werden soll. Es gibt nur einen Erlöser, er hat einmal hier auf Erden gelebt, er hat bestimmte Worte gesprochen, die niemals verändert oder widerrufen werden können, und er hat Erlösungstaten vollbracht, die bis zum Ende der Zeiten ihre Bedeutung behalten.

An diesen Jesus Christus ist alles Christentum gebunden, solange die Erde steht. So wie niemand Jesu Jünger werden konnte, während er hier auf Erden lebte, indem er bloß das eine oder andere Wort billigte, das er sagte, oder indem er das Prinzip der Liebe oder etwas anderes anerkannte, das man aus seiner Lehre auswählte, ebensowenig kann heute jemand ein Christ sein auf ein verkürztes oder umgedeutetes oder modernisiertes Evangelium hin. Zu jener Zeit war man Jünger, indem man gerade diesem Jesus von Nazareth folgte, auf ihn hörte, ihm gehorchte, ihm glaubte und ihn annahm. Jetzt wird man Jünger, indem man sich dem gleichen Jesus von Nazareth anschließt, auf ihn getauft wird, von ihm in seiner Kirche erzogen wird, ihn annimmt und seine Gaben empfängt. Diese Gaben sind jetzt die gleichen wie damals. Dieselben Worte erreichen uns durch die Bibel, dasselbe Mahl wird im Sakrament gefeiert, dieselbe Vergebung wird uns in der Absolution zugesprochen. Die Bedingungen der Jüngerschaft sind die gleichen, die Erlösung ist die gleiche. Ein für allemal litt er und ist auferstanden, ein für allemal ist der Glaube an all dies der Kirche übergeben worden, und für diesen heiligen und unveränderlichen Glauben gebietet das Wort uns zu kämpfen.

Darum will ich mich heute von allem Eigenen abwenden und geloben, für den apostolischen Glauben zu kämpfen. Ich will ihn nicht länger meistern, wie ihr wißt, daß ich es getan habe. Ich will nichts dazusetzen und nichts davontun, denn ich traue mir nicht zu, weiser zu sein als der Herr und seine Apostel. Ich will nicht meine eigenen Erlebnisse anführen, sondern tun wie Paulus und mich am allerliebsten meiner Schwachheit rühmen. Gott hat mir gezeigt, daß ich ein Sünder bin. Vielleicht will er mich nun in seiner Barmherzigkeit auch auf die alte Weise selig werden lassen, aus Gnaden allein.«

Er schwieg einen Augenblick. Seine Stimme war unsicher geworden. Dann sagte er hastig:

»Liebe Freunde, nun habe ich doch das getan, was man, wie ich heute abend eingesehen habe, nicht tun soll, ich habe von mir selbst geredet. In Zukunft will ich versuchen, mit einer Predigt von Jesus unserem Erlöser, vor euch zu treten. Heute abend kann ich es nicht, sondern ermahne statt dessen einen jeden hier und zu allererst mich selber, freudig für den Glauben zu kämpfen, der einmal den Heiligen übergeben ist. Amen. – Nun singen wir Lied 78, den letzten Vers: Teures Kreuz, du Ruhm des Glaubens, tiefe Heimlichkeit des Herrn . . .«

So kurz hatte er sicher nie zuvor gesprochen. Auch schlechter hatte er nie gesprochen, fand er. Aber die Wirkung war wie nie zuvor hier im Missionshaus. Es ging eine warme Woge von etwas Demütigem und Dankbarem durch den Saal. Sie suchte sich ihren Weg nicht so sehr zu dem Geistlichen, als vielmehr an irgendeinen Ort jenseits von ihm. Das machte ihn zugleich froh und beschämt.

Als er gleich danach hinausging, kam Mutter Lotte aus

Drängsmarken aus ihrer Bank auf der linken Seite und dankte für die Gastfreundschaft am Vormittag. Dann schloß sie die Augen in dem runzligen Gesicht und flüsterte, damit es kein anderer höre: »Nun kann der Herr seine elende Dienerin im Frieden fahren lassen, denn er hat die Gebete seines Volkes erhöret und hat es helle scheinen lassen über die, welche da wohnen im finstern Lande. Gott segne den Zeugen!«

Dann knickste sie und verschwand, als fürchte sie, zu viel gesagt zu haben.

Es war zuerst sehr still im Auto. Als Schenstedt anfing zu reden, machte er keinerlei Anspielung auf das, was im Missionshaus gesagt worden war. Er brachte das Gespräch auf die Weltereignisse und sprach vom Schicksal der Tschechen. Torvik bewunderte den sicheren Takt, mit dem er verstand, auf ein Gebiet hinüberzulenken, wo sie sich nach dem Zusammenstoß des Abends alle wieder finden konnten.

Dann stieg der Hauptpastor am Abhang unterhalb des Pfarrhauses von Ravelunda aus. Er dankte für die Fahrt und empfahl das erste Kapitel des Galaterbriefes zu ernstem Studium. Dann sagte er kurz gute Nacht.

Das Auto rollte wieder nordwärts auf Ödesee zu. Torvik saß schweigend. Der Tag war von Inhalt geladen gewesen, und es fiel ihm schwer, alles zu vereinen. Aber er fühlte, daß ihm etwas bevorstand, das an die Krisentage vor zwei Jahren erinnerte, als sein Zukunftsweg sich klärte.

Erst als sie an dem alten Torhäuschen beim Gut vorbeifuhren, begann er zu sprechen.

»Gunnar, ich hoffe, wir kommen ohne Groll über diesen Tag hinweg. Und ich hoffe, wir können weiter bei einer herzlichen und ungeschminkten Ehrlichkeit gegeneinander bleiben. Du siehst, daß ich im großen und ganzen mit dem Hauptpastor übereinstimme. Von Gottes Wort können wir nicht weichen.«

»Das verlangt ja auch keiner! Ich wage zu behaupten, daß mein Standpunkt mindestens ebenso christlich ist wie deiner. Und im übrigen habe ich auch in der Kirche Gesinnungsgenossen. Sieh dir mal das an!«

Er zog einen zusammengefalteten Zeitungsausschnitt hervor. Es war ein »Eingesandt«, das sich offensichtlich auf eine Diskussion über die Ehe bezog. Es war in freiem und ein wenig spöttischem Ton gehalten und wollte darauf hinaus, daß viele von den Ehepaaren, welche die Kirche traute, unmöglich von Gott zusammengefügt wären. Im übrigen hätte Jesus gesagt, daß schon ein Blick des Begehrens dem Ehebruch gleichkäme. Damit wären die allermeisten Ehen vor einer höheren Instanz schon gelöst. Was nun die Geschichte von der Frage der Pharisäer nach der Ehescheidung beträfe, so könnte jeder, der ein wenig eigenes Urteil hätte, bemerken, daß jene Worte von der Unlöslichkeit der Ehe Jesus zu Unrecht in den Mund gelegt wurden. Sie stammten vielmehr von den Pharisäern und wären typisch für ihre engbrüstige Gesetzlichkeit. Statt sich durch solche Vorurteile gebunden zu fühlen, sollte man sich von seiner Vernunft und seinem Gewissen leiten lassen, so würde man das Rechte treffen. Der Artikel war unterzeichnet mit: »Ein Pfarrer«.

Torvik kniff die Lippen zusammen. Nun sah er noch deutlicher, worum es letztlich ging.

»Entweder ist das eine Fälschung«, sagte er, »oder der Verfasser müßte Talar und Beffchen verlieren – wenn er wirklich Pfarrer ist. Es ist nicht anständig, wenn man erst verspricht, man werde klar und rein Gottes Wort verkündigen, wie es uns in der Heiligen Schrift gegeben ist, und dann behauptet, der klare und reine Gegensatz zu Jesu Wort sei das Richtige.«

»Aber Gösta«, sagte Schenstedt, »du weißt nur zu genau, daß du dich selbst nicht an die Bibel gebunden fühlst.«

Torvik schwieg eine Weile. Der Freund hatte ja ganz recht. Das hatte er wirklich manchmal gesagt. Aber heute abend war er auf zwei völlig neue Wirklichkeiten gestoßen, die alles umwarfen. Das eine war die verzweifelte Lage seiner eigenen Seligkeit, zu deren Rettung er nicht die geringste Möglichkeit sah, wenn er nicht auf dem alten Grund stehen durfte. Hier half keine zeitbedingte und relative Botschaft. Hier brauchte er ein Wort, das Vollmacht hatte.

Das andere war dieser hoffnungsvolle Eigenwille, der Christi klare Gebote unter Berufung auf seinen Geist ungültig erklärte. Und dann waren es wohl schließlich auch jene Worte über eine religiöse Sicht der Bibel. Daß das Wort so war, wie Gott gewollt habe, daß es sein solle, das war wohl doch der Glaube, der am besten der Gewißheit eines allmächtigen und barmherzigen Gottes entsprach.

»Soll ich zwischen dem Wort und meinem eigenen Gutdünken wählen«, sagte er, »so zögere ich keinen Augenblick, dem Wort den Vorzug zu geben. Das Gewissen ist ein Windbeutel, aber das Wort ist ein Felsen. Wie kannst du eigentlich glauben, daß Gott dich selber recht leitet, wenn du gleichzeitig glaubst, daß das meiste von dem, was die Apostel und Jesus selbst sich zu sagen und zu predigen getrieben fühlten, voller Fehler ist? Ich will lieber an Gottes Wort gebunden sein als nach meinen eigenen Gefühlen gehen.«

»Ich vertraue mehr auf Gott als auf Surrogate!«

»Das Wort ist kein Surrogat für Gott. Es ist Gottes Weise, mit uns zu reden!«

»Ja, das ist deine Auffassung!«

»Nicht meine, sondern die Jesu und seiner Apostel und der ganzen Kirche!«

»Der Kirche? Wie sicher du geworden bist, Gösta. Du weißt doch sehr gut, daß der Glaube der modernen Zeit einen andern Weg geht.«

»Dann geht die moderne Zeit einer Katastrophe entgegen. Im übrigen hat wohl noch kein lebendiges Christentum von der Bibel weichen wollen. Haben wir nicht selber von Anfang an gesagt und gepredigt, daß alle Führung an der Bibel geprüft werden muß? Hältst du daran noch fest?«

»Ich weiß nicht, ob man das so sicher sagen kann. Der lebendige Geist steht doch über allem Buchstabenglauben. Das wahre Christentum kann nicht an juristische Vorschriften gebunden werden. Es ist ständige Neuschöpfung und Entwicklung. Hier gilt nur die Gerichtsbarkeit des Gewissens. Das ist ja der Nerv alles evangelischen Glaubens.«

»Gunnar«, sagte Torvik ernst und sehr langsam, als würde ihm etwas klar, »willst du damit sagen, daß du direkt Abstand von dem nimmst, was uns bis jetzt heilig gewesen ist? Willst du sagen, daß du das, was du für deine Führung hältst, über das setzt, was in Gottes Wort steht?«

»Ohne Zweifel – so wahr das evangelische Grundprinzip Entwicklung und Gewissensfreiheit ist.«

Der Pastor hatte den Atem angehalten. Es stand ihm plötzlich erschreckend klar vor Augen, daß er und sein bester Freund an eine Wegscheide gekommen waren, wo sie sich trennen mußten, wenn nicht einer von ihnen bereit war, seinen Standpunkt aufzugeben. Aber wie hatten sie eigentlich dahin kommen können? Wie war es möglich, daß Gunnar eine Entwicklung durchgemacht hatte, die der seinen fast entgegengesetzt war?

»Hör mal, Gunnar«, sagte er, »hast du niemals das Gefühl, daß du trotz all deines Gehorsams kein rechter Christ bist?«

»Was meinst du damit?«

»Ich meine: fühlst du nicht, daß dir etwas fehlt, so daß nicht alles bis ins einzelne in Ordnung ist? Ich selber bin mehr und mehr überzeugt, daß ich trotz aller meiner Anstrengungen, ein rechter Christ zu werden, doch nie ans Ziel komme.«

»Wenn du selber kein rechter Christ bist, sollst du nicht anderen predigen.«

Torvik schwieg. Hier länger zu reden, hatte keinen Zweck. Der Motor brummte die Steigung zum Pfarrhaus hinauf, und das Auto bog unter die Linden ein. Torvik stieg aus und streckte die Hand hin.

»Hab Dank für den Abend, Gunnar. Man weiß wenigstens, wie man mit dir dran ist. Aber ich kann mir nicht helfen, ich glaube, du hast einen neuen Weg eingeschlagen, der nicht ans Ziel führt. Wenn wir weiter zusammenarbeiten wollen, so muß die Grundlage klar sein. Es darf nicht sein, daß wir einander widersprechen wie heute abend.«

»Der ganze Fehler ist, daß du nicht mehr ganz radikal und rücksichtslos gehorchen willst. Wirf deine Vorurteile über Bord, dann zeigt Gott schon den Weg.«

»Du mußt halt selber zusehen, ob das standhält. Übers Jahr

können wir vielleicht mit der Diskussion weiterkommen. Und die Zusammenarbeit soll mich freuen, sobald du zugibst, daß die Bibel über uns beiden und allen unseren Meinungen steht.«

Schenstedts Blick bekam etwas ungewöhnlich Scharfes.

»Soll das heißen, daß du in Zukunft die Zusammenarbeit mit mir ablehnst?«

»Das soll heißen, daß keiner Gottes Wort verkündigen darf, der nicht glaubt, daß es Gottes Wort ist.«

»Dann wirst du dich zuallererst selbst ändern müssen.«

»Das habe ich gerade im Sinne.«

»Dann gute Nacht, Gösta! Und viel Erfolg!«

Er hob die Hand an den Hutrand.

»Gute Nacht, Gunnar. Fahr dich nicht zuschanden auf deinem neuen Weg.«

Die Autotür knallte zu. Torvik ging ins Pfarrhaus hinein.

In der Diele strich er sich über die Stirn, als wolle er etwas Klebriges fortwischen. Er schauderte zusammen. Es war wohl die Kälte und die Müdigkeit – und vielleicht Unbehagen.

Als er den Überrock ausgezogen hatte, erblickte er ein kleines rotes Buch, das auf dem Spiegeltisch lag. Auf dem Deckel war ein Bild von Christus als dem Himmelskönig, umgeben von dem Titel: Die betende Kirche. Es war ein ganz neues Exemplar, offensichtlich eben aus der Buchhandlung gekommen. Vermutlich hatte Bengtsson es hier vergessen.

Er nahm das Bändchen gedankenvoll zur Hand und begann darin zu blättern. Zuerst war da eine Bibellesetafel mit Schriftkapiteln für jeden Tag des Kirchenjahres, dann eine kleine einfache Anleitung zur Meditation mit Themen – auch für das ganze Kirchenjahr. Weiter gab es eine Fürbittenliste mit zur Hälfte ausgearbeiteten Punkten und freiem Raum zum Ausfüllen. Torviks Interesse erwachte. Dies war ja gerade, was er brauchte. Er ging die Punkte durch, Gebete für Frau und Kinder, für Verwandte und Dienstboten, für Pfarrer und Gemeinde, für die Gottesdienste, die Verkündigung, die Jugend und die Häuser, die Gnadenverächter und die Bekehrten, die Zweifler und die Gegner, die Alten und Kranken. Das Beste waren immer die leeren Zeilen, die er halb unbewußt mit Namen, Gesichtern und Schicksalen aus seiner eigenen Gemeinde zu füllen begann. Dann kam die Kirche in Schweden an die Reihe, ihre Einrichtungen, der Erzbischof, der Bischof und die Amtsbrüder – und dann kamen mehrere weiße Seiten, die gleichsam auf seine eigene Beteiligung warteten. Schließlich waren da die Angelegenheiten der eigenen Seele und ihre Standhaftigkeit bis ans Ende.

Ungefähr die Hälfte des Buches war noch übrig. Er ließ sie unberührt. Er hatte genug an diesem. Ob er es versuchen sollte? Mußte er nicht diesen Weg beschreiten, wenn er von dem ewigen Hin und Her zwischen vagen Stimmungen und hoffnungsloser Trägheit frei werden wollte? Wenn er an einem solchen Gerüst festhielt, würde wenigstens nicht sein ganzes Gebetsleben versiegen, wie es jetzt so oft zu tun drohte.

Nachdenklich ging er die Treppe hinauf. War es nicht diese Zucht, diese feste Ordnung, die das geistliche Leben brauchte? Der ganze Abend war für ihn eine Predigt gewesen – von der Bedeutung des alten Erbes, von dem äußeren Wort und der gesunden Lehre, die nicht eine Waffe im Kampf zwischen orthodoxen Fanatikern war, sondern ein Heilmittel für angefochtene Seelen und ein Gegengift gegen die Kniffe des eigenen Ich. Zu alledem kam nun noch dies Gebetbuch mit seiner Forderung einer selbstverständlichen Treue und Festigkeit auch im Gebet.

Plötzlich kam ihm ein Gedanke. Hatte Bengtsson das Buch absichtlich hier liegengelassen? Vielleicht lag auch darin ein Fingerzeig? Dann war es eigentlich rührend. Auch dieser Keulenschwinger Gottes konnte also so viel Erbarmen mit seinem Opfer haben, daß er ihm nicht durchaus alle seine Patentmedizinen auf einmal einzuflößen suchte, sondern imstande war, noch eine Flasche auf dem Tisch zu lassen. Sei dem wie ihm wolle – hier eröffnete sich ein Zukunftsweg, und den würde er gehen.

Das ganze Haus schien zu schlafen. Torvik streifte die Schuhe ab und ging leise in das Schlafzimmer im Giebel. Auf Brittas Nachttisch brannte die Lampe. Sie war schon eingeschlafen.

Als er seine Joppe aufgehängt hatte, fiel ihm plötzlich ein, daß er heute abend überhaupt keine Abendandacht gehalten hatte. Er zögerte einen Augenblick. Er konnte ja beten, wenn er im Bett lag. Aber dann empfand er wieder, wie diese Formlosigkeit alles erstickte und der faulen Natur die Oberhand ließ. Das war ja eigentlich genau der gleiche Eigenwille in bezug auf das Gebet, den sich Gunnar in bezug auf das Wort erlaubte.

Er wurde zornig. Hier hatte also der Teufel seine Klauen mitten in dem Leben, das er unter Gottes Kontrolle gestellt zu haben meinte. Aber er wollte ihm auch nicht den kleinen Finger reichen. Von diesem Tage an würde er Gottes Wort predigen, wie er es empfangen hatte, ohne Entschuldigungen und Umdeutungen. Von diesem Tage an würde er der Lehre treu sein und an den Gebeten der Kirche festhalten. »Sie blieben aber beständig in der Apostel Lehre und in der Gemeinschaft und im Brotbrechen und im Gebet.« So stand es ja von den ersten Christen geschrieben. Das war das ganze Programm!

Er griff wieder nach seiner Joppe. Aber dann hielt er inne, ging in die Garderobe hinaus und zog statt dessen den Lutherrock an. Er empfand es wie eine Weihe. Heute hatte er an einer Wegscheide gestanden und einen Entschluß gefaßt. Die Wahl lag ja klar: entweder mußte er auf das Wort und die Kirche bauen oder wie Gunnar glauben, daß er eine höhere Autorität in sich trug. Da das Wort und die innere Überzeugung heute abend gegeneinandergestanden hatten, konnten sie nicht beide recht haben. Nun mußte er wählen. Die Christenheit hatte sicher schon öfter vor dieser Wahl gestanden. Als die Gnostiker nach dem Tode der Apostel das ganze Christentum zu verfälschen drohten, hatten sie sich ja auch auf die freie Eingebung berufen. Aber die Kirche hatte sich an die Lehre der Apostel gehalten, und so wurde sie gerettet. Zur Zeit der Reformation war es ebenso. Die Wiedertäufer und die Schwarmgeister beriefen sich auf den Geist und begingen all ihre Tollheiten kraft eigener Eingebungen. Aber hatte nicht Luther mit gewaltiger Kraft das geschriebene Wort gegen sie geltend gemacht? Vielleicht war es letztlich in allen Erweckungszeiten das gleiche. Die Flut mußte bis zu einer gewissen Grenze steigen, dann öffneten sich die Möglichkeiten, das alte apostolische Strombett zu verlassen und alle Dämme zu sprengen. Aber wo die Entwicklung diesen Weg genommen hatte, waren bloß Moorflächen oder tote Tümpel stehengeblieben, wenn die erste große Flutwelle zurückgesunken war. Der tiefe Strom des Christuslebens floß im apostolischen Strombett der Kirche weiter. Er selber konnte keinen Augenblick im Zweifel sein, wo er daheim sein wollte. Er war dazu ordiniert, der Kirche der Apostel zu dienen, und er würde sie nicht verlassen.

Gerade als er sich den Kragen festknöpfte, erwachte Britta. Sie starrte ihn erstaunt an und sagte verwirrt:

»Menschenskind, was hast du vor?«

»Bloß ein neues Leben anfangen«, sagte er und lachte. Dann schritt er auf die Tür zu. Sie hatte sich aufgesetzt und rief ihm nach:

»Hüte dich nur, Jesus zu verleugnen!«

Er blieb fragend in der Tür stehen und sah sich um. Sie setzte erklärend hinzu:

»Ich meine Jesu Werk in dem, was du in Ödesee schon hast erleben dürfen.«

»Keine Sorge!« sagte er lächelnd und ging hinaus. Auf der Treppe hielt er gleichwohl inne und blieb mit der Hand am Geländer stehen. Vielleicht war da doch ein Grund zur Sorge. Er mußte besonnen bleiben. Es gab wirklich keinen Anlaß, zu verwerfen, was gewesen war. Wo stünde er jetzt, wenn nicht dieser Wind des Geistes über seiner Gemeinde aufgekommen wäre? Er selber säße wohl in Uppsala als ein enttäuschter ehemaliger Gemeindepfarrer. Hier unten stünde der Abendmahlstisch immer noch leer, die geistliche Stummheit wäre ungebrochen, alle diese Zwistigkeiten und Versündigungen unaufgeklärt. Jonsson wäre ein innerlich unglücklicher Spieler, und Arvidsson ein tüchtiger Dorfbonze ohne einen Strahl der Hoffnung des ewigen Lebens. Nein, dieses Werk Gottes war wirklich nichts, um darüber zu lächeln. Wenn er nur an Arvidsson dachte, diesen prächtigen Großbauern, der seine ganze Klugheit und zähe Energie daran setzte, aus seinen Dorfgenossen lebendige Christen zu machen, so wurde ihm warm ums Herz. War an alledem etwas verkehrt gewesen, so trug er mit seiner geistlichen Oberflächlichkeit und mit seinem Mangel an Treue gegen das Wort selbst die Schuld. Aber das ließ sich ändern.

Nun meinte er den Zukunftsweg ziemlich klar vor sich zu sehen. Der Grund mußte der alte, unveränderlich feste bleiben. Er lag auf dem Felsen des Wortes und war umgrenzt von den alten Wegzeichen der Kirche. Er führte zu dem alten Ziel, durch die gleiche enge Pforte, auf demselben Heilsweg und nach derselben Heilsordnung wie immer. Nichts von dem Früheren war veraltet, das Bekenntnis stand unverändert fest, und allen Verlockungen der Schwärmer konnte er die Antworten entgegensetzen, die die Kirche seit Jahrhunderten gegeben hatte. Aber durch all dieses Alte und Feste wehte der Geist des Lebens und der Erweckung, der den Staub des Schlendrians wegfegte und das Wunder der Bekehrung ständig wieder so groß und neu machte wie damals, als es sich in der Urkirche zum erstenmal ereignete. Auch der Geist der Erweckung gehörte mit zum heiligen Erbe der Kirche. Wollte er sich nun aufs neue dem Dienst der Kirche weihen, so wollte er nicht von diesem Erbe weichen.

Dann betrat er das Wohnzimmer und fiel auf dem nackten Fußboden vor dem Altar auf die Knie. Dort betete er zuerst die Komplet des Abends und begann dann um Erweckung zu beten, um eine heilsame Unruhe der sicheren Seelen, um nützliche Not für die Gleichgültigen, um Heilung für die Verwundeten und Unruhigen, um Gedeihen und Kraft für alles, das zu keimen und zu wachsen angefangen hatte, damit die Seelen reifen und zu getroster Ruhe auf dem Felsen der Versöhnung kommen konnten. Für sich selbst bat er um die Gnade, ein rechter Pastor zu werden, selber um Christi willen gerettet, in der alten Botschaft wurzelnd und gerüstet, die Seelen mit dem unverfälschten und recht ausgeteilten Gotteswort zu weiden. Endlich bat er für seine Kirche, wie man für eine geliebte Mutter bittet. Er bat, daß sie immer wahrhaft apostolisch bleiben möchte, erbaut auf dem alten Felsen, und immer gleich frisch und jung, erfüllt von den allerneuenden Flügelschlägen des lebendigmachenden Geistes.

WEITERE R. BROCKHAUS TASCHENBÜCHER

291 **Der Schmuggler Gottes** v. Br. Andrew
304 **Dein Typ ist gefragt** v. O. Hallesby
305 **Freu dich, das Beste kommt noch** v. C. ten Boom
309 **Das Schönste kommt noch** v. F. Rienecker
312 **Mit Gott durch dick und dünn** v. C. ten Boom
313 **Achtung: Fehlschaltung!** v. M. Horie
314 **Tal der Liebe** v. E. Hong
320 **Bete und staune** v. C. Marshall
326 **Unterwegs erlebt** v. P. Strauch
328 **So ist Jesus** v. W. de Boor
329 **Verantwortung – Leitung – Dienst** v. J. O. Sanders
331 **Gott tröstet** v. H. Risch
333 **Die Rettung der Verlorenen** v. T. Goritschewa
338 **Sterben – Der Höhepunkt des Lebens** v. H. Maier-Gerber
339 **Faulheit ist heilbar** v. R. Ruthe
340 **Wer nicht glaubt, glaubt auch** v. K. Vollmer
344 **Jesus ist Sieger** v. C. ten Boom
347 **Kennen Sie ihn?** v. I. Hofmann
348 **Ich mag dich** v. H. Bärend/H.-H. Böhm
351 **Michelle** v. C. E. Phillips
359 **Hauskreis offensiv** v. O. Schweitzer
361 **Unsere Kraft wächst aus der Stille** v. O. Hallesby
362 **Gott weiß den Weg** v. C. Marshall
363 **Eigentlich nichts Besonderes** v. P. Deitenbeck/G. Rumler
364 **Ich mag mich** v. H. Bärend/H.-H. Böhm
365 **Der Chef hieß Mexiko** v. F. Pawelzik
366 **Einer geht mit** v. Gefährdetenhilfe Scheideweg
368 **Das verlorene Ich** v. M. u. H. Horie
369 **Ausweg aus der Krise** v. W. Lachmann
370 **Unsichtbare Mächte und die Macht Jesu** v. H. Rohrbach
371 **Aus meiner Hausapotheke** v. E. Modersohn
374 **Warum geht es uns nicht gut...** v. K. Eickhoff
375 **Ich bin ein ganz normaler Müllmensch** v. J. Hansen/B. Wagner
376 **Der Weg der Erneuerung** v. R. Hession
378 **Friede, Friede – und ist doch kein Friede** v. K. Vollmer
379 **Christl. Literatur des 20. Jahrhunderts, Bd. 1** v. C. P. Thiede
380 **Christl. Literatur des 20. Jahrhunderts, Bd. 2** v. C. P. Thiede
381 **Die Kraft des Schweigens** v. H. J. Baden
382 **Ich frag mich** v. H. Bärend/H.–H. Böhm
384 **Keine Angst vor der Familie** v. L. Bormuth
385 **Die Pilgerreise** v. J. Bunyan
387 **Was Kinder von Gott wissen wollen** v. G. Göhr
388 **Umgang mit der Angst** v. M. u. H. Horie
389 **Mit vereinten Kräften** v. H. Bärend/H.–H. Böhm
390 **Wie bereite ich eine Bibelarbeit vor?** v. K. Beyer
391 **Zeit, mit Gott zu reden** v. Projektgruppe Glaubensinformation
393 **Die Brücke trägt** v. K. Brandt
394 **Entdeckungen in der Einsamkeit** v. P. Strauch
395 **Gemeinschaft – lebenslänglich** v. U. Eggers
396 **Die Stunde ist da** v. J. Dirnbeck
397 **Tisch in der Wüste** v. W. Nee
398 **Gentechnik – der Griff nach dem Leben** v. U. Eibach
399 **Es ist niemand zu groß** v. H. Fuchs
400 **Wie man wer wird** v. K. Vollmer

402 **Wie Segel über dem Meer** v. C. P. Thiede
404 **Frauen unterwegs** v. G. Biermann/M. Tanner
406 **Ich will mein Kind stillen** v. M. Ehler
407 **Frömmigkeit und Lebenskunst** v. H. J. Baden
408 **Wir wußten, daß du früher gehst** v. W. Weyrich
409 **Sieben Wochen ohne** v. C. G. H. Westphal
410 **Betreten der Baustelle erwünscht** v. O. Schweitzer
411 **Erfolg – und was dann?** v. K. Scheffbuch
413 **Paulus & Co** v. W. Wiemer
414 **Südafrika: Widerstand und Vergebung** v. H. K. Hofmann
415 **JAKOB oder Der gestohlene Segen** v. H. Kemner
416 **Verstanden werden und verstehen** v. M. u. H. Horie
417 **Sterbehilfe – Tötung auf Verlangen** v. U. Eibach
418 **Mein Gott – warum?** v. G. Klempnauer
419 **Die Kehrseite der Macht** v. E. Hofmann
420 **Ich war ein Atheist** v. M. Ackermann
421 **Dann wär man nicht mehr so allein** v. R. Bladt
422 **Die Faszination des Übersinnlichen** v. H. Rohrbach
423 **Los vom Ich?** v. E. Modersohn
424 **St. Pauli-Geschichten** v. D. u. R. Fischer
425 **Duett statt Duell** v. R. Ruthe
426 **Wo man in Frieden sterben kann** v. A. Fried
427 **Die Schöpfung bewahren** v. H.-H. Böhm
428 **Heiraten – in Gottes Namen** v. Hattenhauer/Langenbach
429 **Und der himmlische Vater ernährt sie doch** v. G. Müller
430 **Spiele für das kranke Kind** v. Chr. Klaes
431 **Warum bis zur Ehe warten?** v. M. Furch
432 **Einer steht zu dir** v. Gefährdetenhilfe Scheideweg
433 **Ein Ziel haben** v. M. Bönig
434 **Grünes Land mit grauen Flecken** v. W. Lanz
435 **Ich suchte die Neue Zeit und fand Gott** v. K.-H. Walper
436 **Eine Kirche denkt nach** v. K. Vollmer
437 **Unter den Kreuzen von Eisen** v. M. Ackermann
438 **Hofacker-Brevier** v. H. Schäfer
439 **Hinter dem Schmerz die Liebe** v. J. Grayshon
440 **Die Kraft** v. H. Bährend/H.-H. Böhm
441 **Vom Heilwerden** v. K. A. Lennert
443 **Die Existenz Gottes** v. W. L. Craig
804 **Gesucht wird Mann mit Phantasie** v. F. Pawelzik
805 **Brich dem Hungrigen dein Brot** v. E. Steineck
806 **Heimkehr in ein fremdes Land** v. H. Hartfeld
807 **Wieviel Liebe braucht ein Mensch** v. F. Pawelzik
808 **Das Glück zu leben** v. A. Länge
809 **Jesus Christus heute erlebt** v. L. Anders
811 **Mein Alltag mit Christus** v. L. Anders
812 **Rocky, der Mann mit der Maske** v. M. Ackermann
814 **Die fröhliche Blechkirche** v. F. Pawelzik
815 **Das Land, das ich dir zeige** v. P. Lotar
816 **Eine von den Unbezwungenen** v. R. O. Latham
817 **Die Zuflucht** v. C. ten Boom
819 **Emscherperlen** v. F. Pawelzik
820 **Das Buch der Lebenden** v. R. Brandstätter
821 **Ein Taxi bitte!** v. L. Schmechel
822 **Gib nicht auf Wanja!** v. M. Grant
823 **Es geschah in Heiliger Nacht** v. G. Zottmaier
824 **Signora Angela u. a. Geschichten** v. F. Pawelzik